형제국가
카자흐스탄

형제국가 카자흐스탄: 디지털 노마드 시대, 선두주자의 꿈을 향해

© 손치근·조은정, 2024

1판 1쇄 인쇄__2024년 11월 15일
1판 1쇄 발행__2024년 11월 25일

지은이__손치근·조은정
펴낸이__홍정표
펴낸곳__글로벌콘텐츠
　　　　등록__제25100-2008-000024호

공급처__(주)글로벌콘텐츠출판그룹
　　　　대표_홍정표 이사_김미미 편집_백찬미 강민욱 남혜인 홍명지 권군오 기획·마케팅__이종훈 홍민지
　　　　주소__서울특별시 강동구 풍성로 87-6
　　　　전화__02) 488-3280 팩스__02) 488-3281
　　　　홈페이지__http://www.gcbook.co.kr
　　　　이메일__edit@gcbook.co.kr

값 20,000원
ISBN 979-11-5852-506-4 03910

디지털 노마드 시대, 선두주자의 꿈을 향해

형제국가
카자흐스탄

손치근·조은정 지음

글로벌콘텐츠

  손치근 전 주카자흐스탄 알마티 총영사는 중앙아시아 실크로드의 한가운데 위치한 카자흐스탄을 우리의 '형제 나라'라고 불렀다.

  일본 게이오대학에서 국제관계로 박사 학위를 받은 손치근 총영사는 스탈린이 강제이주시킨 까레이스키고려인의 애환을 확인하고 카자흐스탄에 관한 인문 사회적 연구를 심화하였다. 역사적, 언어학적, 인류학적, 고고학적 조사를 통해 선사 시대부터 시작한 한국과의 관계는 고대와 중세를 거쳐 현대에 이르기까지 특별한 '친연성'으로 이어졌다고 하였다. 강인한 생명력과 끈기의 한민족이 코리안 디아스포라를 매개로 카자흐스탄과 힘을 합치면 역동적인 미래를 열게 된다고 강조하였다.

  그는 공직을 떠난 후에도 카자흐스탄과의 협력 강화와 고려인 디아스포라 지원 활동을 계속해 왔다. 광주시 광산구에 고려인 마을을 조성하고 고려인 문화관을 설립하여 김경천 장군, 홍범도 장군 등 독립운동가의 업적을 선양하는 사업에 앞장서 왔다.

나는 1983년 외교부 일본과장 시절 손치근 총영사와 함께 일했다. 그가 몸을 사리지 않고 거의 밤을 새우면서 헌신해 준 데 평생 감사하고 있다. 그는 어떠한 난관에도 굴하지 않고 정도를 걸으면서 시대적 과제를 해결하려 진력해 온 입지전적 인물이다.

그가 촌음을 아껴서 집필한 역작을 이번에 출간하게 되었다. 그 내용은 누구나 이해하기 쉽지만, 시간적 공간적 규모가 방대할 뿐만 아니라 아시아대륙을 관통하는 시대 정신을 응축한 것이라 할 수 있다.

축하와 함께 경의를 표한다.

김석우

통일교육중앙협의회 의장(전 통일원 차관)

우리 각자는 카자흐스탄에 대해서 어떠한 이미지를 가지고 있을까? '중앙 아시아에 위치한 국가', '고려인들이 살고 있는 나라' 등등 평소에 카자흐스탄에 대한 관심이 많았던 나조차도 카자흐스탄이라고 하면 막상 떠오르는 이미지가 많지 않았다.

일반인들에게는 아는 것보다 모르는 것이 더 많은 나라. 한 번쯤 방문하고 싶은 호기심을 자극하는 나라. 마치 수줍은 미소 속에 다양한 매력을 간직하고 있는 나라, 카자흐스탄.

평소 나의 카자흐스탄에 대한 갈증과 궁금증은 시중 관련 서적이나, TV 프로그램 및 유튜브를 통해서도 해소될 수가 없었다. 하지만 이 책을 펼치는 순간 사막에서 오아시스를 만난 느낌이었다. 우리가 지금까지 접할 수 있었던 카자흐스탄에 대한 정보와 지식은 매우 단편적이며 피상적이고, 수박 겉핥기에 지나지 않았다. 하지만 이 책은 저자가 대한민국 외교관 신분으로 카자흐스탄에서 직접 발로 뛴 많은 경험과 소중한 네트워크, 현지에서 습득한 생생한 지식과 정보를 바탕으로 카자흐스탄에 대한 심도 있고 체계적인 분석이 담겨있다.

무엇보다도 필자의 진정성을 바탕으로 우리가 지금까지 잘 몰랐고 접할 수 없었던 카자흐스탄에 대한 소중한 내용을 담고자 하는 땀과 노력을 책장을 넘길 때마다 느낄 수 있었다.

역사 소개에서는 박물관에서 깊이 있고 전문적인 도슨트 투어를 받고 있는 내 자신을 발견할 수 있으며, 여행지 소개에서는 때 묻지 않은 자연과 영혼을 사로잡는 명소 등에서 열심히 사진을 찍고 있는 나의 모습이 보이기 시작한다.

흔히, 카자흐스탄을 '대한민국의 형제 나라'라고 부른다. 한국과의 관광 차원에서는 우리나라 여행객이 카자흐스탄을 2023년 35,000명 방문하여

2022년 대비 2배 이상의 성장을 보였으며, 한국을 방문한 카자흐스탄 의료 관광객은 2023년도에 12,000명에 달했다.

나는 현재 관광업에 종사하고 있기에 이 책의 주옥같은 여러 내용 중에서 카자흐스탄 관광에 관한 내용이 눈에 띄었다. 이 책은 기존 SNS상에 나와 있는 카자흐스탄 관광지와 비교하여 숨겨진 관광지나 피상적이고 감상적인 관광지 소개가 아닌 역사·문화·예술 등 다양한 시각과 관점에서 관광지를 소개하였다.

이 책은 단순 정보의 전달이 아닌 생생한 경험담과 깊이 있는 조사 연구를 바탕으로 카자흐스탄에 대한 다양한 흥미를 유발하고 카자흐스탄에 대한 숨어있는 재미를 맛볼 수 있으며, 카자흐스탄 국가 존재의 의미를 되새길 수 있는 기록임에 분명하다.

또한 이 책을 통해서 우리는 숨은 보석과 같은 카자흐스탄에 대한 궁금증을 해소할 수 있기에 '카자흐스탄의 백과사전'이라고 감히 평할 수 있겠다. 카자흐스탄에 대한 애정과 사랑을 바탕으로 저자의 진정한 땀과 노력이 배어 있는 책이다.

자, 이제 카자흐스탄의 신비를 찾아서 우리 모두 탐험을 떠나보자.

안덕수

현 한국관광학회 부회장, 랜드코리아레저 상임이사

차례

제6장 경제문화의 수도, 중앙아시아의 허브 알마티

Kazakhstan

카자흐스탄

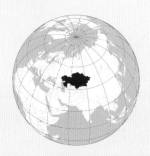

- 📍 **위치**: 중앙아시아 중북부
- 📍 **수도**: 아스타나(Astana)
- 💲 **통화**: 텡게(Tenge)
- 💬 **공용어**: 카자흐어, 러시아어

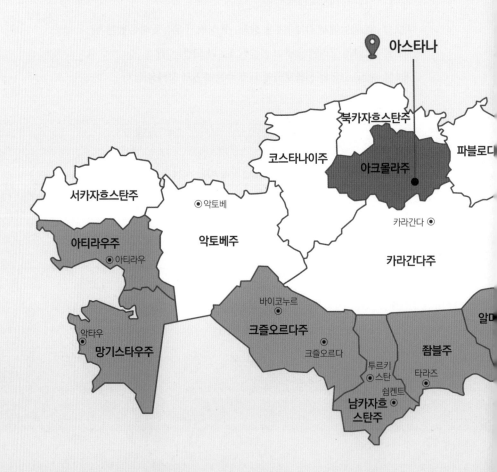

📍 **아스타나**

북카자흐스탄주

코스타나이주

아크몰라주

파블로디

서카자흐스탄주

◉ 악토베

악토베주

카라간다 ◉

카라간다주

아티라우주

◉ 아티라우

바이코누르 ◉

크즐오르다주

악타우 ◉

망기스타우주

크즐오르다 ◉

투르키 스탄 ◉

쉼켄트 ◉

타라즈 ◉

잠블주

알ㅁ

남카자흐 스탄주

국기	**국가문장**

면적: 2,724,902㎢ (세계 9위)

인구: 19,854,083명(2023년 기준)

1인당 GDP: 13,300 $ (2023년 기준)

민족구성: 카자흐인(70.4%), 러시아인(15.5%),

　　　　　우크라이나인(2.0%), 우즈벡인(3.2%),

　　　　　독일인(1.2%) (2021년 인구조사)

종교: 이슬람교(69.31%), 러시아정교(17.19%), 개신교(2%)

독립일: 1991년 12월 16일

국가원수: 카심-조마르트 토카예프 대통령(2019~현재, 임기 7년)

인터넷도메인: .kz

정부 홈페이지: http://en.government.kz

평균수명: 75세(2023년 기준)

오스케멘

동카자흐스탄주

들어가며

1. 저술 배경으로서 문명권 논의와 책의 구성

헤로도토스는 "역사는 유라시아 대륙 안에서 동양과 서양을 가르는 가공의 선imaginary line을 넘나드는 운동이다."라고 언급했다. 일본 무라야마 미사오오村山節와 기시네 타구로岸根卓朗 교수도 "역사는 800년마다 동·서 문명이 교대한다."라고 말한 바 있다. 일례로 과거 400~1200년에는 동양 문명이 융성했다. 삼국시대, 일본 아스카, 당나라, 북아프리카 사산조, 이슬람을 지칭하는 말이다.

그렇다면 과연 21세기는 동과 서 어느 쪽이 주도권을 쥘 것인가? 이제는 동양의 차례라고들 하는데, 과연 어느 나라가 패권의 중심에 설 것인가? 중국, 일본, 아니면 인도인가? 아직 안 보인다. 중국 인민대 황다후이黃大慧 교수는 동아시아 질서의 역사적인 변천 과정은 중국과 주변국 간의 화이華夷질서와 일본 등 공업화 국가들의 침략에 의한 식민질서, 제2차 세계대전 이후 성립된 동맹질서 등 세 단계를 거쳤다고 말한 바 있다. 하지만 그는 위의 세 단계 질서를 재고해 볼 때 동아시아 국가들이 완전독립된 국제적 지위를 이루기 위해서는 동질감을 바탕으로 각 국가가 완전히 평등하고 조화롭게 공존할 수 있는 새로운 지역 질서가 필요하다고 강조했다.

과거 오랜 시간 동안 만리장성 이북의 유라시아 대륙은 북방 유목민족의 활동 무대였다. 그러나 지금은 만리장성을 경계로 나누던 만리장성 이북과 그 이남의 2자 구도가 희미해지고 서세동점의 해양세력이 가세함으로써 형성된 3자 구도가 지정학의 근간이 되었다.

그렇다면 동·서 문명의 십자로 상에 있는 중앙아시아는 어떠한가? 알렉산더 대왕과 칭기즈칸 그리고 대영 제국을 거쳐 러시아, 미국, 중국이 여전히 그레이트 게임Great game을 벌이는 곳으로 유라시아의 중앙에 위치한다. 역사적으로 볼 때 세계 경제에 중앙아시아가 미친 가장 큰 기여도는 바로 대체지역으로서의 역할이다. 영국과 러시아가 제1차 그레이트 게임을 벌인 시발점은 목화 전쟁이었다. 미국의 남북 전쟁으로 목화의 생산량이 줄어들자 영국은 중앙아시아 지역으로 눈을 돌렸고, 러시아는 자국의 패권지역을 향한 외부세력의 접근을 결코 용인할 수 없었을 것이다. 또한 히틀러가 독소불가침 조약을 깨고 무려 세 번에 걸쳐 중앙아시아에 들어오며 발발한 제2차 그레이트 게임도 실은 아제르바이잔의 석유를 염두에 둔 것이었다.

소련 붕괴 이후 다시금 재현된 뉴 그레이트 게임New Great game 역시 중동

카자흐스탄 초원

을 대체하는 석유 공급지로서 중앙아시아의 패권을 노린 강대국들의 치열한 경쟁의 결과물이다. 그렇다면 왜 이러한 역사적 전개가 이루어졌을까? 이에 대한 답을 내리기 위해서 우리는 기존에 존재해 온 지정학적 접근방법을 새로운 관점에서 바라볼 필요가 있다.

서양 제국주의 열강들의 식민지 쟁탈 시기인 19세기 말에 중국을 방문했던 독일의 지리학자 페르디난트 폰 리히트 호펜은 '동서 문명은 보이지 않는 손에 의해 연결되어 있다'라는 관점에서 『자이딘 스트라세비단길』를 썼다.

이 책이 발간된 이후 사람들은 문명을 동과 서라는 이분법적인 기준으로 이해했다. 즉 중앙아시아 지역은 그 자체로 독립적인 문명이라기보다는 동양과 서양 문명을 잇는 교통로 정도로 인식되어온 것이다.[1] 하지만 이제는 중앙아시아를 자원의 대체지역으로 바라본 19세기 제국주의적 관점에서 벗어나 독립 후 강화된 중앙아시아 국가들의 민족주의와 범투르크주의적 관점에서 이 지역을 새롭게 바라보아야 한다.

우리 역시 식민지배의 경험을 가진 민족이기에 피식민지배의 아픔이라는 공감대를 통해 중앙아시아를 더 깊이 이해할 수 있을 것이다. 필자는 중앙아시아 지역을 단순한 문명의 통로로서가 아닌, 신문명의 플랫폼이자 뉴 실크로드가 전개될 핵심지역으로 이해하고자 한다. 지금으로부터 약 천 년 전 역사의 뒤안길로 사라진 실크로드 대상 소그드족과 비단길을 지배했던 고구려 유민 고선지 장군 활약상을 살펴보면서 800년 주기 문명교체설에 따라 이제는 동양으로 넘어온 패권의 주인공이 과연 누구인지 알아보고, 21세기 디지털 신 노마드 시대를 맞이하여 알타이 북방유목민족을 재발견하는 기회를 얻고자 한다.

카자흐스탄이 엄청난 속도로 경제발전을 지속하고 있을 때, 그들은 웬만한 한국 정부 인사들이 면담 요청을 해도 거절하기 일쑤였고 어렵게 잡은 협상도 성공하기 힘들었다. 당시 카자흐스탄 입장에서는 굳이 한국이 아니어도 얼마든지 협력의 상대가 있다는 자신감이 있었던 것 같다. 2000년대 초기에는 국내에 중앙아시아 연구자가 상대적으로 부족했고 기존 연구진들도 개별적인 분야로 나뉘어져 있었기 때문에 중앙아시아를 큰 그림으로 바라볼 수 있는 기회가 많지 않았다. 따라서 한-중앙아 협력 초기에 우리는 중앙아시아 국가들에게 실크로드의 상인 기질이 있다는 사실을 눈치채지 못했던 것이다.

『구당서』에 '소그드인들은 아기가 태어나면 꿀을 먹이고, 손에는 아교를 칠해준다'라고 기록되어 있다. 이는 꿀처럼 달콤한 말로 장사를 할 수 있게 하고, 한번 손에 들어온 돈은 놓치지 않게 가르친다는 의미이다. 또한 유목민족의 후손인 중앙아시아인들은 자기보다 힘센 민족과는 거래계약을 잘 지키는 속성이 있다. 세계 오일 메이저 투자자들과의 계약은 순탄하게 진행되었지만, 우리와 중앙아시아 국가 간의 협력사업이 그리 성공적이지 못했던 것 역시 당시 중앙아시아 국가에 대한 우리의 국력과 영향력이 그다지 크지 못했기 때문이다.

중앙아시아 국가들의 문화 속에 소비에트의 유산은 빙산처럼 심층에 놓여 있지만, 이들을 단지 소비에트 전과 후로만 판단하여 대처하려는 접근방식은 매우 섣부르다. 중앙아시아는 소비에트 유산과 이슬람적 전통이 공존하고 있는 세계 유일한 곳이기 때문이다. 일반적으로 역사를 'History'라 한다면 중앙아시아는 'Herstory'라 할 정도로, 수면 위로 드러난 빙산의 일각 아래에 수많은 요소들이 중층적으로 쌓여 있다. 이렇듯 전통과 현대, 주류와 비주류의 문화적 속성이 혼재한다는 사실을 우리는 간과해 왔다. 오늘날 중앙아시아 지역 역시 한류의 영향으로 한국에 대한 호감도는 높아졌지만, 실제로 만나서 얘기하면 이들은 한국 사람의 태도에 의문을 표하곤 한다. 그들이 바라볼 때 한국인들은 단편적인 지식에 얽매여 조급성을 가지고 접근한다고 보여진다.

긴 역사에 걸쳐 마치 문화적인 용광로처럼 실크로드를 오간 다수의 문화가 공유되고 융합되어 중층적이고 복합적인 현재의 중앙아시아를 만들었다는 사실을 이해하지 않고서는 이 지역과의 진정한 협력이 요원할 것이다. 지난 30년 동안 수많은 협력사업을 진행해왔지만, 여전히 눈에 띄는 성과가 없는 것도 이 때문일 것이다.

  그동안 한국은 일본의 영향을 받아 한반도 중심의 역사관을 토대로 한국 역사를 바라보았다. 그러나 세계사적 관점으로 지평을 넓히려면 한반도 남단에 갇혀버린 '신라 패러다임'이라는 협소한 역사관을 넘어서야 한다. 즉, 광개토대왕비를 기점으로 우리의 상상력을 '고구려 패러다임'으로 확장해야 한다. 왜냐하면, 고구려는 과거 돌궐에 사신을 보내고 춤사위를 전할 정도로 북방 유목민족들과 활발히 교류하였고, 위기 때마다 설연타, 돌궐 등 북방민족과 연합해 당당하게 수·당과 맞섰기 때문이다.

  한국은 해방 이후에야 세계사적 관점으로 국제관계를 바라보기 시작했으나 이는 어디까지나 구미 중심주의적 세계관이 지배적이었다. 또한 중국이 점차 새롭게 부상함에 따라 중국 중심주의적 세계관도 영향력을 강화하였다. 필자는 이제는 새로운, 보다 수평적이고 다중심적인 세계관이 출현할 시기가 되었다고 판단되며 그 출발점으로서 '디지털 노마드 알타이 연대'가 필요하다고 생각한다.

  이러한 시각에서 볼 때 디지털 실크로드로 초원길이 부활하면 카자흐스탄을 중심으로 하는 중앙아시아는 동북아시아 패러독스와 한반도 남북 갈등 해결의 열쇠가 될 것이다. 여기에는 자크 아탈리가 포스트 코로나 시대에 이타주의 실천을 통해 코로나19를 극복하는 한국의 모습이 긍정경제의 좋은 사례라고 언급한 것에서 영감을 얻었음을 덧붙이고 싶다.

이 책의 구성은 당초 'Seven wonders in Kazakhstan'을 염두에 두고 시작했기에 카자흐스탄 관광개발을 위한 5개 지역 클러스터와 한-카 교량 역할로서 고려인 디아스포라를 추가하여 총 7개의 장으로 나누었다. 카자흐스탄 산업·신기술부 산하 관광산업 위원회는 관광 분야 개발구상으로 5개 지역 클러스터를 선정했다. 구체적으로 관광발전을 위한 5개 클러스터 지역으로 알마티, 남카자흐스탄, 서카자흐스탄, 아스타나, 동카자흐스탄이 선정되었는데, 여기서 알마티와 아스타나는 비즈니스 관광개발 중점지로, 남카자흐스탄은 문화 관광지역으로, 서카자흐스탄 지역은 에너지 개발 및 휴양지로 그리고 마지막 동카자흐스탄의 경우 자연환경과 친환경 관광개발의 중심지로 선정했다.

우리에게 잘 알려진 관광지는 아니지만, 보석과 같은 7개의 비밀을 숨기고 있는 카자흐스탄의 관광 매력 포인트는 다음과 같다.

첫째로 만년설을 비롯한 천혜의 자연 풍광을 즐길 수 있다. 현대적인 관광 인프라를 갖추고 있으면서도 인공적인 변형을 최소화한 자연 그대로의 아름다움을 느낄 수 있는 몇 안 되는 지역이다.

둘째로는 러시아풍 등 유럽 문화와 무슬림 문화가 공존하는 문화 용광로로서 복합문화 관광지이고 셋째로는 동카자흐스탄 알타이 지역을 중심으로 레저관광과 치료관광, 역사관광의 다양한 즐거움을 느낄 수 있다.

넷째로는 만년설이 웅장한 천산의 눈 녹은 물로 만든 카자흐스탄 지역 맥

천산의 만년설

주와 깨끗한 초원에서 자란 말고기와 양고기 등을 함께 즐길 수 있는 미식가의 여행지이기도 하다.

다섯째로는 다민족국가답게 외국인에 대해 배타적이지 않고 오히려 유목민족 특유의 손님 환대 문화에 따라 외국인을 정성껏 맞이하는 문화를 가진 지역이다. 특히 한국인에게 매우 친절하고 살갑게 대하는 것을 느낄 수 있다.

여섯째는 상대적으로 물가가 낮아서 8월 여행 성수기에도 그리 높지 않은 가격으로 여행을 즐길 수 있다. 특히 친환경 조건에서 자라는 질 좋은 축산품과 당도 높은 과일들을 한국보다 훨씬 저렴한 가격에 즐길 수 있다는 것은 큰 매력 포인트이다.

마지막으로 카자흐스탄에는 한국인을 동포로 반겨주는 10만 고려인이 거주하고 있어 예측 불가한 미지의 세계 카자흐스탄에서도 마치 내 집에 온 것처럼 편안하고 따뜻한 여행을 즐길 수 있다.

필자는 카자흐스탄 알마티에 근무할 당시 약 2년간 정부 파견기관, 지상사, 중소기업 대표를 포함해 총 30여 명으로 ABCAlmaty Business Culture caravan 공공외교 카라반이라는 상단을 구성해 카자흐스탄 여러 지역을 순회하였다. 주지사 면담을 시작으로 한·카 경제인 원탁회의, 대학특강, 한국문화축제, 고려인 청년 역사특강 등 다양한 행사들을 진행하며 한민족과 카자흐스탄 민족 사이에 존재하는 친연성을 직접 체감하고 확인할 수 있었다.

21세기 신 노마드 시대에 기마민족으로서 DNA 속에 녹아있는 역사, 민족적 뿌리의 공유, 알타이어 계통의 언어적 동질성, 두개골 모양이 매우 유사하다는 점, 타인에 대한 관용 정신, 노인 공경의 전통, 그리고 춤과 노래를 즐기는 '신명'의 민족성 등 두 민족 간의 유사성을 찾는 과정은 마치 퍼즐게임을 맞추듯 흥미롭고 놀랍기만 했다. 이 책을 통해 앞선 근무 경험에서 얻은 결론들을 독자들에게 전달함으로써 한국과 카자흐스탄 양국 국민의 마음을 잇는 보이지 않는 다리가 만들어지길 소망한다.

2. 카자흐스탄의 노마드적 정체성 확립(다양성, 개방성, 관용성 3자 조화)

사실상 독립 카자흐스탄의 시작은 백지 상태나 다름이 없었다. 갑작스러운 독립 당시 카자흐스탄에게는 구소련 체제의 잔재들만 존재했기 때문이다. 이

석유 개발

것은 주권을 가진 민주공화국에도 시장경제에도 적합하지 않았다. 그래서 세계 유수 전문가들은 불과 25년 전만 해도 카자흐스탄이 독립적인 발전을 이루기에 적합하지 않다는 생각을 지니고 있었다. 그러나 전문가들의 예측이 빗나간 것은 국민의 잠재력에 큰 비중을 두지 않았기 때문이었다.

2000년 이후 카스피해 카샤간/텡기즈 유역의 석유 개발이라는 신의 축복도 한몫했다. 세계은행 자료에 따르면, 2020년 카자흐스탄의 GDP는 1,698억 달러로 우즈베키스탄의 3배, 타지키스탄의 약 20배, 키르기스스탄의 25배, 투르크메니스탄의 약 4배에 달한다.

이제 카자흐스탄은 서유럽 크기의 영토에 광물자원이 넘쳐나며, 중앙아시아 국가 중 2번째로 인구가 많아 경제성장 잠재력이 높다고 평가받는다. 그러나 국가적으로 카자흐스탄이 중앙아시아 최고 부국의 반열에 오른 것에 반해, 일반 국민의 생활 수준은 그에 미치지 못하는 것 또한 사실이다. 향후 카자흐스탄이 이 취약한 부분을 장점으로 승화하여 불신의 강을 건너기 위해서는 아래 세 가지 기둥을 중심으로 국가의 노마드적 정체성을 확립할 수 있는 지도자의 정치적 의지가 필요할 것이다.

독립 이후 카자흐스탄의 최우선 과제는 국가 정체성의 확립이었다. 하지만 18세기 중반 이래 외국의 지배를 계속 받아온 탓에 과거에 존재했던 전통적인 혈연 중심의 유목공동체는 무너진 지 오래였다. 근대 독립 국가를 운영해본 경험이 없었기에 국가 정체성조차 세울 수 없었다. 130여 개 민족으로 이뤄진 다민족 카자흐스탄은 표제 민족집단인 카자흐민족이 인구구성의 다수를 차지하지 못한 유일한 포스트 소비에트 국가였다.

카자흐스탄 인구 구성비를 살펴보면, 1960년대 초에는 러시아인이 43%, 카자흐인이 29%라는 기형적인 모습을 보였다. 30년 후인 1990년대 중반까지도 카자흐인이 차지하는 비율은 전체 인구 절반에도 못 미치는 44%에 불과했다. 하지만 카자흐스탄에는 다민족, 다문화, 다종교 화합 정책을 중심으로 노마드적 정체성을 확립할 수 있는 유목 문화 연구소가 운영되고 있다. 그 결과 오늘날의 카자흐스탄은 다민족 화합과 통합의 정신을 존중하면서도 유목 문명의 핵심적이고 근간이 되는 상속자임이 분명하다고 천명하고 있다.

다양성

현대사에서 인종적인 다양성이라는 조건 속에서 국가를 성공적으로 건설한 예는 찾기 어렵다. 얼마 전까지만 해도 이러한 국가 문제를 해결하는 방법은 미국의 예처럼 소수민족들을 하나의 '용광로'에 섞어 버리거나, 몇몇 구소련 이후 국가들처럼 이름뿐인 '명목상 민족'으로 취급하는 것이었다. 그러나 카자흐스탄은 자신만의 모델을 만들어 다양성을 깨지 않고, 이를 단결의 기반으로 삼았다. 이는 민족들이 각각 자신의 역사적인 뿌리와 문화적인 특성, 언어를 잊지 않되 한 국가의 국민이라는 점을 인식하도록 하는 것이었다(카자흐스탄에는 지역별로 민족우호의 집이라는 뜻의 '돔 드루쥐븨'가 운영되고 있다).

20세기 최고의 경영학자로 인정받은 피터 드러커는 진정한 기업의 리더는 다양성을 유기적인 사고방식하에 통일시키는 능력을 갖고 있다고 하였다. 그것은 즉 다양성의 구심점을 확보하고 이를 이해하고 인정하며, 다양성을 숨쉬게 지원하는 것이라고 하였다. 나자르바예프 대통령은 1995년 제정된 헌법 서문에 카자흐스탄 국가 정체성을 '카자흐인을 비롯한 다양한 민족이 거주하는 고유한 나라'라고 정의해 다민족의 공존을 강조한 바 있다.

개방성

카자흐스탄은 지리적으로 세계 교통로에서 멀리 떨어진 유라시아 한가운데 있는 거대한 고립영토enclave이지만, 유목민의 기질인 노마드적 개방성을 가지고 있다. 또한 후한 손님 대접의 전통은 남을 잘 대접하는 것이 곧 자신의 생존에 직결되는 문제라는 인식에서 시작된다. 광활한 초원을 이동하며 사는 유목민족들은 언제 어디에서 위험에 빠질지 모르기 때문에 우연히 만난 타인에게 선의를 베풂으로서 자신 역시 어려움에 처할 때 그러한 도움을 받게 될 것이라고 믿어온 것이다. 이에 카자흐스탄은 국제 무대에서 존중받는 오피니언 리더이며 핵 군축 선도국이자 비핵화 모범국가가 되었다.

소련 시기였던 1949년 카자흐스탄 동북부 세메이 지역에 핵 실험장이 건설된 이래로 약 40여 년간 지상과 지하에서 총 456회의 핵실험이 실시됐다. 규모로는 히로시마 원자폭탄을 능가할 정도라 하니, 그 핵실험 과정에서 카자흐스탄이 받게 된 피해는 엄청났다.

독립 당시 세계 4위 핵 보유국이었던 카자흐스탄 정부는 국제사회에 핵을 자발적으로 포기하겠다고 천명했다. 카자흐스탄을 비핵화 모범국가라고 부르는 것은 단순히 국내 핵 포기 선언에 기인한 것이 아니다. 우라늄 최대 생산국인 카자흐스탄은 '핵원료 은행' 설립 등 핵의 안전도를 높이려는 노력에 앞장서면서 다른 나라에도 같은 조처가 취해지도록 국제 무대에서 적극적으로 설득하고 있다. 이는 균형적이고 편파적이지 않은 대외 정책을 시행한 결과이며, 카자흐스탄의 지정학적 상황 역시 포퓰리즘 및 단기적 이익을 따르는 것을 허용하지 않았다.

관용성

캐나다 토론토대학의 리처드 플로리다 교수는 '관용tolerance이 높은 지역에 인재talent가 모여들어 기술technology이 발전한다'라는 '경제발전의 3T이론'을 창안했다. 변화할 시기에 변화하지 않으면 도태된다는 사실은 세계역사가 증명해 주고 있다. 관용을 바탕으로 상대를 용서하고 국가개혁을 진행할 때도 다양한 의견을 포용함으로써 성공해야 진정한 미래가 있다고 본다.

유목민족들은 생존을 위해서 항상 초지를 찾아 헤매야 하기에 빠른 적응력을 기르게 된다. 또한 초원에는 정해진 주인이 없고 오로지 실력만이 방편이므로 끊임없이 생존의 기술을 배워야 한다. 유목민들은 언제 적을 만날지 모르기 때문에 더 뛰어난 기술과 무기를 연구하는 등 끊임없이 자기를 개발하는 기질을 가지고 있다. 여기에 상대와 나를 아우르는 관용 정신이 더해질 때 분열과 반목이 넘쳐나는 현대 국제 정세에 카자흐스탄을 리더국가로 발돋움하게 하는 차별점이 될 것이다.

3. 초원길을 생각하며 신노마디즘으로 형제국가의 미래를

21세기에는 민족에 대한 정의를 어떻게 내리고 있는가? 베네딕트 앤더슨은 민족을 '상상의 공동체'라고 부르면서 특정한 시기에 사람들의 경험을 통해 구성되고, 의미가 부여된 역사적 공동체라고 말했다. 다시 말해 서로가 같은 언어권임을 확인하면서 동일 언어권인 것을 숙명적으로 받아들이기 시작한 집단이라는 것이다. 이는 상상의 공동체가 가진 공동의 역사와 문화가 현재적인 상호 믿음으로 창조되며, 이러한 과정을 거쳐 민족의 일체감이 형성될 수 있다는 것이다.

사람에게는 귀속본능 같은 것이 있어서 뿌리를 찾고 싶어한다. 특히 한민족은 민족의 유구성을 믿는다. 역사적으로 고구려와 발해 등은 우리와 같은 계통인 몽골족, 여진족, 말갈족 등 만주족을 아우르는 포용적인 마인드를 가졌을 때 가장 강성해졌으며, 조선처럼 이들을 배척했을 때 약화되어 결국에는 일본에게 침략당하는 상황에 이르게 된다.

카자흐인들은 다민족, 다문화의 역사적 경험에 따라 나와 다른 것에 대한 관용과 이해, 포용, 학습의 성격이 강한 민족이다. 지식정보화사회에 있어서는 교육도 '가르침'보다는 지식과 정보를 어떻게 창조하고 실제 사용할 수 있는가 하는 '학습'이 더 중요하다. 또한 사물을 서로 다른 관점에서 보는 시각과 서로 다른 것을 존중하며 다양성을 포용하는 생활양식이 더 요구된다.

카자흐스탄 영토에서 평화롭게 공존하고 있는 약 130여 개의 다양한 민족들 가운데서도 고려인들은 제4의 쥬즈(카자흐스탄 전통 부족 단위로 크게 대쥬즈, 중쥬즈, 소쥬즈 등 3개로 구분된다)로 불리며, 카자흐인들과 친형제와 다름없이 좋은 관계를 유지하며 살아왔다. 카자흐스탄 정부는 '카자흐민족의 역사진흥'이 민족주의의 도구로 사용되는 것이 아니라 반대로 다민족 통합과 사회안정의 도구로 사용되도록 유도하고 있다. 어디 그뿐인가? 한-카자흐 수교 후 불과 30년이 막 지났을 뿐인데 오늘날 수많은 카자흐인들이 한국의 음악과 드라마, 영화에 열광하며 한국을 동방 제1의 파트너라고 치켜세운다.[2]

국경을 접하지도 않고 아주 오랜 기간 철의 장막에 둘러싸여 서로를 알지 못했던 두 나라가 불과 30여 년 만에 이렇게 가까운 협력 국가가 된 것을 비단 경제적 상호보완성이나 정치적 장애물이 없다는 현실적인 원인만으로 설명하는 데에는 분명한 한계가 있을 것으로 본다. 기존 한국사학에서 등한시되었던 한민족의 북방 기마민족적 뿌리는 호방하고 진취적이며 새로운 것에 도전하길 좋아하는 카자흐인들의 유목 기마민족적 뿌리와 유사하다. 이외에도 간단하게 열거하는 것이 불가능할 정도로 많은 요소들이 한국인과 카자흐인의 친연성을 증명하고 있다.

프랑스의 경제학자이며 EBRD 은행장을 역임했던 자크 아탈리Jacque Atalli는 "21세기 사회는 유목민의 가치와 사상, 욕구와 삶의 방식이 지배하는 사회가 될 것이다."라고 예언했다.[3] 오늘날 우리는 신노마디즘을 요구하는 사회에서 살고 있다. 카자흐스탄과 협력의 지평을 넓혀가는 과정에서 우리가 공유하는 유목민족적 친연성은 양국 관계를 더욱 가깝게 만드는 기폭제 역할을 할 것이라고 본다. 경제, 정치적 협력은 현시점에서 새롭게 구축할 수 있겠지만, 역사, 문화적 친연성은 인공적으로 만들 수 있는 성질의 것이 아니기에 더욱 가치 있다. 따라서 양국의 공통점을 기반으로 새 시대가 요구하는 가치를 더해 한국과 카자흐스탄이 상호 호혜적인 협력을 한다면 국제 무대의 멋진 파트너 국가가 될 수 있을 것이다.

결과적으로 친연성은 서로에게 변하는 가치와 변하지 않는 가치를 냉철히 구분하여 '경제적 이해관계'의 교환 차원으로부터 한미관계처럼 정신 문화적 '가치의 공유'로까지 발전하게 하는 원동력이 될 것이다. 아직도 한국에서는 중앙아시아에 대한 이해도가 낮고 일부 부정적인 이미지도 있다. 물론 양국의 물적 교류는 어느 정도 진행되었고 지금도 이어지고 있다.

그러나 인적 교류는 체계도 부족하고 어디서부터 어떻게 시작해야 할지 여전히 모색단계에 머물러 있다. 따라서 양국이 가진 친연성을 바르게 이해하는 것에서 출발하여 양국이 형제국가임을 확인하면 양국 사회 모두에서 긍정적이고 우호적인 여론이 늘어나고 각 분야에서 관심과 진출이 활성화될 것이다. 나아가 양국이 중심이 되어 알타이의 의미를 현대적으로 재조명해 상생의 발판을 마련한다면 '알타이 경제협의체' 구성이나, '알타이 문화공동체' 형성도 가능하게 될 것이다. 예를 들어 경제와 문화를 아우르는 '알타이 공동의 집' 구상 방안을 제안할 수 있을 것이다. 이는 어디까지나 ASEAN이나 APEC 형성기에 보여준 컨센서스와 자발적인 이행을 중시하는 '아시아적 방식Asian Way'으로 결성하는 것이다.

한국은 중국발 동북공정의 거센 바람을 극복하기 위해 중국 그 이전의 역사 속에서 뿌리를 재발견해야 한다. 이제는 G7과 BRICs 신흥경제국 시대가 저물고 GUTS 시대가 온다고 한다. 미국의 지정학자 브루스 존스와 토마스 라이트도 Foreign Policy 공동기고문에서 한국이 2040년에는 튀르키예와 함께 G4가 될 것이라고 예견한 바 있다. 그래서 한국이 향후 튀르키예와 함께, 독일이 지역공동체를 하나로 묶는 역할 수행을 했던 것처럼 새로운 지역질서의 구심점이 되어야 할 것이라는 관측이 나온다. 이에 몽골을 기점으로 카자흐스탄을 중심으로 해 중앙아시아 국가들과 더 나아가 튀르키예와의 협력 관계를 확대할 필요가 있다.

지정학적인 한계로 인해 알타이계 민족들이 한국으로 이동하는 것은 어려우므로, 한국이 북방으로 나아가 고대 시기의 역사적, 언어적 뿌리를 복원하는 과정에서 이들 알타이계 민족들과 연대를 통해 4차 산업혁명 시대를 열어갈 수 있는 새로운 전략을 마련해야 할 때라는 것이다.

1) 2011년 7월 7~9일 제2차 한-알타이 협력포럼 발표자료(주관: 주카자흐스탄 대한민국 대사관)

2) 술타노프 전략연구소장은 필자와의 면담에서 카자흐스탄 정부가 서로는 독일, 동으로는 한국을 제1의 파
   트너로 보고 있다는 견해를 피력한 바 있다.

3) 윤영호, 양용호, 김상욱 외(2010). 『유라시아 골든허브』. 평사리.

알타이
문화연대 형성,
한민족의 시원을
찾아서

01

알타이는 중앙아시아 내륙지방의 고원지대에 솟아있는 산이며 동서로 흐르는 산맥 이름이기도 하다. 몽골 서부, 카자흐스탄 동부, 러시아 시베리아 남부, 중국 신장·위구르 자치구 북부와 접한 광활한 지역이다. 알타이 지역은 자연 청정지역으로 유엔이 감시하고 있으며 이곳에서 나는 꿀이나 마유馬乳, 약초, 쇠고기는 인기가 많다. 또 산에 그대로 방목하는 사슴농장이 많아 녹용이 풍부하게 생산된다. 산자락을 한참 오르다 보면 숲속 호숫가에 경관이 수려한 휴양지가 눈에 들어온다.

역사가들은 3~4천 년 전 한민족이 이 알타이 지역에 거주하였다고 말하고 있으며, 실제로 한국인들이 이 지역을 방문하면 알 수 없는 편안함과 친근함을 느끼게 된다. 첫 번째 불가사의라고 부르게 될 이 독특한 정서적 현상을 어떻게 해석할 수 있을까? 이곳을 방문한 한국인들이 고려인을 향해 "당신들은 오래전 우리 민족의 시원에 살고 있으므로 진정한 디아스포라는 고려인이 아니라 바로 우리 한국인"이라고 농담하는 것은 정말 일리가 있는 말일까?

제1절_ 알타이 지역을 기원으로 하는 형제국가

한민족과 유목민족의 뿌리는 하나일지도 모른다는 추정 때문인지 유목제국의 이야기를 들으면 나는 언제나 가슴이 뭉클해진다. 유목민은 망치와 못을 사용하지 않는다. 어차피 헐고 다른 곳으로 가야 하기 때문이다. 이들 기마유목민족은 뛰어난 이 기동성을 살려 독자적인 문명을 만들어 냈다. 기나긴 인류 역사 속에서 말 타는 기술이 탄생한 곳은 아마도 이 중앙아시아일 것이리라.

고대 중앙 유라시아의 동서에 걸쳐 세력을 떨쳤던 스키타이나 흉노와 같은 기마유목민족은 효율적인 군사·정치조직을 편성하고 금속제 마구나 장식품에서 볼 수 있는 고도의 기술[1]을 가졌다. 비록 고유의 문자는 없었지만, 집단의 기억이나 규범을 축적하여 전승하는 서사시와 같은 구전의 문화가 있었다. 고조선과 신라 등 한반도 고대국가는 흉노와 같은 뿌리를 가졌다는 설이 있다. 즉, 흉노는 동쪽으로 이동하여 쥬신과 신라로 나타났고, 서쪽으로 가면서 훈이 된 것이다.

흉노는 최초의 기마유목민족 국가를 건립한 이후 기후변화와 중원 세력의 대두로 서쪽으로 이동하였다. 그 후 유럽사에서는 '훈'으로 등장하며 유럽민족의 대이동과 서로마제국을 무너뜨리는 단초를 제공했다. 그들의 왕인 아틸라(400~453)는 위대한 정복자로 인류 역사에 기록되었다.

다시 말해서 유라시아 동쪽에 있던 이들 기마유목민족은 크게 두 차례에 걸쳐 서쪽으로 이동하였다. 한 번은 훈족으로 카자흐스탄을 거쳐 남러시아 평원을 지나 유럽의 헝가리까지 갔는데 이들이 아바르, 즉 마자르족이다. 두 번째 이동은 카자흐스탄 사막 지역인 트란스옥시아나를 지나 이란을 거쳐 서아시아 튀르키예로 간 투르크계 민족에 의해 이루어졌다. 이처럼 중앙아시아 유목민족들은 중국과 유럽의 정주 문명을 뒤흔들었던 북방계 몽골리안 기마 민족으로, 그들의 이동은 유라시아 지역의 문명 교류에 지대한 영향을 미치면서 세계사를 다시 쓰곤 했다.

먼저 카자흐스탄의 원주민인 카자흐인의 기원과 역사를 살펴본다. 카자흐스탄의 광활한 초원 위에서 오랜 기간에 걸쳐 여러 유목세력의 씨족, 부족과 민족이 출몰했기에 그 기원을 찾는 일은 아주 복잡하다. 기원전 6세기경, 알타이산맥을 중심으로 황금으로 치장한 스키타이(이란인은 사카로 부름)가 무당문화를 앞세우고 살고 있었다. 1970년 알마티주 이식 지역에서 발견된 황금 갑옷을 입은 용사 역시 기원전 5~6세기 스키타이족 출신으로 알려져 있다. 또 알타이 지방에서 '얼음공주' 무덤이 발견되었는데 초기 러시아 학자는 이 주인공이 유럽·서양인이라고 발표하였지만, 객관적인 분석기관에 의뢰한 결과 여기에서 몽골리안 유전자가 검출되었다고 한다. 파지리크 벽화를 남긴 스키타이인, 그들 문화의 중심은 무당 문화였다.

기원전 2~3세기에 원시 몽골인과 원시 투르크족은 남부와 남동부 초원에서 알타이에 이르기까지 훈국을 세웠으나 기원후 2세기에 멸망했다. 그래서 현 카자흐민족의 직접적인 조상은 기원전 1세기경 카자흐스탄 영토에 정착한 튀르키예계와 몽골계 종족이다. 이 가운데 튀르키예계 종족은 선주민이었던 스키타이인들과 섞였고 이후 13세기 칭기즈칸의 유라시아 정벌 이후 몽

알타이산맥

골계의 요소가 새로이 더해져 현재의 카자흐인이 형성된 것이다. 즉, 기원 전 후 카자흐인들은 유럽 인종적 요소를 더 많이 가지고 있었는데 현대 카자흐 인들의 경우 유전적으로 튀르키예, 몽골 인종적 요소가 더 많이 나타난다고 한다.

'카자흐'라는 민족 명칭이 언제 나타났는지는 명확하지 않다. 그 어원 역시 다양한 해석이 존재하나 가장 널리 알려진 것으로는 주된 세력에서 떨어져 나온 '자유인, 방랑인'이라는 의미가 있다. 11세기 튀르키예의 서한문에 카자 흐인에 관한 최초의 기록이 발견되었다. 1218년 몽골의 초원 침략으로 투르 크 초원은 3개의 몽골 울르스에 포함되었고 칭기즈칸의 세 아들에 의해 각각 통치되었는데 1219년 킵차크는 맏아들 주치가 통치했고, 투르케스탄, 세미레치예 등 카자흐스탄 중남부 지역은 둘째 아들 차카타이에 의해 한국汗國이 세워지면서 흡수되었다.

'카자흐'라는 명칭은 1460년 우즈벡 울르스의 칸이었던 아불 하이르의 잔혹 정책에 반기를 든 자니벡과 케레이 술탄이 자신의 아울들을 이끌고 시르다리야 유역에서 세미레치예 동부로 도망간 데서 유래했다. 거기에서 카자흐 칸국이 1465년에 건립되었다. 이들은 자신을 자유로운 민족이라는 뜻의 '카자흐'라고 불렀는데 여기에서 오늘날 카자흐민족의 정체성이 시작되었다고 보여진다. 이후 카자흐민족은 대쥬즈(Great Horde 카자흐 남부), 중쥬즈(Middle Horde 카자흐 중부), 소쥬즈(Little Horde 카자흐 서부)로 분열되어 호족들이 할거하는 양상을 보였다. 3개 쥬즈는 18세기 중엽 '대재앙의 해'로 불리는 기간 동안 동쪽의 알타이계 유목민족인 중가르족의 침입을 받았다. 이에 1730년 소쥬즈의 아불하이르 칸이 러시아 제국의 안나 여제에게 보호를 요청하면서 카자흐스탄 지역은 점차 러시아의 영향권으로 들어가게 되었다. 이러한 보호국 조치는 곧 러시아 군사력에 의한 식민화로 변질되었다.

중쥬즈의 아블라이 칸은 이러한 식민지화 과정에 저항함으로써, 어려운 대외 환경 속에서도 카자흐 칸국의 독립을 성취하였다. 그러나 그의 죽음 이후 이러한 움직임은 지속되지 못하였고, 1860년대에는 러시아 제국에 편입되고 말았다. 1917년에서 1918년 아만겔디 이마노프 등 일부 카자흐 인텔리 지도자들이 국가적인 독립운동을 개시하였으나, 이 같은 많은 반란에도 불구하고 제정 러시아는 볼셰비키 혁명 때까지 카자흐족들을 장악하게 된다. 소련 혁명 후 카자흐스탄은 공산당의 민족정책에 따라 1923년 자치공화국이 되었다가 1936년에는 완전한 소비에트 공화국의 지위로 격상, 1991년 소련의 해체와 함께 카자흐스탄으로 독립하였다.

한민족의 뿌리라고 추정되는 알타이와의 연결 관계를 찾아볼 수 있는 문헌으로는 중국 진수의 『삼국지』와 한국의 『삼국사기』 등이 있다. 『삼국사기』의 동명성왕 편에는 '동부여의 왕 해부루는 곤연이란 연못가에서 금빛 개구리 모양의 어린아이를 얻어서 이름을 금개구리란 뜻의 금와라 불렀다. 금와가 물의 신 하백의 딸을 만나 임신해 알을 낳았다. 그가 주몽이다'라는 기사가 나온다.

그렇다면 한국 국사 교과서에서 전혀 가르치지 않는 '고리'는 어디서 나온 것일까? 먼저 다른 사서부터 둘러보자. '알타이인의 아버지 탄자강'은 황금개구리왕 탄자강이 알타이인의 시조로 나오는 설화다. 여기서 중요한 사실은 『삼국지』, 『위략』에 따르면 '부여는 북방의 고리국에서 나왔다'는 기록이다. 고구려의 뿌리가 되는 나라는 고리국橐離: 까우리국 즉 Proto-Korea이다. 이 고리국은 기록상 최초로 나타나는 코리아Korea다. 고리국의 까우리는 고리의 몽골발음으로 '골짜기·마을을 뜻하는 골'에서 나왔는데 마르코 폴로도 『동방견문록』에서 고려를 까우리Cauli로 썼다.

그러면 고리와 알타이는 어떻게 연결되는가? 양민종 교수는 자신의 책 『알타이 이야기』에서, 옛날 알타이에 탄자강(개구리왕이라는 뜻)이란 노인이 살았는데 하루는 붉은 개구리와 싸우던 흰 개구리를 구했다. 이 일로 그는 소원을 들어주는 댕기를 선물로 받아 부자가 되고, 꾸르부스탄(하늘의 신)의 막내딸을 아내로 맞이한다라고 알타이에 퍼져있는 탄자강 설화를 설명한다. 개구리가 공통분모다. '알타이'가 황금을 뜻한다는 것을 염두에 두면, 금와왕은 알타이 개구리의 왕이라는 의미로 설명할 수 있고, 탄자강 역시 알타이 개구리의 왕이란 의미를 지니고 있어 '금와왕=알타이, 개구리 왕=알타이인의 아버지 탄자강'이란 식으로 연관성을 추정해 볼 수 있다. 이에 알타이인의 아버지인 설화 속의 인물 황금 개구리왕 탄자강이 한민족 설화 속 고리국의 금와왕과 동일 인물이라는 추측도 있다.

이처럼 '고리'는 바이칼호수 남방의 광활한 초원을 지배한 나라로 추정된다. 김운회 교수도 '고리는 이후 고리국, 콜리, 고려, 구려, 고구려 등으로 나타난다'라고 설명했다. 고리국의 영역이 카자흐스탄과 겹칠 수 있다는 것이다. 원래 고리국은 신화로 보면 부여의 북방에서 존재한 나라다. 그런데 부여가 아무르강 유역까지 그 강역이 나타나는 것으로 봐서 고리국은 동몽골에서 알타이에 이르는 지역으로 추론할 수 있지만, 보다 궁극적으로는 금와왕 신화가 알타이 지역과 관련되어 있으므로 오히려 알타이 지역을 원 코리어 지역으로 보는 것이 좋을 것이다. 간단히 말해서 기록상으로 나타나는 최초의 코리아는 바로 알타이라는 말이다.

제2절_ 한국과 카자흐스탄의 계통적 친연성에서 온 연결고리 4가지

1. 고고학적 친연성 - Nomadism

카자흐스탄을 포함한 중앙아시아가 유목 문명을 공유한다는 점을 모르는 사람은 거의 없을 것이다. 유목민들의 우주에 대한 이해를 살펴보면 그들은 우주의 구조를 알(=세계)로 형상화하였고 알의 주위를 일정한 궤도로 도는 태양을 유목민이라고 생각하였다. 이 알을 크게 위와 아래 두 부분으로 나눈다면 밝은 윗부분은 하얀(=낮) 유르타(전통가옥), 아랫부분은 검은(=밤) 카잔(솥)으로 표현하였다.

우주의 작은 모델이라 할 수 있는 유르타 위로는 태양이 비추고 그 안에 까맣게 그을린 카잔 아래에서는 언제나 불이 타오르고 있는데 이를 지구의 핵으로 보았다. 유르타의 지붕은 하늘의 모양을 표현하고 있는데 '샹으락'으로 불리는 유르타의 둥근 꼭대기는 태양의 바퀴, 정확히 말해 만자(스바스티카)의 형태로 태양의 느린 움직임을 정지화면처럼 그려낸 것이다.

북방인들은 청동기의 주요 전파자였을 뿐만 아니라 청동기 문명의 실질적인 주체였음을 알 수 있다. 실제로 청동기 문화를 배경으로 공통으로 발견되는 태양 숭배의 암각화 등에서도 이것이 묘사되었다. 특히 태양을 상징하는 동물인 사슴과 단군신화에 등장하는 청동거울은 그 좋은 예다. 또한 『한서』의 기록엔 흉노와 조선을 하나로 보는 기록이 나타나는데, 한족이 흉노라 부른 종족들은 알타이를 중심으로 거주하다가 동서로 이동하였고, 이 분야의 전문 연구자인 정수일 교수에 의하면, 흉노는 특정 종족집단이 아니라 알타이산맥의 동남쪽에 거주했던 유목민의 총칭이라고 한다.

크게 본다면 이 민족에서 동으로는 쥬신Jüsin이 나타났고 서쪽으로는 훈족Hun이 나타났다고 볼 수 있겠다. 그렇다고 해서 '흉노Hun = 쥬신Jüsin'은 아니라는 말이다. 쥬신은 흉노의 일파로 주로 알타이 동부 지역에서 몽골-만주-한반도-일본 등지에 거주하는 민족을 말한다. 이 유목민들의 상징적인 유물은 신라와의 관련성이 제기된 동복[2]이다.

알타이 까라꼴 벽화에는 새의 깃털을 잡고 있거나 새의 모습이 표현된 인물상이 나온다. 고구려 벽화에서도 새 의식과 관련된 모티브들을 찾아볼 수 있다. 사냥감이나 희생물을 바치러 가는 귀족의 머리에는 새의 깃털로 만든 모자를 썼다. 고구려 '사신총 벽화'에는 무덤의 주인공과 그 부인의 모습에 날개가 달려있다. 아마도 두 지역의 벽화에서 공통으로 나타나는 날개의 표현은 무덤의 주인공이 태양 및 하늘과 관련이 있음을 강조하기 위해서인 것 같다. 이처럼 기마민족은 큰 새, 큰 나무, 사슴이라는 세 가지 상징이 있는데 사슴은 대지를, 자작나무는 천상과 지상을 잇는 동아줄을 의미한다. 알타이인들은 하늘로부터 이 나무를 타고 산으로 내려와 널리 인간을 이롭게 하고자 이 세상에 온 것이다. 큰 새는 하늘의 사신이니 알타이인들이 죽으면, 이 새를 따라 다시 하늘로 돌아간다.

이 세 가지의 상징이 황금으로 통합되어 영원한 형상을 가진 것이 바로 신라의 금관金冠이다. 이것은 두고 온 고향에 대한 그리움의 표현이다. 놀랍게도 전 세계적으로 알려진 금관은 모두 합하여 봐도 10여 점인데, 한국에서 출토된 것이 무려 8점이라고 한다. 그런데 원래 금으로 몸을 치장하는 풍습은 고대 기마민족 사이에 크게 유행한 것이라고 한다.[3] 또한 중국에는 돌로 만든 돌무지무덤이 없는 데 비해 알타이와 고구려는 모두 돌무지무덤을 만든 전형적인 문화 형태가 보인다.

최근 학자들이 깊은 관심을 보이며 연구하고 있는 샤머니즘을 통해서도 그런 공통점을 찾아볼 수 있다. 믿기 어렵겠지만 기원전 3~4세기 스키타이-알타이 쿠르간과 똑같은 구조와 형태의 원형 고분 속에서 신라 4~6세기 마립간(간 칭호는 북방 기마민족이 주로 사용) 시대에서만 나타나는 적석목곽분이 발굴된 것은 이를 만든 신라 김씨 왕족의 뿌리가 대초원지대의 기마민족에 있다는 기록을 증빙한다. 또한 카자흐스탄에서 출토된 금관에서 발견된 장신구들에 사용된 '누금기법'이 신라 시대에서도 발견되고 있다는 사실은 놀랍다. 유라시아 대륙의 초원지대를 통해 이동로가 형성되어 있어서 유목민족의 전형적인 지표유물로 분류되고 있는 이 '누금기법' 장신구들이 한반도에서 발견되었다는 점은 고대부터 한민족과 중앙아시아 유목민족이 교류했음을 반증하는 것이다.[4]

경주 미추왕릉 지구에서 1973년 발굴된 계림로 황금보검의 경우 중앙아시아, 이란 일대에서 유행하던 형식으로 이것은 삼국시대 유적에서 발견되는 여러 종류의 도검류와는 전혀 다른 형식의 비신라적 유물이라 한다. 실제로 보검의 제작기법이나 생김새 등과 거의 흡사한 유물이 1928년에 이미 카자흐스탄 바라보예(카자흐어로 '부라바이'로도 불린다) 지역에서 발견되었다.[5] 즉, 이 유물이 서역에서 수입되었거나 신라에 살던 서역 사람이 가지고 온 것을 의미한다고 볼 수 있다. 이처럼 역사 이전에 나타나는 한국과 카자흐스탄, 즉 알타이 지역 관련 역사적 유물이 풍부한 것은 한민족의 선조가 이미 오래전부터 중앙아시아 기마유목민족과 밀접한 관련성을 보여주고 있음을 증명하는 것이다.

한국 청동기 문화를 크게 보아 스키토-시베리아 계통이라고 하는데, 더 자세히 말하면 미누신스크라고도 하며, 한 걸음 더 나아가 카라수크 문화와 파지리크 문화도 거론된다. 그 밖에 오르도스 문화도 언급된다. 유물로는 오르도스식 동검, 스키타이 양식의 동복 등이 있다. 카자흐스탄의 알타이를 중심으로 한 스키타이 문화와 흉노의 거점이었던 오르도스 문화는 겉으로 드러난 것만으로도 상호 밀접한 연관성을 지녔다고 본다. 그런 문화의 특성이 그대로 동진하여 요서와 요동을 거쳐 한국으로 진입했다고 판단하는 일은 당연할 것이다. 이처럼 북방 문화를 접하면서 우리는 동아시아 역사를 만리장성을 경계로 우리와 3각 구도에서 보아야 한다는 점을 자각할 수 있다. 지금까지 우리가 중국 역사서에 의존한 해석대로, 중국과의 양자 관계 위주로 전체 역사를 보았다는 반성 위에서 북방과 직접 교류의 역사를 연구해야 할 것이다.

2. 알타이어족적 친연성

'알타이'는 현지어로 '황금산'이라는 의미를 지닌다. 이 뜻은 현재 카자흐어 알틴, 몽골어 알탄으로 남아있다. 다양한 설화 및 언어학적 조사에 따르면 한

민족의 기원이 바로 알타이라는 설이 존재하며 실제로도 러시아의 알타이 지역인 고르노알타이 공화국에 가면 사둔(사돈), 삼춘(삼촌), 밥, 옷, 말, 물, 닭, 마늘 등 한국말을 듣는 게 아니냐는 착각이 들게 하는 낱말들이 사용되고 있다. 거리에서 만나는 주민들의 모습도 우리와 판박이처럼 닮았다고 한다.[6]

한국어와 카자흐어가 모두 알타이어족의 뿌리를 공유한다는 설이 존재한다. 언어학자들에 따르면 한국어와 카자흐어의 단어는 말(馬, 말), 약간(자큰), 부락(블락), 까탈스러운(카탈) 등 약 300여 개의 단어에서 유사성이 발견될 정도로 양국의 친연성이 깊다는 것이다.

좀 더 구체적으로 공통어휘들을 찾아보면 1) 정치적 관계에서 장군이나 지도자를 의미하는 돌이, 부여, 고구려 관직명의 마가, 우가, 고추가의 고추는 고대 투르크에 숫양을 의미하고, 백제 고이왕의 고이는 거세된 양을 의미하는 강력하고 지혜로운 지도자로, 신라의 관직명 각간, 거서간, 마립간의 간은 오르콘 돌궐비문에 나타난다. 2) 생태적 관계에서 보면 워리(늑대같이 사납게 생긴 개), 보라(눈보라), 개구리 등이 있다. 3) 민속적 관계로 관직명 대감(감은 샤먼으로 원시 고대에는 무당이 지도자로 활동), 가위(사람이 악령에 잡힌 상태), 굿(무속과 관련된 어휘로 튀르크에 축복, 행운을 의미), 에비(무서운 것), 박수(남자 무당), 푸닥거리(무속 행위의 일종) 등이 있다.

카자흐스탄에서 가장 높고 신성한 산은 '한 텡그리'다. 여기서 카자흐의 텡그리와 텡으르, 단군 등 고대에 신과 소통하는 제사장을 지칭하는 이 일련의 단어들이 분포한 지역들을 살펴보면 『한단고기』상의 고조선의 세력 범위와 일치한다는 주장도 제기되고 있다. 텡그리는 신을 지칭하는 단어로 고대 샤

카자흐스탄에서 가장 높은 봉우리인 한 텡그리봉

머니즘의 흔적이다. 그리고 이 텡그리라는 단어가 한국에서는 단군이 되었다는 설이 있다.

또한 한민족의 시원인 고조선의 수도 아사달이 오늘날 카자흐스탄의 수도인 '아스타나'와 그 음과 의미가 매우 흡사하다. 아사·아스는 '불붙는, 타오르는'이란 뜻의 원시 알타이어 '아스as'에서, 달·타나는 '낮은 언덕이나 넓은 초원'이란 뜻의 원시 알타이어 '탈라tala'에서 왔다. 달은 양달·응달이란 우리말에 살아 있다. '황홀한 평원', '고요히 밝아오는 초원'이란 뜻도 되는 아스탈라As-tala가 곧 수도의 의미도 지니게 되었다. 아사달은 한자로 음차한 형태이지만 과거 사람들은 이를 아스탈라로 불렀을 것이다.[7] 최근 강준식 교수는 대문구박물관의 토기에 그려진 아사달 문양이 '해뜨는 동산'으로 조선朝鮮의 훈

차설이라고 주장하고 있어 매우 놀라운 발견이라고 보았다.

알타이어족설은 투르크어, 몽골어, 만주-퉁구스어가 서로 친근 관계가 있다고 보고 이들 세 언어를 포함하여 알타이어라고 부른다. 그중 투르크어, 몽골어, 만주-퉁구스어는 상당히 오래전에 분화되었고, 한국어와 일본어는 가장 늦게 분화되었을 것으로 추정된다. 이때 카자흐어는 투르크어, 한국어는 퉁구스어에서 유래되었다고 판단된다.[8] 물론 한국어가 어느 계통에서 유래되었는가에 관해선 의견이 분분하고, 언어학상으로 한국어를 알타이어군에 포함하는 이론 역시 가설에 불과하다. 하지만 기원전 한반도와 만주에 걸쳐 존재했던 숙신계, 부여계, 한계의 3대 어군 가운데 고구려어와 옥저어, 동예어가 속했던 부여계어가 알타이어와 친족 관계에 있었다는 것은 의심의 여지가 없다고 한다.[9]

이처럼 한국어와 알타이어군 사이에 단어의 공통성뿐만이 아니라 모음조화, 언어의 문법적 교착성膠着性 등 문법구조가 거의 같다는 사실은 아무도 부정할 수 없는 사실이다. 고구려는 삼국 가운데 가장 기마민족적 요소가 강하였고 한반도 북부와 만주 지방을 폭넓게 지배하고 있었다는 점에서 알타이 문화권과의 연계 가능성이 매우 크다고 하겠다.

흥미로운 점은 대구라는 지명과 투르크라는 지명의 연관성이 학계의 주목을 받고 있다는 것이다. 대구를 뜻하는 고유 한국어인 달구는 사실 무슨 뜻인지 정확히 알려지지 않았다. 그런데 최근 투르크-틸쿠-달구-대구의 언어적 변화과정을 거친 것이라는 주장이 나왔다. 더 놀라운 점은 대구 지방은 이국적으로 생긴 흉노계 DNA가 많이 발견되는 지역이라는 것이다.

한편 카자흐어의 일반적 특징을 살펴보면, 카자흐어는 투르크어족이기에 한국말처럼 언어학적으로 교착언어agglutinative language이다. 따라서 활용되는 단어가 어근 자체는 그대로 있고 접미사가 어간에 따라붙는 형태를 띤다. 이에 어느 접미사가 붙느냐에 따라 사전적인 의미나 문법적인 기능이 달라지는 것은 당연하다. 1929년 이전까지 카자흐어는 다른 투르크 언어들처럼 아랍어 철자로 표현되었기에 10월 혁명 전까지 카자흐민족의 러시아어 문맹률은 매우 높았다. 1929년에 카자흐어는 단기간 라틴 알파벳을 차용하기도 하였으나 라틴 글자 역시 카자흐어 소리를 정밀하게 표현해 내는 데는 완전하지 않았다.

특히 소련 체제 아래에서 수많은 러시아식 외래어 표기에 어려움이 발생했는데 그런 이유로 1940년부터 카자흐어는 러시아식 알파벳 키릴문자를 차용하기 시작하였다. 이 결정으로 카자흐어 소리를 표기하기가 수월해졌음은 물론 외래어 표현에 있어 러시아 사람들의 사용례를 따라 그대로 적용할 수 있었기 때문에 외래어 표현 문제 역시 해결되었다. 이후 카자흐스탄 정부는 러시아에 대한 의존도를 낮추고 국제사회의 흐름에 발맞추고자 카자흐어 표기문자를 러시아 키릴문자에서 영어식 알파벳 표기로 본격 전환토록 결정하였다.

이렇듯 카자흐어가 아랍어, 라틴 알파벳, 러시아식 알파벳 키릴문자에서 또 다시 영어식 알파벳으로 차례를 바꾸어 가며 차용하는 것을 보며 필자는 2013년 카자흐 외국어대학 특강에서 카자흐어 표기에 같은 알타이어족 계통인 한글을 차용하는 아이디어를 제안하기도 하였다. 왜냐하면, 한글은 원래 거의 모든 음을 수용할 수 있도록 설계되어 있어 초기 사라진 문자들을 살려내면 카자흐어 소리도 거의 표기가 가능할 것으로 보이기 때문이었다.

더구나 한글은 모바일 세계를 위해 창안된 문자라고 생각될 정도로 가장 효율적인 문자라는 평가를 받고 있어 디지털 노마드들에게는 필수적인 언어가 될 것이다. 따라서 이제라도 카자흐어의 한글 표기방식 도입안은 새로운 카자흐스탄이 지향하는 디지털 전환사회로 가는 첩경이 될 수 있다고 생각한다. 한국에서는 현대 몽골어가 한글로 표기 가능한지에 대한 연구 분석이 체계적으로 진행되면서 몽골어의 한글 표기 가능성이 주목받고 있다.

3. 인류학적 친연성(몽고반점, 두개골)

인류학적으로 두 민족이 유사하다는 사실은 2001년 건국대 의학전문대학원 고기석 교수의 민족기원과 계통연구를 통해도 확인할 수 있다. 그의 '한국과 가장 닮은 이들은 카자흐민족'이란 연구 결과물로서 두개골 조사를 통해 확신한 것이다. 두개골 하부에 난 구멍의 유무나 머리뼈의 봉합선 등 60여 개의 조사항목을 비교했는데 '한국-카자흐민족의 두개골 구조가 가장 닮았다'라는 결과가 나왔다고 한다.

편두는 이마가 특이하게 눌려있고 머리통이 길게 늘어나 유목민이 투구를 쓰도록 인위적으로 변형된 상태를 말한다. 신라 금령총 기마인물형 토기의 주인공이나 김해 예안리 4세기 목곽묘에서 발견된 10여 개의 변형 두개골 역

카자흐스탄 초원

시 편두로 보고되었다. 또한 머리에 깃털을 꽂고 불타오르는 형상을 지닌 고구려 금관 장식에서 보이는 것처럼 지배층의 천손 신앙에서 나온 것으로 보기도 한다.

고깔모자가 쿠르간에서 많이 발견되는 이유도 편두에 맞는 모자를 만들다 보니 그렇다는 것이다. 특히 현대 한국인과 가장 가까운 유형은 중동부 지역의 오르타족(중쥬즈) 카자흐인이다.[10] 지도상으로 보면 몽골 서부의 카자흐스탄, 즉 알타이 서부 지역이다. 특히 몽골의 일파인 바이칼호 인근의 부리야트족은 한국인과 가장 가깝다고 하는데 칭기즈칸의 직접적인 후예들이라고 한다. 나아가 전문가 중에는 우리 역사의 부여라는 말이 상기 부리야트에서 나왔다고 주장하는 이도 있다. 기존 한국 사학은 성리학이 조선의 중심 사상으로 떠오른 후 '소중화 의식'에 지배되어 만주와 북방 초원지대 역사를 오랑캐 역사로 평가절하하고 있기에 오늘날 알타이는 더 큰 의미를 지닌다고 본다.

우리 역사 속 북부 기마민족은 유럽-중앙아시아-중국을 연결하는 매개이자 중개무역을 주관했고 금속의 제조와 가공에 능했다고 하며, 세계 역사에서 대제국을 건설하고 경영해 본 경험이 가장 많은 DNA가 바로 이 기마혈통이다.[11] 그런데 정착문화를 꽃피웠던 한민족 또한 이러한 유목·기마민족의 피를 소유하고 있다는 사실은 꽤 흥미롭다. 현재 전 세계에 약 750만 명의 한인 디아스포라가 170여 개 국가에 거주하고 있는데 이것을 통해 보더라도 기마민족의 특성인 기동성, 진취성이 한민족의 DNA에 존재한다는 것을 실감할 수 있다.[12]

학문적으로도 한민족 에너지의 기원을 유목 기마민족의 역사와 DNA에서 찾는 시도가 꾸준히 진행되고 있다. 유목민은 엄격한 자연환경 속에서 살아남기 위해 용감하고 유능했으며, 시장 친화적이며 경쟁적인 문화와 개인을 기초로 한 강한 자부심, 그리고 대외지향성을 가지는 가치관이 형성되었다.[13] 이 때문에, 오늘날 세계시장을 선도하는 진취적인 한국인의 모습은 이러한 유목·기마 민족적 DNA에서 기원했다고 볼 수 있다.

이뿐만 아니라 서울대학교의 당뇨 전문가 이홍규 박사는 당뇨 연구를 하는 과정에서 민족의 기원을 밝히는 중요한 연구 결과를 도출했는데, 핵심은 한국인들의 70%가 북방형질인, 즉 열 발산을 많이 해야 하므로 지방이 체내에 잘 쌓이지 않기 때문에 당뇨에 강한 성질을 가지고 있다고 밝혔다. 한국인의 경우 추운 기후에 적응하기 위해 눈이 작고 상체가 잘 발달해 있는데 이러한 유전적 요소를 살펴볼 때 한국인이 알타이-바이칼-시베리아 등의 북방에서 기원했다는 점을 추측할 수 있다는 주장을 펴기도 했다.[14]

또한 한국인의 신체 구조를 연구한 조용진 교수에 따르면 김연아 선수가 세계의 피겨여왕으로 등극한 것이나 한국 여성들이 세계 여성 골프계를 석권하는 요소가 우연이 아니라는 것이다. 다리가 짧아서 안정적으로 춤을 출 수 있으며, 시베리아의 매서운 추위를 견디기 위해 작아진 눈 덕분에 먼 거리를 잘 응시할 수 있기 때문이라고 한다. 양궁洋弓이나 사격은 말할 것도 없다. 한국인이나 카자흐인은 모두 활이나 총을 잘 쏘는 민족으로 예전부터 잘 알려져 왔다. 실제로 한민족과 카자흐민족은 모두 유목민의 후예답게 와일드하고 강한 기질을 지녔다. 따라서 양국이 형제국가로서 21세기에 세계무대에서 다양한 형태로 협력하며 유목민의 특성인 기동성, 진취성을 함께 살려 나가면 어떨까 상상하게 된다.

4. 한민족과 알타이 지역의 역사적 연관성

사마천의 『사기』 속 흉노는 야만의 오랑캐로 치부할 수 없다. 그들은 중원을 통일한 한나라를 압박해서 여자와 재화를 조공으로 바치게 했던 제국이었다. 그런데 흉노라는 뜻은 위키백과에 따르면 중국 역사책에는 匈奴로 표기, '입심 좋은 노예'라는 뜻을 담은 한자로 음차했다. 하지만 병음으로 현지 유목민은 '슝누'라고 발음하였는데 그 뜻은 천손족(태양의 아들)이다.

실제로 '통치자 선우는 하늘의 뜻을 이 땅에서 이루는 제사장'으로 표현되고 있다. 흉노의 천신天神사상은 한국의 단군·동명·해모수 신화, 몽골의 알랑고아 신화, 일본의 아마테라스 신화에서도 볼 수 있다. 그들의 지배권은 기원전 4세기부터 5세기까지 서쪽으로 천산산맥의 서단에서 북으로는 알타이산맥 그리고 동으로는 예맥과 조선이 있는 요서, 남으로는 현재의 산시성 일대까지 미쳤다. 하지만 한 무제 이후 흉노에 대한 정벌이 진행되어 끝내는 분열되었고 고대 민족 이동의 빌미가 되었다. 이에 그 일부가 중원에 거주하는 것이 어지러워지자 대륙을 빠져나와 한반도로 이동했다는 얘기도 나름대로 설득력이 있다고 본다.

일연의 『삼국유사』에 나타난 단군왕검의 전설 내용을 분석하면 흉노와 직접적으로 연결되었다는 것은 없으나, 오랜 기간 구전되어 온 전설임을 고려하면 그럴 개연성은 다분하다. 즉 '삼위 태백'과 '천부인 삼 개', '곰과 범', 그리고 '단군왕검'을 해석하면 시기는 청동기에서 초기 철기를 가리키고, 외부에서 유입했다는 자취가 있으며, 곰과 범으로 대표하는 무리와의 혼융 등을 통해서 단군조선의 이동을 가늠할 수 있다. 그래서 환웅의 무리가 알타이와 바이칼 사이에서 출발하여 남동진했다고 가정해 보면, 그 삼위 태백은 곧 툰황 부근의 삼위산 부근으로 잠정할 수 있다.

또한 위키백과에 따르면 '신라의 일부 금석문에는 흉노 출신의 김일제가 신라 김씨 왕실의 조상이라 기록되어 있다. 이를 근거로 재야 사학자들은 신라 왕실이 흉노의 후예라고 주장한다.[15] 한편 이러한 내용은 고대 신라인들이 왕가의 혈통을 미화하기 위해 중국 역사 속의 위인을 시조로 꾸며낸 것으로 해석하는 것이 역사학계의 일반적인 견해이다'라고 쓰여있기도 하다.[16]

그러나 1982년에 『고조선』을 출판한 러시아 사학자 유리 미하일로비치 부틴은 러시아 고대사 세미나 중에 "동북아 고대사에서 단군조선을 제외하면 아시아 역사는 이해할 수 없다. 그만큼 단군조선은 아시아 고대사에 중요한 위치를 차지한다. 그런데 한국은 어째서 그처럼 중요한 고대사를 부인하는지 이해할 수가 없다."면서, 일본이나 중국은 없는 역사도 있다고 하는데 왜 한국은 있는 역사도 없다고 하는지 도무지 이해할 수 없다고 강조한 바 있다.[17]

이처럼 3~4천 년 전 한민족의 조상 가운데 일부가 알타이 지역에 거주했다는 데 역사가들이 대체로 공감하고 있다. 다수의 사람이 한-카자흐 관계가 1937년 강제이주를 통해 중앙아시아 땅을 밟은 고려인에 의해 시작되었다고 보고 있지만 사실 양국은 이미 오래전부터 교류했던 셈이다. 때문에, 한민족의 원형질은 알타이라는 설이 나온 것이다. 그래서 알타이는 영원한 우리 마음의 고향이라고도 한다.

알타이는 우리에게 너무도 친근한 이야기인 〈콩쥐팥쥐〉, 〈우렁각시〉, 〈혹부리영감〉, 〈선녀와 나무꾼〉, 〈심청전〉 등의 원 고향이다. 한편, 흉노 왕자 김일제의 성은 흉노의 거점인 알타이산의 명칭이기도 한 '알타이'의 뜻인 금에서 온 것이고, 그의 후손이 경주 김씨 성을 가지고 신라를 운영했다. 『조선상고사』에서도 '고조선과 흉노족은 3000년 전에는 형제동족'이라고 기술되어 있다. 카자흐스탄의 이웃 국가인 우즈베키스탄 사마르칸트 교외에서 발견된 아프라시압 궁전벽화에 고구려 사신의 모습이 묘사된 것으로 밝혀졌는데, 이

벽화는 1300년 전 아시아의 패권을 두고 다투었던 고·당 대립 시기에 그려진 것으로 추정된다. 벽화는 661년 고·당 전쟁 중 돌궐의 중국본토 공격으로 고구려가 승기를 잡은 것으로 보아 단순히 고구려와 돌궐의 교류만을 나타내는 것이 아니다. 당을 넘어선 원대한 세계질서를 추구하는 연개소문이 북방 유목국가 간의 연대를 추구하며 당나라 중심의 세계질서를 원하는 당나라에 도전하는 것을 의미한다.

사실 『삼국사기』 고구려 본기나 수서에서도 수 양제가 돌궐을 방문할 때 먼저 돌궐을 방문한 고구려 사신이 양제 만나는 것을 꺼렸다고 기술하고 있다. 고구려는 수나라 100만 대군의 침입에서부터 당 고종까지 중국과 네 번 싸워 세 번을 이기고 한 번의 패배로 인해 역사 속으로 사라졌다. 여기서 고구려의 기본적인 외교전략은 북방민족과 연합해 중국을 포위하는 것이었다.

이러한 사실은 지정학적 조건으로 인해 한에서 당에 이르기까지 중국이 강해질 때는 언제나 돌궐 등 북방 유목국가와 정치적, 외교적 관계를 유지해 왔음을 알 수 있다. 이러한 돌궐과 고구려인의 접촉은 고구려 패망(668년) 이후에도 계속되었다. 성당盛唐 시절에 당 중심의 세계질서에 도전하는 생존전략이라는 측면에서 양 세력 간에는 공통적인 이해관계를 가지고 있었다. 그런 가운데 일부 고구려 유민들이 몽골 고원 방면으로 이주해 갔다. 682년 제2돌궐제국의 성립 이후 당에 저항적이었던 상당수의 고구려 유민들이 지배층을 포함하여 돌궐로의 망명을 감행했다는 것을 의미한다.

이외에도 탈라스 전투에서 당나라를 이끌고 싸운 고구려 후예 고선지 장군과 한국인이라면 누구나 알 수 있는 온달 장군 아버지의 태생지가 바로 중앙아시아라는 설 또한 양 국가 간의 역사적 친연성을 더욱 흥미롭게 바라보게 한다. 백제 유민 흑치상지 장군은 당의 장군으로서 돌궐 군사와 조우하였고, 신라 경덕왕의 왕사 충담의 찬기파랑가는 서역의 쿠차 구마라집을 찬미한 노래이다. 〈처용가〉나 장보고와 일본 승려 엔닌 이야기 외에도, 고려가요 〈쌍화점〉에서도 만두가게를 운영했던 중앙아시아 출신의 회회인 이야기를 볼 수 있다.

한편 칭기즈칸의 장인은 케레이족이었다고 한다. 중앙아시아에서도 케레이족은 바로 겨레, 코리, 고려 한국이라고 한다. 칭기즈칸은 장인의 세력으로 정복 전쟁을 했다. 즉 칭기즈칸이 어려웠던 시절 후원자가 되었지만, 후일 칭기즈칸과 갈등을 일으켜 패하자 많은 케레이들이 카자흐스탄으로 넘어왔다고 한다. 흥미로운 것은 케레이족이 아시아에서 유일하게 경교네스토리우스파기독교를 믿어 그들의 상징으로 십자가 열쇠고리가 있다는 점이다. 그러나 조선이 유교를 국교로 삼으면서 외국과의 관계는 명나라에 집중하였던 고로 중앙아시아와의 교류가 뜸하였다.[18]

제3절_ 신이 내린 축복의 땅, 동카자흐스탄의 관광자원

이렇듯 한민족과 떼려야 뗄 수 없는 성스러운 알타이를 하나의 지명으로 이해하기 쉽지만 사실 알타이는 총 길이 2,000km에 달하는 거대한 산맥이다. 알타이산맥에서 가장 높은 산은 벨루하산이다. 알타이 지역은 수도인 아스타나에서 1,038km, 남부 경제수도인 알마티에서 1,068km 떨어져 있어 한국인 관광객들에게는 거의 알려지지 않은 곳이기도 하다.

동카자흐스탄주의 주요 도시로는 주도인 오스케멘우스크-카멘노고르스크과 세메이세미팔라친스크를 꼽을 수 있다. 두 도시는 자동차로 약 3시간 남짓 되는 거리만큼 떨어져 있지만 두 도시의 성격은 크게 다르다. 인구 30여만의 오스케멘은 '알타이산맥의 관문'으로 인근에 수력발전소가 있어 우라늄·아연·구리 등 광물자원 가공산업의 중심지로 발달했다. 카자흐 현대시의 아버지라고 불리는 아바이 쿠난바울리쿠난바예프의 출생지인 세메이도 인구 30여만 명의 거점도시이다. 소비재 상품의 생산 및 중앙아시아 유목민과 러시아 제국 간의 무역중개지로 발전해 온 이 도시는 현재 여러 대학과 핵실험 관련 연구소 등이 집중한 교육과학도시로 발전해 있다.

동카자흐스탄주와의 협력은 우리와 알타이 지역 간 문화적·역사적 친연성을 부각시키는 감성적 외교관계를 구축함으로써 우리나라의 에너지자원에 치우친 외교에 대한 카자흐스탄 측 인식 전환에도 기여할 것이다. 또한 동카자흐스탄주는 빼어난 자연경관과 장엄한 알타이산맥으로 이름난 청정지역이다. 이 알타이산맥을 중심으로 하여 동카자흐스탄 지역은 친환경 관광자원이 풍부하기로도 유명하다. 아직 상업적으로 개발되지는 않았지만, 곳곳에 보석 같은 자연, 레저, 치료, 역사 및 문화관광 요소가 산재해 있어 향후 관광 인프라가 개발되고 제대로 홍보만 된다면 카자흐스탄 국내뿐만 아니라 카자흐스탄을 찾는 한국인 관광객들의 발길도 충분히 유혹할 수 있을 것으로 기대된다. 오염되지 않은 순수 자연에서 래프팅, 낚시, 사냥, 승마, 스키, 패러글라이딩을 즐기는 에코관광의 중심지로서 말이다.

더불어 이곳에는 천연 꿀, 녹용사우나^{사슴농장}, 약초 등 특화된 상품을 활용한 요양 관광자원이 있다. 특히 세계적으로 드문 라돈 온천이 있어서인지, 이곳은 소련 시절 높은 대접을 받던 우주비행사들의 휴양지로 각광 받았으며, 카자흐스탄 대통령 별장도 있다.

동카자흐스탄 주민들은 예로부터 자연치료 및 한방에 대한 관심도가 높기에 한-카자흐 의료 분야 교류 증진을 통한 의료관광도 충분히 제고할 수 있다. 그래서 향후 우리의 관광 인프라 기술 전수 및 관광 분야 투자 기반 조성뿐만 아니라 장기적으로는 한국-몽골-카자흐스탄을 연계하여 한국-알타이 지역 간 항공노선 개설 추진도 가능하다고 본다.

1. 자연관광 투어를 떠나보자

인공적으로 꾸며진 여행에 지친 사람이라면, 진정한 모험을 즐길 수 있는 동카자흐스탄이야말로 새로운 힐링 장소가 될 것이다. 이 지역은 사막과 초

카자흐스탄 초원

원, 반초원, 시베리아 산악 타이가가 어우러져 있고 만년설이 덮인 웅장한 산맥과 수백 개의 크고 작은 강과 호수가 화려하게 수놓은 그림 같은 곳이다. 오로지 자연이 빚어낸 기암절벽과 청록 소나무 숲, 그리고 마치 우주에 와 있는 듯한 느낌이 들게 하는 협곡까지. 동카자흐스탄은 이곳을 찾는 관광객들에게 아침에는 사막과 초원을 방랑하고, 저녁에는 울창한 숲속을 하이킹하는 등 시간(계절)과 공간(장소)을 넘나드는 역동적인 여행루트를 제공할 수 있는 전 세계 몇 안 되는 청정지역이다.

산 정상에 다다르면 타이가를 경험할 수 있고 고산 초원에서 천연기념물로 지정된 희귀한 동식물을 발견하는 행운을 거머쥘 수 있다. 기다랗게 연결되는 침엽수림의 그림 같은 풍경을 따라 아고산대 초원에 다다르면 현지어로 '황금뿌리'로 불리는 바위솔(돌나물과의 다년초로 뿌리는 장미 냄새를 풍긴다)과 황기, 베르게니아 등 흔히 보기 힘든 희귀 식물 종이 서식하고 있다. 이 때문에 약 300년 전부터 풍부한 광물자원과 세계의 희귀 동식물들, 아름다운 경관에 매료된 수많은 유명 학자들이 이곳에 지대한 관심과 애정을 가져 왔다. 조금 더 위로 올라가면 무더위가 한창인 한여름에도 서슬이 퍼런 위용을 자랑하는 알타이산맥의 만년설을 직접 만져볼 수 있다.

수만 명의 등산 애호가들이 매년 알타이산맥의 최고봉이자 '카자흐스탄의 에베레스트'라 불리는 벨루하산을 찾는다. 등산 외에도 산에서 할 수 있는 익스트림 스포츠는 다양하다. 봄·여름엔 만년설이 녹아 흐르는 강물에서 수상 레포츠를 즐길 수도 있다. 카자흐스탄은 대륙 국가로서 수자원이 부족한 지역이지만 동카자흐스탄 지역은 예외라 할 수 있을 만큼 전 국토 수자원의 40% 이상이 이 지역에 몰려있다. 이곳에는 10km 이상의 강이 약 885개나 밀집되어 있다. 유목민족의 나라답게 잘 훈련된 말을 타고 산을 둘러보는 승마 트레킹 코스도 있다. 이곳을 찾는 사람들은 알타이야말로 진정한 인간의 본능을 깨울 수 있는 성지라고 입을 모은다. 도심의 빌딩 숲에서 벗어나 진정한 인간 본연의 자유를 되찾는 곳, 바로 동카자흐스탄이다.

쿨룬준 국립 자연공원과 킨 키리쉬 협곡공원

황량한 사막 계곡 위에 고대도시들과 성곽의 망루들이 하늘까지 뻗어있는 이 모습은 신기루가 아니다. 이곳은 한때 '영혼의 도시'라고 부르던 경이로운 아름다움을 지닌 도시 '킨 키리쉬'이다. 이 지역의 암석들은 3가지 점토로 구

킨 키리쉬 협곡공원 ⓒ카자흐스탄 관광청(Kazakhstan.travel)

성되어 있는데, 저마다 붉은색, 흰색, 노란색의 고유한 색으로 이루어져 이곳을 유례없는 아름다움을 지닌 장소로 만들었다.

흡사 선명하게 타오르는 불꽃을 연상케 하는 '킨 키리쉬'의 절벽들은 '불타는 바위들'이라는 애칭으로 불리기도 한다. '킨 키리쉬'의 지형을 연구한 결과 과거 이 지역이 야자수, 목련, 삼나무 등이 울창한 열대 기후였다는 사실이 밝혀졌다. 색색의 협곡 내부에서 척추동물인 코뿔소, 악어, 거북이, 도롱뇽의 뼈가 발굴되어 지질사적으로도 큰 가치를 지닌 지역으로 평가받는다.

'킨 키리쉬'를 방문하게 된다면 자이산 계곡에 반드시 올라봐야 한다. 전 세계 멸종위기종 목록인 레드북에 등재된 희귀동물을 손쉽게 만나볼 수 있는데 특히 노란 나그네쥐는 이 지역의 마스코트이다. 점토 절벽 '킨 키리쉬'에도 카자흐스탄 레드북에 등록된 부엉이, 매, 독수리 등 다양한 새들이 둥지를 틀고 살고 있다. 또한 포플러 나무와 러시아 공꽃을 발견할 수 있으며 남부 알타이 지방에서만 자라는 쑥의 일종인 '빨린쓰쑥'과 느릅나무, 붓꽃, 튤립 등 우리에게는 매우 이국적인 야생화들의 향연을 감상할 수 있다.

'바르핫' 봉우리와 '세켈메스' 산 근처에 있는 바클란 지역은 펠리컨과 거대한 가마우지들의 서식지로 유명하다. 모래사장에서 즐겁게 노니는 이국적인 새들의 모습은 호수를 물들이는 유난히 아름다운 석양의 색감과 함께 오렌지색, 노란색, 빨간색의 밝은 빛으로 황야의 풍경을 밝혀준다. 새벽의 어두운 밤 하늘을 수놓는 별들이 반짝이고, 따뜻한 바람이 불어오며, 사막 풀의 짙은 향기가 진동하고, 파도 소리가 들리는 이곳의 주민들은 이 지역의 아름다움은 세계 어디에 내놓아도 빠지지 않을 것이라 입을 모은다.

마르카콜호수 외 벨루하산 등

동카자흐스탄주에는 마르카콜 국립공원이 있는데 특히 마르카콜호수는 아름다움의 백미라 할 수 있다. 폭포가 위치한 곳에 형성된 이 호수는 북쪽으로는 쿠르춤 산악벨트(해발 3,000m가량)와 남쪽으로는 아주타우산맥(해발 2,385m)으로 둘러싸여 있다. 호수의 물은 투명하고 부드러우며 다양한 어종이 서식하는 것으로 유명한데 특히 연어과에 속하는 '우스쿠치'로 불리는 곤들메기가 바로 이 호수에서만 서식하기 때문에 이 물고기는 마르카콜 연어라고 불리기도 한다.

전 세계 산악인들의 애정을 받는 벨루하산은 주로 불규칙한 피라미드형의

벨루하산

커다란 두 개의 봉우리로 묘사된다. 두 개의 봉우리는 동쪽 봉우리(4,506m)와 서쪽 봉우리(4,435m)로 나뉜다. 고도는 북쪽에서 악켐 빙하를 향해 가파르게 기울어져 있고, 카툰 빙하가 있는 남쪽으로 점차 낮아진다. 두 개의 봉우리의 중간지점은 고도가 낮아져, 움푹 파인 형상이다. 현지인들은 이 지점을 '흰 말 안장'(4,000m)이라고 부른다. 또한 북쪽에서 악켐 빙하 쪽으로 급격히 경사가 떨어지며, 카툰강이 있는 남쪽으로 좀 더 경사가 완만하게 내려온다.

벨루하강은 게블레르 빙하의 남쪽 경사면에서부터 흘러내려온 카툰강의 주된 지류이다. 벨라야 베렐강은 남동쪽 사면으로 흘러가서, 브흐따름강 유역으로 유입되어 흐르게 된다. 벨루하 빙하로 인해 발생된 물의 흐름은 알타이 지역의 다양한 강의 형태를 만들어 주었다. 강은 일 년 중 가장 기온이 높

벨루하산에 위치한 악켐호수

은 여름에 최대의 수량을 보이고, 나머지 계절에는 수량이 그리 많지 않은데 수량이 증가하는 시기에 일시적으로 폭포가 형성된다고 하니 여름철에 이곳을 방문해 아름다운 폭포를 경험해 보는 것도 좋겠다.

벨루하산이 있는 지역, 깊은 산들과 골짜기들 사이 곳곳에는 호수가 있다. 웅장한 산맥 사이사이에 보석처럼 숨겨져 있는 호수의 비경은 인간의 언어로는 감히 표현하지 못할 정도로 아름답다. 이 호수의 기원은 고대의 빙하 활동과도 관련이 있다. 사람들이 주로 찾는 대규모의 호수로는 쿠체를라호수, 악켐호수 등이 있다.

벨루하산은 높은 고도에 위치하기 때문에 다양한 식물들이 분포되어 있는 것이 특징이다. 낮은 지대에는 시베리아 가문비나무, 잣나무, 전나무와 같은 침엽수림이 넓게 분포되어 있다. 낙엽송과 활엽수 종류인 자작나무, 마가목과 관목 식물로는 털이 풀, 인동덩굴, 카라가나가 서식하고 있다. 더 높은 지역으로 올라가면 고산지역 식물이 분포하는데 구즈베리와 산딸기도 그중의 하나이다.

퇴적층을 따라 툰드라 들쥐, 붉은색, 회색의 쥐와 같은 몸집이 작은 포유류가 살고 있다. 또한 카툰 강변의 우측에는 알타이 쥐와 두더지가 살고 있다. 이렇듯 이 지역을 트레킹 하다 보면 한국에서는 볼 수 없는 다양한 동식물종을 만나게 된다.

2. 역사관광 투어를 떠나보자

이곳의 광활한 초원 위에서도 역사는 흘러갔다. 이제 그 역사의 선명한 흔적을 찾아볼 시간이다. 고고학적 발굴을 통해 고대 시기부터 이 '변방' 지역에 인류가 거주했음을 알 수 있다. 예를 들어 사우르산맥의 경사면을 따라, 자이산 분지와 타르바가타이산의 중턱에 고대 광산, 관개수로 등의 유적들이 손상된 상태로 발견되었다. 과거 이 지역에 거주했던 사람들은 주변 자연환경을 활용해 정주문화적 요소를 갖추기도 하였고 발달된 청동기술을 보유하고 있었다.

고고학자들은 빙하기(중기 구석기) 때 '이르티시' 강 상류에 인류가 출현하였으며 이들은 매머드, 코뿔소, 들소들을 사냥하는 소집단인 네안데르탈인들이었다고 밝혔다. 즈랴노브스크, 우스트 나림, 세미팔라친스크 근교에서 고대 사냥꾼들의 흔적이 발견되었다.

청동기 시대 이르티시강 하천 상류에 거주했던 '안드로노보' 부족은 채광과 야금을 주업으로 하는 부족이었다. 그들은 1년에 최소 10톤가량의 청동을 만들었다고 전해진다. 안드로노보 문화의 후손들이 고대 아리안Aryan족이었다는 견해도 있다. BC 8세기, 초기 유목민족인 '아리마스', '사카스키타이'의 시대가 시작되었는데 자이산의 스키타이 왕조 골짜기와 베렐스키 쿠르간에서는 황금 장식이 달린 옷을 입은 고대 병사가 발견되었다.

또한 '사마르스크' 도로에는 원시시대 문화를 나타내는 독특한 기념물인 '아크 바우르' 벽화가 있다. 이곳은 제사를 지내는 장소로 사용되었는데, 죽은 사람의 더 나은 환생을 기원하는 장소이자 동굴 지붕의 구멍을 통해 달과 별을 관찰함으로써 체계적인 천문학 관측이 이루어진 곳이기도 하다. 또한 7000년 전에 만들어진 문자인 '보레아어'가 쓰여져 있는 것으로도 유명한데 보레아어는 총 22개의 알파벳으로 구성된 문자로서 세계 모든 알파벳의 기초가 된 것으로 알려져 있다.

'아크 바우르'라는 이름은 '흰색 간'이라는 의미인데 이 벽화가 제물로 바쳐진 희생 동물의 피로 그려졌기 때문이라고 한다. 이러한 형태의 벽화는 이곳 동카자흐스탄 이외의 어느 곳에서도 발견되지 않는다고 한다. 오늘날 '아크 바우르' 동굴은 그 가치가 스톤헨지에 버금가는 것으로 평가받으며 이곳의 암벽 위에는 각 시대의 연대기가 암각화로 새겨져 있다. '아크 바우르' 동굴의 이 표식은 이르티시강을 따라 구원의 길로 가는 방향을 제시하는 것으로 전해진다. 이렇듯 성스러운 '아크 바우르'는 아직까지도 학자들에 의해 미처 풀리지 못한 미스테리가 가득한 공간으로 이곳을 찾는 관광객들의 상상력을 자극하고 있다.

BC 초창기에 유목 세계가 시작되었고 20세기까지 유목민들의 지속적인 지배하에 가부장적인 봉건 관계가 형성되었다. 이르티시강은 이 지역을 스쳐간 유목 부족들의 젖줄로서 기능하여 일찍부터 마을과 요새가 자리 잡았다. 몽골에서 러시아로 향하는, 그리고 시베리아에서 중앙아시아로 향하는 카라반들이 이곳을 지나갔다.

17세기에 이르러 러시아 정부는 끊임없이 이르티시강의 상류로 이동하고자 시도하였으나 중가르 공국이 이를 저지하였다. 같은 유목민이었던 우리 조상들은 자신들의 기록이 없어 한족의 기록에 '東夷', 즉 동쪽의 오랑케로 표기되었으나 실제로는 동쪽의 큰 활을 쏘는 대인이었다. 카자흐민족 역시 제대로 된 기록이 부족해 그 실상을 제대로 알 수 없다는 것이 아쉽다. 그래서 그리스 역사학자들이 역사를 기록한 이유로 "변하지 않는 인간의 본성을 깨닫고 조심하며 공부하는 탁월한 리더만이 반복되는 역사의 또 다른 비극을 막을 수 있다."라고 하지 않았을까 싶다.

동카자흐스탄은 세계적 명성을 가진 카자흐 현대 시인이자 철학가인 아바이 쿠난바예프와 아바이 못지않은 재능과 학식으로 유명한 샤카림 쿠다베르지예프의 고향이기도 하다. 그들의 땅에서 카자흐스탄판 〈로미오와 줄리엣〉이라 할 수 있는 엔릭-케벡의 이야기가 시작되었다. 동카자흐스탄 지역에는 이들의 애절한 역사를 보존하고 있는 박물관이 만들어져 있다.

〈엔릭-케벡〉은 토빅틔 부족 출신의 케벡이라는 청년과 그와는 원수 관계였던 나이만 부족 출신의 엔릭이라는 아름다운 아가씨의 이룰 수 없는 사랑에 관한 이야기이다. 순수와 정열, 의지와 인내의 상징이었던 이 아름다운 연인은 그러나 잔인한 관습의 틀 때문에 결국 비극적 죽음을 맞이하게 된다. 이 시 속의 사건과 등장인물들은 민족사적 관점에서 묘사되고 있는데 내용상으로는 이룰 수 없는 사랑에 빠진 연인에 대한 동정과 그들을 박해한 자들에 대한 미움이 큰 뼈대를 이룬다.

아우에조프의 비극으로 재탄생

1917년 카자흐스탄의 대표적인 극작가 묵타르 아우에조프는 기존의 〈엔릭-케벡〉 서사시를 각색하여 동명의 비극을 완성했는데 이 작품은 이후 수십 년간 카자흐스탄 드라마극장의 가장 사랑받는 작품 중 하나로 공연되고 있다. 초반 〈엔릭-케벡〉은 1917년 아바야라는 작은 시골 마을에서 공연되었는데 이 작품의 감독이자 프롬프터로 작가 본인이 참여했다고 한다.

엔릭-케벡 영묘 ⓒ카자흐스탄 관광청(Kazakhstan.travel)

초기 공연에서 작가가 부족 간 투쟁을 비판했다면 후기 희곡에서는 봉건-
계층적 시스템 자체를 다루며 높은 사회적 반향을 불러일으켰다. 1926년
〈엔릭-케벡〉 연극은 카자흐스탄 드라마극장의 개관작이 되었다. 1933년 나
소노프 감독의 공연 이후 〈엔릭-케벡〉은 세미팔라친스크, 쉼켄트 및 기타 지
역 극장에서 카자흐어와 러시아어로 공연되었고, 지난 2012년에는 알마티
고려극장의 개관 80주년을 기념하여 한국어로도 공연되었다.

동카자흐스탄주의 18세기 유적지 엔릭-케벡 영묘 방문 여행

엔릭-케벡 영묘는 세메이와 카라울 마을 사이의 자동차 도로가에 자리 잡
고 있다. 피라미드 모형의 오벨리스크가 천막형의 거대한 기초 위에 세워져

멀리에서도 한눈에 알아볼 수 있다. 기념비 안에는 2개의 무덤이 있는데 비석에는 '엔릭-케벡'이라고 쓰여 있다.

〈엔릭-케벡〉이라는 작품은 18세기 말 카자흐 영토를 호령하던 나이만과 토빅틔라는 두 부족 간의 뿌리 깊은 불화를 배경으로 펼쳐진다. 토빅틔 부족의 젊고 전도유망한 장수 케벡은 용하기로 유명한 예언가 늬산을 찾아 자신의 미래를 점쳐보고자 했는데, 우여곡절 끝에 만난 예언가 늬산은 그가 어느 아름다운 여인 때문에 죽음을 맞게 될 것이라는 불길한 예언을 한다. 몇 년 뒤 케벡은 사냥을 나갔다 길을 잃게 되는데 우연히 발견한 작은 마을에서 엔릭이라는 이름의 아리따운 아가씨를 만나게 된다. 엔릭과 케벡은 첫 만남에 운명적 이끌림을 느끼며 사랑에 빠지게 되지만 안타깝게도 그녀는 원수나 다름없던 나이만 부족의 여인이었다. 게다가 그녀는 같은 부족 출신의 부유하고 나이가 많은 남자와의 혼인이 결정되어 엄청난 규모의 칼릠(신부를 데려오기 위해 신랑이 신부 부모에게 제공하는 예물)까지 받은 상태였던 것이다. 그러나 운명적 사랑을 멈출 수 없었던 두 남녀는 사람들의 눈을 피해 야반도주를 했고, 산으로 숨어들어 부부의 연을 맺은 뒤 아들을 낳게 된다. 한편 나이만족은 자기 부족 아가씨를 납치한 것은 부족 전체를 모욕한 것과 같다며 토빅틔족에게 피의 복수를 감행했고 가뜩이나 앙숙이던 두 부족 간의 불화는 점입가경에 이르게 된다. 결국 두 부족은 비(부족의 장로이자 재판관)를 찾아 중재를 요청하게 되고, 냉혈하고 잔인한 비 켄 기르바이는 관습을 어긴 케벡과 엔릭을 중하게 벌하기로 결정하였다. 결국 잡히고 만 케벡과 엔릭은 밧줄에 목이 동여진 채 두 부족 앞에 내던져지게 된다. 엔릭은 죽음 앞에서 자비를 간청하거나 살려달라고 기도하는 대신 결연한 목소리로 케벡에 대한 변치않는 사랑을 맹세한다. 그녀가 요청한 것은 그저 4개월 된 죄 없는 아들에게 동정을 베풀어달라는 것뿐이었다. 여기에서 이 작품의 하이라이트라고 할 수 있는 엔릭의 유언이 나오는데, 그녀는 인간의 가장 기본적인 권리, 즉 자유롭게 살아가고 사랑할 권리를 담담히 외치며 당시 카자흐 부족사회 내에 만연했던 구 시대의 비인간적 관습에 경종을 울리고 있다. 이런 가슴절절한 유언에도 불구하고 사람들은 두 연인을 말꼬리에 묶어 잔인하게 처형하였고 그 이후 누구도 어린 아기를 데려가지 않았다는 비정한 결말로 이야기는 끝이 난다. 작가는 이 작품을 통해 관습에 얽매인 채 인간의 기본적인 권리를 부정하는 현실을 꼬집고 있으며, 작품의 구조와 형식, 주인공 묘사 등에서도 기존 문법을 탈피하고 있다. 오늘날 카자흐 사람들에게 엔릭과 케벡은 카자흐민족의 순수한 사랑의 결정체로 여겨지며 수많은 노래와 예술작품을 통해 다양한 형태로 변주되고 있다.

4. 레저관광 투어를 떠나보자

스키 관광코스

카자흐스탄의 스위스를 경험해 보고 싶다면? 유럽으로 나가지 않고서도 진정한 알파인 스키를 즐기며 처녀지의 성스러움을 간직한 진짜 자연설을 느끼고 싶다면? 이곳 동카자흐스탄은 매우 좋은 선택지가 될 수 있다. 다양한 형태의 슬로프를 보유한 6개의 스키장이 이 지역에 모여있기 때문에 초보자부터 전문가까지 모두에게 만족감을 선사할 수 있다.

동카자흐스탄 지역의 스키 시즌은 1년에 약 4~5개월 정도라고 볼 수 있다. 스키장이 운영되고 있는 카자흐스탄의 다른 지역에 비해 기후가 온화해서 스키를 즐기기에는 더없이 좋은 조건이라고 할 수 있다. 게다가 4월에도 스키를 탈 수 있다는 것은 큰 장점이다. 세계적으로 유명한 스키 관광지는 많지만, 상대적으로 저렴한 가격에 오염되지 않은 신선한 공기와 강렬한 햇살, 천편일률적이지 않은 자연 그대로의 설산을 즐길 수 있는 지역은 그리 많지 않을 것이다.

아직은 인프라 면에서 미비한 점이 있긴 하지만 스키 시설은 국제규격을 갖추고 있고 전문 강사의 수준도 높은 편이라 동계 스포츠 마니아라면 한 번쯤 동카자흐스탄을 찾아도 좋을 것이다. 스키를 즐기지 않는 사람이라도 이곳을 방문해 멋진 풍광을 즐길 수 있다. 이곳에 서 있노라면 마치 겨울동화 속의 주인공이 된 느낌이 든다.

여름 수상스포츠 관광

동카자흐스탄에 겨울 스포츠만 있는 것은 아니다. 황금 해변에서 뜨거운 태양 아래 여름을 보내는 것 또한 이곳에서는 가능하다. 뜨거운 태양과 신선한 공기를 즐길 수 있는 동카자흐스탄은 '수천 개 호수가 있는 지역'으로 불린다. 이곳의 바위 협곡 사이로 마치 눈물처럼 투명한 시빈호수가 자리 잡고 있다.

인간이 만든 '기적'으로 불리는 부흐타르마강과 슐바강 역시 산의 구릉지

알라콜호수 ⓒ카자흐스탄 관광청(Kazakhstan.travel)

사이에서 관광객을 향해 부드럽게 손짓하고 있다. 알라콜호수는 '젊음을 주는 치료 호수'로 유명한데 이 호수에 몸을 담그면 건강해지는 것은 물론 몸과 마음속 깊은 곳까지 정화되어 마치 회춘을 하는 듯한 상쾌함을 느낄 수 있다고 한다.

타인틔호수와 두븨갈린호수는 고요하고 시원한 강물로 유명하다. 아직 외국 관광객들에게는 잘 알려지지 않았지만 울창한 침엽수림 사이에서 피톤치드를 만끽하며 트래킹을 하고, 만년설로 뒤덮인 산을 오르는 동시에 따뜻한 햇볕 아래 해수욕까지 즐길 수 있는 매력 덕분에 카자흐스탄 국민들은 누구나 이곳을 방문하기를 희망한다고 한다.

건강보다 중요한 건 세상에 없을 것이다. 휴양소는 우리나라의 관광 리조트처럼 아름다운 자연환경 속에서 편안한 휴식을 즐기는 곳인데 병에 걸렸을 때 중장기적으로 머무르며 치료관광을 즐길 수 있다는 점에서 차별점이 있다. 동카자흐스탄에는 '젬추지나(진주라는 뜻)' 휴양소가 유명하다.

이곳에서는 동카자흐스탄 지역의 아름답고 깨끗한 자연환경을 즐기는 동시에 다양한 자연요법을 통해 건강을 회복할 수 있다고 알려져 있다. 이곳의 전문가들은 동카자흐스탄 지역은 심지어 공기까지도 치료하는 능력을 지니고 있다고 자랑한다. 즉, 이곳에서만 자라는 솔잎과 삼나무, 다양한 산악 야생화와 초원의 약용 풀들의 향기로 심신을 회복시키고 질병을 치유한다는 것이다. 거기에 천연 온천의 광천요법은 이 지역에 있는 다양한 휴양소와 연계된 인기 코스이다. 특히 관절이나 피부, 호흡기 질환을 고치는 데 영험한 것으로 알려진 알라콜호수의 염수가 유명하다.

알타이산맥의 심장 카톤-카라가이

오스케멘에서 약 100km 북동쪽에 위치한 카톤-카라가이 국립공원은 최근에는 생태관광지로 유명해졌으며 대통령 휴양지도 있다. 카톤-카라가이는 인간과 자연, 인간과 사슴이 함께 공존하며 살아가는 매우 독특한 컨셉의 관광지이기도 하다. 이곳에서 나는 사슴의 어린 뿔, 즉 녹용은 아미노산과 기타 유용한 물질이 풍부한 것으로 유명하다.

과거부터 아시아에서는 황제의 건강을 지키기 위한 귀한 약재로 녹용이 사용되었다. 그 신비한 녹용 치료법의 효능을 바로 이곳에서 즐길 수 있다. 녹용탕, 건식탕, 최고급 알타이 꿀과 산악 약재로 만든 약술 등은 이곳을 방문한 여행객 모두에게 잊지 못할 추억을 남긴다. 상대적으로 저렴한 여행비용으로 자신이 왕과 왕비가 된 듯한 기분을 이곳에서 느낄 수 있다.

라흐마노프스키 클류치 요양지

라흐마노프호수와 아라산강 근처에 위치한 라흐마노프스키 클류치 요양지는 알타이의 심장이라 불리는 장소에 위치한다. 오래된 삼나무들이 많이 자라고 있으며, '생명수'에 대한 전설이 전해져 내려오는 곳으로 맑고 깨끗한 물로 유명하다. 특히 이곳의 물은 질소가 함유된 라돈 온천수로 분류되어 심장 및 피부질환 환자에게 매우 효과적이라고 한다. 염도는 조금 낮지만, 치료용으로 인기 있는 호수는 두븨갈린호수로 이곳 역시 치료관광을 원하는 사람들에게 인기가 높다.

건강을 되찾고 근골격계를 강화하고자 한다면 '라흐마노프스키 클류치'의 라돈탕이 있다. 이곳은 알타이의 최고봉인 벨루하산 바로 밑에 위치해 있다. 세계적으로도 몇 안 되는 이곳의 청정수는 치료 목적의 휴식을 제공할 뿐만 아니라 부흐타름강에서 흐르는 강줄기를 따라 래프팅을 즐기는 사람들도 많다. 특히 통나무로 지은 펜션들이 이국적인 분위기를 자아낸다.

코크-타우 휴양지

타인틔 계곡에 위치한 코크-타우는 깊은 산속의 산장처럼 되어 있으며, 주변에 소나무숲이 울창하게 조성되어 있다. 근처에 타인틔호수가 있어 낚시가 유명하며, 특히 겨울 낚시터로 유명하다.

이 휴양지 근교에는 유명한 버섯산지가 있는데 송이버섯류, 자작나무버섯, 백버섯 등을 채취할 수 있다고 한다. 또한 이곳은 사냥을 즐기려는 사람들도 많이 찾는데 곰, 여우, 멧돼지, 사슴, 토끼 등이 잡힌다. 주변에 소나무가 많아 호흡기 질환의 환자들이 치료목적으로 찾는 경우가 많다.

제4절_ 미래 인류 문명사의 새출발을 위한
성지(聖地)로서의 알타이

알타이는 오래전부터 다양한 민족들에게 지구상 가장 성스러운 땅이자 정신세계의 중심지로 인식되어 왔다. 알타이산맥의 최고봉은 하늘과 땅을 연결하고 있다는 알타이 투르크 민족의 우주 창조 설화는 이러한 시각을 반영한다. 이 우주 창조 설화에 따르면, 우주는 처음에는 텅 빈 공간이었다고 한다. 어느 날 우주의 중심에서 거대한 알이 생겨났고 이 알은 점점 커지면서 하늘과 땅으로 나뉘었다. 하늘은 하늘의 신인 텡그리가 다스렸고, 땅은 대지의 여신인 에지가 다스렸다.

알타이 투르크 민족은 알타이산맥을 신성한 장소로 여겼고, 그곳에 사는 모든 생명체를 존중했다. 자연의 탈 신성화는 현대 과학 문명의 주된 트렌드이기에 알타이에 대한 이러한 시각도 붕괴되었다. 하지만 완전히 사라진 것은 아니다. 오늘날 고대 전설 및 신화에 현대 철학적 해석 및 과학적 연구들이 더해지고 있다.

우주 창조 과정에서 알타이 고대 민족들의 믿음은 생명력을 얻고 있다. 이러한 과거의 세계관은 자연의 모든 대상에 영혼이 있고 초월적 힘을 가지며 감정을 느끼고 사유하는 존재로 여기게 했다. 구체적인 예로서 자연에 대한 전통 가치보존은 단순히 '자원'으로 취급하는 것이 아닌 인간과 끈끈하게 연관된 어머니와의 관계로 생각해야 한다는 것이다. 그 결과 알타이 주민들의 전통문화에는 자연에 대한 경건한 태도가 바탕이 되며 인간은 자연에 대한 자신의 행동을 규제하게 되었다. 고대의 사냥꾼들은 사냥과 어업, 채취 활동 시 자연에 터부시되는 행동을 엄격히 금했고, 자연 및 동물, 식물들은 영혼을 가질 뿐만 아니라 성스러운 존재라고 여기게 된 것이다.

후기 알타이 투르크 민족이 숭배했던 대상 중 하나는 바로 알타이의 주인 이라 할 수 있는 '알타이등 에지알타이의 신'였다. 이는 자연에 대한 신성화 과 정을 강화하고 알타이 지역을 하나의 거대한 형이상학적 공간으로 만들었다. 이로써 알타이는 살아있으면서 현실과 연계된 하나의 공간으로 여겨지기 시 작했다. 이전의 경우 각각의 세옥(알타이 민족의 세부 부족, 알타이어로 '뼈'라는 뜻)들 이 각자 자기 부족만의 알타이를 가지고 있었다면(여기서 '알타이'는 집, 유르타, 고 향 등으로 해석된다) '알타이등 에지'는 이들을 통합하는 단일한 존재로 등장한 것이다. 이렇듯 성지로서의 알타이는 다양한 시기에 알타이에 머물렀던 민족 들의 문화에 많은 영향을 끼쳤다.

훨씬 이후에 이 지역에 형성된 러시아 문화에서도 일부 자연 대상물에 대 한 신성화의 흔적을 찾을 수 있다. 카툰강에서 세례를 베풀었던 구교 문화를 예로 들 수 있는데 이는 이 강을 신성시했기 때문이었다. 그리고 정의와 행복 의 나라 '벨로바지예(흰 물이라는 의미)'는 벨루하산에 특별한 의미를 형성하였 다. 이처럼 알타이 지역에서 발전한 그리스정교는 알타이 전통문화와 긴밀한 관계를 맺고 있었고 자연을 신성화의 모티브로서 더욱 풍요롭게 만들었다.

이렇듯 자연물에 신성이 존재한다는 것을 인간은 비합리적 인식 형태로 인 지하게 된다. 고도화된 정신적인 통찰력을 통해 인간이 만든 대상(이콘, 사원, 조 각상)뿐만 아니라 자연물(산, 호수, 절벽, 강)까지도 성스러운 존재로 인식하게 되

알타이산맥

는 것이다. 그러나 이성적 사고에 기반한 현대 과학 및 철학이 고대 전통 및 신화에 반영된 성지 알타이의 속성을 확인할 수 있을까? 안타깝게도 이것을 증명할 과학-철학적 방법이나 발견은 아직 많지 않다. 물론 미국의 인지과학자 데니얼 데닛은 인간이 자연과 상호작용하며, 자연을 이해하고자 할 때 과학적 방법론이 가장 적합하다고 믿는다.

　한편, 리차드 로티 박사는 인간과 자연의 관계를 인식론적, 문화론적 맥락에서 이해하며, 문화와 언어가 인간의 인식과 이해에 미치는 영향을 강조한다. 그러나 오늘날에도 고대 인류가 굳게 믿었던 알타이의 신성에 대해 생각하게 만드는 부분은 분명 존재한다. 먼저, 알타이는 생태계의 보고이자 매우 독특한 약초 및 치료용 물과 흙의 보고로 유명하다. 오늘날까지도 생명력의 원천으로 기능하고 있다는 점이다.

우콕 고원을 포함하여 알타이의 자연은 지구의 환경-기후적 밸런스를 맞추는 조정자의 역할을 한다. 현재 글로벌 세계에서는 경제적인 발전과 소비문화가 중요시 되어 왔으며, 이러한 가치관은 지구 환경에 대한 부정적인 영향을 미치고 있다. 반면 알타이 전통문화에서는 자연과 조화롭게 지내며, 지속 가능한 방식으로 자연을 이용하고 보호하는 것이 중요시되어 왔기에 자연을 활용하는 데 있어서도 제한하는 전통이 생겨난 것이다.

알타이산맥은 '지자기 파편'으로 가득 차 있는데, 이 때문에 알타이의 많은 지역이 '힘의 중심'으로 불리며 이곳을 방문한 사람들로 하여금 치료적 힘을 느끼게 한다. 알타이의 치유 능력은 향후 더욱 충분히 활용되어야 할 것이다. 또한 알타이는 문화의 기원이자 다양한 종교 간 만남의 장소였다. 인간의 정신적 발전과정은 수 세기에 걸쳐 알타이 공간을 침투했다. 많은 사람이 실제로 알타이가 미래 인류의 정신적 발전의 중심지가 될 것이라고 여긴다.

성스러운 자연의 공간들은 특별한 시공간적 구조를 갖는데 이는 현대 과학으로 설명하기 어려운 점이 많다. 인식의 철학적 카테고리와 방법론을 통해 우리는 이러한 공간이 일정한 존재 인식론적 지위를 갖고 있을 뿐만 아니라 인식의 특별한 상태를 일깨우는 사유의 집약성을 갖는다고 생각하게 된다. 이 지위는 정신의 형태가 가진 규칙성과 수직적 체계에 의하여 결정된다. 이 때문에 신성한 자연물을 접하는 것은 과거에 대한 기억을 '환기'해 줄 뿐만 아니라 정신적 목표를 잃고 방황하는 현대인에게 미래를 지향할 수 있도록 도와주기도 한다.

신성한 자연물은 역사적 기억을 지닌 존재이자 선조의 위대한 정신문화를 증명하며, 또한 현대 인류가 기댈 수 있는 사유와 정신세계의 정수를 획득하는 근원지로서 그 역할을 한다고 할 것이다. 민족 전통문화란 단순히 박물관 전시품이 아닌 참된 진리의 지식을 저장하는 보관소이기 때문이다.[19)

알타이 지역의 전통문화는 미래 인류 문명사의 새출발을 위한 성지로서 다양한 유용성을 갖고 있다. 첫째로 알타이는 자연과의 조화와 지속 가능한 삶의 방식을 가지고 있다. 예를 들어, 알타이 지역의 민속 음악과 춤은 자연요소를 표현하며, 자연의 순환과 균형을 중시하는 가치를 전달한다. 이러한 전통문화는 자연환경 보호와 지속 가능한 자원 활용 등의 측면에서 미래 인류의 관심사에 부합하며, 지속 가능한 발전을 위한 영감과 가이드로 작용할 수 있다.

둘째로 문화 다양성과 상호이해다. 이는 다양한 문화적 요소를 포함하고 있어 문화 다양성을 존중하고 확장하는 데 유용하다. 나아가 미래 인류 문명사에서는 다양한 문화 간의 상호이해와 협력이 중요한 요소로 작용한다. 따라서 이 알타이 지역의 전통문화를 통해 다른 문화와의 대화와 교류를 촉진하고, 서로 다른 관점과 가치를 이해하며, 상호 존중과 협력을 통한 긍정적인 변화를 이끌어낼 수 있다.

셋째로 지혜와 영감의 공유이다. 알타이 지역의 전통문화는 수천 년에 걸쳐 이 땅에 머물렀던 수많은 민족과 문명, 문화의 교류를 통해 얻어진 지혜와 영감의 축적이다. 이에 미래 인류 문명사에서 어려움에 대처하고 문제를 해결하기 위한 진보와 창의성을 부양하는 데에 알타이의 가치는 매우 유용하게 사용될 것이다.

1) 고구려 벽화에서 볼 수 있는 말 도구 3가지: 재갈(말을 조정하는 핸들과 브레이크), 편자(말발굽 닳는 것 방지하는 바퀴 역할), 등자(발걸이로 추락방지와 후방공격).

2) 동복은 청동으로 만든 솥으로 유목 부족장들이 정화의식을 행할 때 고기를 삶기 위해 사용됨.

3) 이한상(2004). 『황금의 나라 신라』. 김영사. p.49.

4) KBS 역사스페셜 제작팀(2011). 『우리 역사 세계와 통하다』. 서울. p.28.

5) http://cafe.naver.com/centralasiago/1654.

6) 2010년 4월 주카자흐 한국대사관 주최 동카자흐주 관광실사단의 일원으로 우스트-카멘노고르스크를 찾은 동양대 김운회 교수 보고서. 닮은 그대 카자흐스탄-한국: 아사달의 나라 Common Features Of Kazakhstan & Korea. pp.15-16.

7) 김영일(2001). 「고대지명에 나타나는 알타이어 요서-〈삼국사기 지리지〉를 중심으로-」. 《지명학》 제6호.

8) 김필영(2008). 「한국어와 카자흐어의 활용어미 대조연구」. 《알타이학보》 제18호. 서울대학교, p.126.

9) http://terms.naver.com/entry.nhn?cid=200000000&docId=1189682&mobile&category Id=200000850.

10) 위의 책, 김운회(2010). pp.8-12.

11) 김운회(2006). 『대쥬신을 찾아서(1)』. pp.67-68.

12) 윤영호, 양용호, 김상욱 외(2010). 『유라시아 골든허브』. p.299.

13) 김석동(2011). 『대한민국 경제와 한민족의 DNA』. p.26.

14) 김운회(2012). 인류의 기원과 한국인의 형성. 한국몽골학회. http://www.pressian.com/data/ photos/20140207/art_1392183619.jpg" xtype="photo" jquery172021784134213578554= "10"/

15) 조갑제(2004년 3월). "기마흉노국가 신라연구-조갑제(월간조선 편집장)의 심층취재", 《월간조선》.

16) 김창호(1986). 「문무왕릉비에 보이는 신라인의 조상인식-태조성한의 첨보-」. 《한국사연구》 제53호. 한국사연구회. pp.17-36.

17) 부찐 박사는 바이칼지역 출신으로 어려서 스탈린의 강제이주 정책으로 중앙아시아로 이주했고, 그사이에 같이 강제이주를 당했던 고려인들과 자연스럽게 어울렸는데, 알마티의 카자흐스탄 과학원 위구르 연구소에서 근무하는 과정에서 한국어, 중국어, 일본어, 한문은 물론 타지크어, 몽골어, 불어에 대한 지식을 습득하기도 했다.

18) 지배선(2012). 「역사에 나타난 한국과 중앙아시아 교류사례」. 한-중앙아시아 국제학술회의. 해외문화홍보원. pp.144-146.

19) 아르타모노바 T.A. 「고대 전설 및 현대 과학-철학연구의 대상으로서 바라본 성지(聖地)로서의 알타이」. 알타이 국립 농업 대학교.

새로운 카자흐스탄으로
아스타나는
이륙준비 완료

02

지금은 명실상부한 카자흐스탄의 제1 도시로 자리매김한 아스타나이지만 수도 이전에 대한 논의가 시작되었던 90년대 초반만 해도 이 획기적인 아이디어에 찬성한 사람은 나자르바예프 대통령이 거의 유일했다고 한다. 마치 신기루처럼 나타난 이 도시의 형성은 흡사 불가사의에 가깝다.

　동서양 어느 쪽을 닮았는지 알 수 없을 정도로 오묘한 도시의 모습은 어떠한 배경을 통해 형성될 수 있었을까? 과거 실크로드를 제패했던 노마드의 시대는 실크로드의 소멸과 함께 역사의 뒤안길로 사라졌으나, 21세기 디지털 실크로드 시대를 맞이하며 이제 다시 디지털 알타이 노마드 연대로 부활하고 있다. 그리고 그 출발점에는 이곳 아스타나가 있다.

제1절_ 무(無)에서 유(有)로 거듭나다

1. 황량한 스텝 초원에 신수도라니?

공상의 세계에서나 볼법한 '미래도시'가 카자흐스탄에 존재한다면? 그것도 차갑고 황량한 북부 스텝지대 한가운데에? 알마티의 천산산맥을 덮은 구름을 뚫고 하늘로 오른 비행기가 약 2시간가량을 날아가면 그 미래도시를 육안으로 확인할 수 있다. "비행기가 곧 아스타나 국제공항에 도착합니다."라는 안내 방송과 함께 부푼 마음으로 비행기 창밖을 내다보면 사막 한가운데 인공의 오아시스를 보는 것 같은 놀라운 광경이 눈앞에 펼쳐진다.

카자흐스탄 위성 지도를 통해 살펴보면 '사막 위의 오아시스'라는 표현이 과장이 아니라는 것을 알 수 있다. 아스타나는 중앙 유라시아 대륙의 북부에 위치해 여름 기온은 영상 40도를 넘고 혹한기에는 영하 50도까지 떨어져 세계에서 가장 추운 수도 중 하나로 손꼽히는 곳이다.

이 도시가 수도라는 의미의 '아스타나'로 명명되기 전에는 '아크몰라'라고 불렸는데 이는 카자흐어로 '하얀 무덤'이라는 뜻이다. 이 이름이 8~14세기에 걸쳐 도시 곳곳에 지어진 영묘의 흰 돔에서 유래했다는 설과 석회암 언덕이 많은 지형 때문에 그렇게 불렀다고 하는 설 등 다양한 해석이 존재한다. 다만 아스타나를 둘러싸고 있는 주변의 황량한 스텝지대를 본다면 도시 이름치고는 다소 삭막한 이 '하얀 무덤'이라는 이름이 아스타나와 제법 어울린다는 생각이 들기도 한다.

앞서 말했듯 아스타나는 카자흐어로 수도라는 의미를 지니고 있다. 우리나라의 서울도 모두가 알고 있듯이 수도라는 의미를 가진다. '아스타나'라는 말이 고조선의 수도 '아사달'과 동일한 의미와 유사한 발음을 보인다는 사실은 우연치고는 매우 흥미롭다. 서울도 원래 '새벌', 곧 '새로운 땅'이라는 뜻을 가진 서라벌에서 변형된 지명이다. 물론 서울의 어원에 대해 다양한 의견이 있기는 하지만 서울이라는 이름이 수도라는 뜻을 담고 있다는 것은 부정할 수 없는 사실이다.

세계적으로 볼 때 수도의 이름이 '수도'라는 뜻을 나타내는 국가는 우리나라와 카자흐스탄밖에 없다. 과거 카자흐스탄 소비에트 공화국의 첫 번째 수도는 1920년 오렌부르크(현재는 러시아의 영토)였고, 이후 1925년에 다시 남부의 크즐오르다로 바뀌었다가 1929년 튀르키예 철도 건설로 인해 알마티로 옮겨진 뒤 1997년 아스타나 천도로 이어져 오늘날의 모습에 이르게 되었다.

카자흐스탄이 소비에트라는 거대한 울타리에서 벗어나 홀로서기를 시작했던 90년대 초반 누르술탄 나자르바예프 초대 대통령은 카자흐스탄의 수도를 알마티에서 아스타나로 이전하겠다는 계획을 전격 발표했다. 훗날 나자르바예프 대통령이 자신 빼고는 모든 사람이 이 계획에 반대했었다고 농담처럼 말했을 정도로 실제로 대다수 사람들은 아스타나 천도 계획에 회의적인 시선을 보냈다고 한다.

약 70여 년간 카자흐스탄의 정치·경제 중심지로서 꾸준히 발전해 온 알마티를 두고 황량한 초원 벌판에 새로운 수도를 짓는다는 계획에 대해 여론의 반발은 클 수밖에 없었다. 그러나 나자르바예프 대통령은 확고한 신념을 가지고 밀어붙였다. 카자흐스탄 정부도 "이제 우리 모국의 심장은 바로 이곳에서 뛴다."라는 슬로건하에 카자흐스탄 국민의 마음을 움직이기 위한 대대적인 캠페인을 진행했다. 그 이유는 다음과 같다.

첫째, 지리적으로 아스타나는 카자흐스탄의 중북부에 위치하여 중앙정부가 사방팔방에 효과적으로 영향력을 미칠 수 있게 해준다. 세계 9위 영토 대국의 수도가 남동쪽에 치우쳐 있는 것은 물류수송이나 에너지 소비 등 다양한 면에서 비효율적이었다. 실제로도 중앙정부의 영향력이 카자흐스탄 전 지역에 미치기 어려운 탓에 국토의 균형 발전이 지연되고 있던 것이 사실이었다. 반면 아스타나가 위치한 중북부 지역은 카자흐스탄 횡단 열차와 남시베리아 철도의 분기점이 위치하기에 카자흐스탄 전역에서 수도로 접근하기가 훨씬 용이했다.

아스타나 중심부

혹자는 수도 이전으로 인한 카자흐스탄 권력의 과도한 중앙집중을 우려하며 수도 이전이 지방통제를 위한 수단일 뿐이라고 폄하하기도 한다. 물론 정치적인 의도를 전혀 배제할 수는 없겠지만 적은 인구수를 가지고 이처럼 거대한 국토를 균형 있게 발전시키기 위해서는 산업 경제의 효율성을 극대화할 수 있는 지역으로의 수도 이전이 불가피했다는 것이 필자의 생각이다.

지역 개발의 차원에서 보면 석유의 주요 산지가 밀집한 카자흐스탄 서부 카스피해 연안과 경제교역의 중심지인 남부 알마티 지역이 모두 카자흐스탄의 서남부 국경에 치우쳐 있었다. 이 때문에 국가의 장기적인 발전을 위해 넓은 영토를 고르게 발전시켜 국가 경제의 새로운 먹거리를 발굴하는 것이 필수불가결했다. 실제로 카자흐스탄의 지역별 경제개발 수준은 심각한 수준의 격차를 보였다. 그 결과 국민들의 생활 수준은 격차를 보이면서 사회 통합과 국가 안정에도 위험요소로 작용할 수 있었다.

둘째, 정치적인 이유가 있다. 소련에서 독립한 카자흐스탄은 유목민 역사적 배경과 러시아 제국 및 소연방 시기 이주 정책으로 인해 현재 130여 개 이상의 다양한 소수민족으로 구성된 다민족국가이다. 따라서 독립 초기 국가 정체성 확립은 정부의 가장 우선적인 선결과제 중 하나였다. 특히 카자흐스탄은 지역에 따라 인구 구성비가 뚜렷하게 차이가 났다. 물론 여느 다민족국가에 비해 유목민족 특유의 관용성을 지닌 카자흐민족이 피부색이나 언어의 차이로 타 민족을 차별하는 경우는 드문 편이다. 외국인에 대한 배타성도 적다. 그러나 전환의 시기를 맞은 독립 초기 민족 간 상이한 정체성이나 이해관계가 불화의 도화선이 될 경우 사회가 여러 갈래로 분열될 위험성은 분명 존재했다. 따라서 정부는 신생국가에 걸맞는 신수도 건설을 표방하며 다민족 국민들의 관심을 '미래 지향적인 국가 건설'이라는 하나의 대업 달성으로 돌리고자 했다.

셋째로는 안보 문제를 들 수 있다. 카자흐스탄 영토를 자세히 들여다보면 지역별로 민족구성의 대비가 확연하게 느껴진다. 소비에트 시절 이주한 러시아계 민족들은 대부분 러시아 국경과 가까운 카자흐스탄 북부에, 카자흐민족은 주로 남부에 거주하고 있다. 중북부에 위치한 아스타나 역시 구소련 시절에는 처녀지 도시를 뜻하는 첼리노그라드(1961~1991)로, 독립 후에는 아크몰린스크(1992~1998)라는 러시아식 명칭으로 불리며 상대적으로 높은 러시아민족 비율을 가진 전형적인 구소련 도시의 색채를 띠고 있었다. 따라서 당시 러시아계 민족 중 일부는 "카자흐스탄 북부 지역은 과거 러시아 제국의 개척 전까지 주인 없는 땅이었고 현재도 대부분 러시아인이 거주하고 있기에 자치, 분리 독립이 마땅하다."라고 요구하기까지 했다.

노벨 문학상 수상자이자 범 슬라브주의자인 솔제니친 역시 카자흐스탄 북부가 질 좋은 밀이 자라는 곡창지대라는 점을 강조하며 이 지역을 러시아에 편입시켜야 한다고 주장했다. 민족 간의 화합을 강조해 온 카자흐스탄 정부에게 러시아계 민족 일부에서 주장된 북부 지역 자치권 도발은 상당한 불안요소로 작용했다. 이에 주로 남부에 거주하던 카자흐민족을 국토의 중북부 지역으로 끌어올리는 한편 북부에 거주하는 러시아계 민족과의 소통을 강화하는 묘안을 도출하게 된 것이다.

최근까지 이어지고 있는 우크라이나와 러시아의 분쟁상황을 보면 미래를 내다본 카자흐스탄의 판단이 얼마나 시의적절했는가에 감탄하게 된다. 만일 우크라이나가 러시아계 인구가 몰려있는 우크라이나 동부 지역에 민족구성 변화 정책을 시도했었더라면 오늘날의 상황은 조금 달라질 수 있었기 때문이다.

넷째로 경제적인 이유가 있다. 소련에서 독립할 당시 카자흐스탄의 인당 GDP 수준은 1,500불(당시 한국의 인당 GDP는 약 7,500불이었다)에 불과해 CISCommonwealth of Independent States 내 12개국 중 11번째에 해당하는 낮은 순위였다. 당시 변변한 산업기반이 없던 카자흐스탄 정부는 경제를 활성화하기 위해 인프라 건설 사업을 시작하였다. 계획적인 수도 이전을 통해 낡은 도시를 새 도시로 탈바꿈하는 과정에서 건설 경기를 활성화하고 일자리를 창출할 수 있다고 판단했기 때문이다. 또한 러시아인 비율이 높았던 이 지역에 카자흐인 건설노동자를 유입시킴으로써 민족구성의 다변화를 꾀한 것이다. 실제로 아스타나 인구는 수도 이전 직후인 1999년 28만 명에서 2018년 약 20년 만에 3배 이상 늘어나게 되었다. 게다가 2000년 이후 유가가 급속하게 상승하면서 산유국인 카자흐스탄 경제도 동시에 고공 행진하게 된 점 역시 수도 이전으로 인한 경기부양 효과에 힘을 실어주게 되었다.

다섯째로 환경적인 요인을 살펴보면, 알마티의 각종 도시 문제 해결 방안으로서 수도 이전이 논의되었다. 알마티는 구소련 시절부터 카자흐스탄의 핵심적인 경제 중심지 역할을 했다. 그러나 해발 900m 분지 지역에 위치해 공기 순환이 원활하지 못하고 급격한 도시화로 인한 매연이 도시 전체에 악영향을 끼치는 것은 심각한 문제였다. 또한 도시를 병풍처럼 둘러싼 자일리스키 알라타우산맥이 도시 확장 면에서 볼 때는 발전의 걸림돌로 작용하는 것도 사실이었다. 따라서 이러한 여러 문제들을 한 방에 해결하는 방법으로서 수도 이전이 논의된 것이다.

아울러 알마티는 인도판과 유라시아판 지진대의 경계에 위치하기에 크고 작은 지진이 자주 발생하는 지역이었다. 국가의 주요 기반시설이 위치해야 하는 수도에 지진이라는 큰 위험성이 존재한다면 전 국가적 차원에서 부담이 아닐 수 없다. 따라서 전문가들은 자연재해로부터 안전한 지역에 수도를 이전해야 한다는 주장을 펴온 것이다.

2. 아스타나 도시 형성의 역사

아스타나 지역이 도시 형태를 갖추기 시작한 시기는 러시아 제국 때다. 당시 유목 생활을 하고 있던 대부분의 카자흐민족들은 카자흐스탄의 광활한 평원을 누비며 살았기 때문에 이 지역에는 정착 생활을 기초로 한 도시의 형태가 존재하지 않았다. 그 틈을 타고 러시아 제국이 남하하여 카자흐스탄 북부로 진입해 들어왔고 이 지역을 주인 없는 땅이라 규정하며 일방적으로 통제하기 시작한다. 그렇게 아스타나 지역은 러시아 제국 남하 정책의 전초기지로 사용되어 러시아 군사 요새가 들어서게 되고 도시의 모습을 갖춰가며 아크몰린스크주의 행정 중심지로 부상하게 된다.

러시아 제국이 무너지고 소비에트 정권이 들어서며 카자흐스탄 지역은 자연스레 소비에트 연방 제도하에 포함되었다. 이 지역의 광활함과 냉혹한 자연 환경으로 인해 스탈린 시기에는 정치범을 수용하던 교정 노동수용소로 활용 되었고 이후 더딘 발전이 이어지다가 세계 2차 대전 당시 구소련의 산업시설 이 도입되면서 생활 기반시설이 갖춰진 근대적 도시의 면모를 가지게 된다.

그 후 본격적으로 이 지역이 성장하게 된 배경에는 후르시초프의 '처녀지 개간 정책'이 있었다. 아크몰라주는 공화국의 곡물창고 중 하나로 여기에서 전체 곡물 생산량의 5분의 1과 목축업 생산량 10분의 1이 생산되었다. 소비 에트 정부는 카자흐스탄 북부 처녀지를 개간하여 농업 생산량을 높이려는 목 적을 세웠다. 이때 아스타나 지역은 '첼리노그라드' 즉, 처녀지 도시라는 이름 하에 카자흐스탄 북부 개간 사업의 선도지역으로 올라섰다. 도시 발전의 전 성기에는 카자흐스탄 소비에트 공화국의 수도를 첼리노그라드로 옮기는 방 안까지 논의될 정도였으나 후르시초프의 갑작스런 사망으로 처녀지 개발 사 업은 중단되는 비운을 맞는다.

역사적인 1997년 12월 10일, 아스타나는 상기한 지리, 정치, 환경, 경제, 안보 등 다섯 가지 주요 조건의 충족을 내세우며 카자흐스탄의 새로운 수도 로 공식 선포된다. 하지만 처음부터 수도 이전이 순조로웠던 것은 아니다. 수 도 이전계획이 발표 난 뒤에도 많은 사람이 회의적인 반응을 보였기 때문에 초반에는 자발적인 협조보다는 정부 주도의 강제적 사업 실행의 성격을 띨 수밖에 없었다. 그 첫 대상이 된 사람들이 바로 알마티에 근무하던 공무원들 이다. 아스타나 건설에 투입된 막대한 규모의 건설 재정과 별개로 공무원들 의 반발을 잠재우기 위해 국가의 재정이 상당 부분 투입되었고 이러한 비용

지출은 국가 재정에 상당한 부담을 주었다. 심지어 공무원들에게 급여를 지급하지 못하는 상황까지 발생했다고 한다.

이렇듯 여러 어려움에 봉착했던 카자흐스탄에게 대 반전의 계기가 찾아오는데, 바로 국제 원유가 상승이다. 카자흐스탄은 석유, 가스를 포함한 풍부한 지하자원 부국인데 원유가 상승으로 인한 오일머니의 유입은 아스타나 건설 행진의 탄탄대로 역할을 해주었다. 그 결과 아스타나 신수도 건설은 새로운 동력을 확보할 수 있었고 수도 이전 초기의 위기 상황을 극복할 수 있었다. 이와 더불어 카자흐스탄 정부는 신수도 개발을 위한 중장기적 대책 마련을 시작하였는데 그중 하나가 바로 적극적인 외국인 투자 유치다. 아스타나를 특별 경제 구역으로 지정하여 외국인들이 적극적으로 투자할 수 있는 환경을 조성한 것이다. 그 결과 아스타나는 오늘날까지도 역동적인 성장을 보이는 수도로 거듭나게 된다.

그런데 만약 카자흐스탄 정부가 오일머니를 기반으로 무분별하게 아스타나를 개발했다면 외국인들의 투자는 물론이고 지금과 같은 눈부신 성장은 없었을 것이다. 카자흐스탄 정부는 1998년 신수도 건설을 위한 대규모 공모전을 개최하였고 일본의 유명 건축가 쿠로카와 키쇼黑川紀章가 최종 후보에 당선되면서 아스타나 건설에 대한 마스터플랜이 세워졌다.

아스타나의 지도를 살펴보면 마치 서울의 한강처럼 도시를 가로질러 흐르는 이심강을 확인할 수 있는데, 이를 기준으로 하여 우측의 구시가지와 좌측의 신시가지가 조화로운 발전을 이루고 있다. 우측의 구시가지는 원형을 보존하는 한편 점진적인 개발을 통해 옛것과 새것의 조화가 이루어지는 구역으로 조성되고 좌측의 신시가지는 정치, 경제, 문화의 중심으로 천지개벽 수준의 탈바꿈을 한다는 계획이었다.

또한 '메타볼리즘metabolism'이라는 컨셉으로 신진대사를 반복하는 생명체처럼 유기적으로 자가발전하는 도시라는 획기적인 발상이 제시되었다. 바둑판식의 딱딱한 회색 도시가 아닌, 클러스터로 지속 팽창되는 도시가 기획된 것이다. 실제로 아스타나의 건물과 건물 사이는 녹색의 숲으로 연결되어 있고 곤충과 같은 생명체들도 도심의 빌딩 숲 사이에서 자유로이 이동할 수 있도록 조성되어 있다. 쿠로카와 키쇼는 자신의 기획안에 그만의 시그니처인 '공생의 사상'을 반영한 것이다. 그리고 평지로 이루어져 산 하나 볼 수 없는 아스타나에서 혹독한 추위를 막기 위해 환상도로 옆에 숲으로 이루어진 '생태 회랑'을 조성하였다. 혹한의 강풍으로 사람이 살기 부적합했던 아스타나는 이제 한층 포근한 도시가 된 것이다.

도시에 대한 전체적인 구상이 동양의 건축가 손에 맡겨졌다면 도시를 구성하는 주요 건물들은 영국의 건축가 노먼 포스터가 설계했다. 노먼 포스터가 설계한 건물들은 미래적이고 이질적이지만 한편으로 카자흐스탄의 모습을 닮아있다. 중앙아시아의 대표 도시로서 서양과 동양 어디에도 속하지 않은 채 유니크한 매력을 내뿜는 카자흐스탄의 신수도 아스타나는 동서양을 아우르는 미래적 공간으로 자리매김하기를 원한다.

나자르바예프 대통령은 이를 유라시아 양식으로 규정하며 아스타나를 구성하는 모든 건물이 창의적이고 독창적인 디자인으로 꾸며지도록 주문했다고 한다. 그 결과 카자흐스탄의 신수도 아스타나는 자국을 넘어 유라시아 대륙의 중심 도시로 발돋움하게 된 것이다. 카자흐스탄 정부는 도시개발 초기부터 민족 간의 화합을 제1순위 고려사항으로 설정했다. 이 때문에 아스타나에는 특정 민족만을 대표하는 기념물이 많지 않고 민족 화합이라는 대명제 하에 문제의 소지가 없는 인물이나 역사적 사건을 기리는 기념비만이 제한적으로 건설되었다.

예를 들어 조국 수호자 기념비에는 세계 2차 대전에 참전한 다민족 용사들을 포괄적으로 기리는 문구가 쓰여 있다. 인위적인 행정구역 개편을 통해 여러 민족이 평화롭게 공존할 수 있도록 유도하는 한편, 여러 민족이 화합을 이룰 수 있는 다양한 정치, 경제, 사회 문화 행사를 개최하는 등의 노력을 통해 카자흐스탄은 가장 평화로운 다민족국가라는 이미지를 전 세계에 자랑할 수 있게 되었다. 민족 간의 갈등과 반목이 다양한 형태의 충돌을 빚고 있는 오늘날 유라시아 대륙의 중심인 아스타나는 민족 간의 화합과 평화를 상징하는 도시로 성장하였고 유네스코에서도 이를 높이 평가하여 1999년 아스타나를 '평화의 도시'로 선정한 바 있다.

다민족 출신의 국민들에게 신생 독립국의 자랑스러운 국민이라는 단일 정체성을 형성하여 사회적인 통합을 이뤄낸 긍정적인 사례가 된 것이다. 그리고 이러한 이미지는 외국인 투자자들이 아스타나에 매력을 느끼도록 하는 주요한 요인으로 작용하고 있으며 앞으로 이는 국제적으로 카자흐스탄의 위상을 더욱 높이는 데 일조할 것이다.

3. 유라시아 교차점으로서의 미래

오늘날 카자흐스탄의 새로운 수도는 국가 운영을 위한 정치, 경제 중심지의 역할을 하는 데 그치지 않고 전 세계에 카자흐스탄의 이미지를 긍정적으로 변화시키고 국가의 미래를 위한 새로운 도약을 이끄는 선봉에 서 있다.

나자르바예프 대통령은 자서전에서 '아스타나의 역사는 곧 신생 독립국인 카자흐스탄의 역사이다. 국가의 새로운 수도는 그 자체로 변화의 상징이 되어야 하는데 아스타나는 이미 그러한 존재가 되었다. 아스타나는 유라시아를 넘어 전 세계 운송, 통신, 교통의 교차점이자 이 모든 것을 안으로 끌어당기는 힘, 즉 구심점이다'라고 언급한 바 있다. 이 구심점은 지난 2022년 12월 카자흐스탄과 몽골 두 나라가 수교 30주년 회의에서 합의한, 알타이산맥을 기준으로 한 새로운 운송망 구축 프로젝트를 시작으로 더 구체화 될 것으로 보인다.

도시의 이미지는 오랜 역사와 다양한 대내외적 요인의 영향을 받아 형성된다. 우리는 흔히 파리를 대학의 수도, 혹은 패션의 본고장으로 알고 있으며 상트페테르부르크의 경우 에르미따쥐 박물관과 개·폐교의 도시를 연상한다. 하지만 도시를 떠올릴 때 다양한 건축물과 역사적 기념비 등 도시의 외적인 부분 못지않게 현지인들의 인상과 태도가 강한 임팩트로 작용하기도 한다. 오늘날 아스타나는 '문화 및 친선의 중심', '세계인의 사랑을 받는 도시' 건설이라는 목표를 실현 중이다.

다양한 종교와 민족 간에 뿌리 깊은 반목이 지속되는 전 세계적인 상황과

평화와 화해의 궁전

는 반대로 아스타나는 사상 최초로 전 세계 전통 종교 지도자 회의를 개최하여 종교 간의 대화합을 주창하였고 로마 교황이 방문한 최초의 CIS 국가 수도가 되었다. 또한 아스타나는 여러 재능 있는 국내 아티스트를 발굴하고 예술, 문화계를 발전시키기 위해 국가적 차원의 적극적인 후원을 지속하고 있다. 이러한 노력은 아스타나를 매우 창조 지향적인 도시로 나아가게 하는 원동력이 되고 있다.

서양인지 동양인지 알 수 없는 그 오묘한 모습의 도시 아스타나도 4천 년 전 천문과 연결되어 건설된 고대 이집트의 도시와 연관이 있어서일까? 은하수와 같은 이심강을 끼고 들어선 7대 주요 지상 건물인 평화의 피라미드, 대통령 궁, 삼룩 카즈나, 바이테렉, 유라시아 은행, 카즈무나이, 한 샤트르는 7

대 천상의 별자리인 양자리, 황소자리, 게자리, 사자자리, 처녀자리, 천칭자리, 전갈자리와 그대로 매치를 이루고 있다는 점에서 매우 흥미롭다. 이는 또한 天·地·人 사상에 따라 인체의 정수리, 이마, 어깨, 가슴, 상단전, 하단전, 사타구니 순으로 닮아있다고 하니 놀랍기도 하다.

이러한 흐름에 따라 세계적으로 평화 또는 이상을 의미하는 상징적인 건축물들이 아스타나에 세워졌고, 이러한 공간에서 다양한 형태의 세계적인 차원의 여러 행사를 개최함으로써 세계 공동체의 중심으로 도약하기 위한 카자흐스탄의 미래 지향성을 잘 드러내고 있다.

불모지라고 여겨졌던 아스타나는 1997년 수도 이전 당시만 해도 인구 25만의 소도시에 불과했다. 그러나 그 이후로 채 30년도 되지 않아 세계의 유수 도시들과 어깨를 나란히 하는 인구 140만의 대도시로 성장했다. 지금에 와서 보면 아스타나의 옛 이름 '아크몰라'는 더 이상 황량한 초원 위에 쓰러져 죽은 이방인의 눈 덮인 '백색 무덤'이 아니라, 목축업의 중심지로서 젖과 꿀이 넘쳐나던 과거의 영광을 다시 찾은 '백색의 풍요'로 해석될 수 있을 것 같다. 유라시아 대륙의 심장이라는 아스타나의 외침은 더 이상 카자흐스탄에만 국한된 것이 아니다. 아스타나를 중심으로 방사형으로 뻗어 나가는 교통물류 인프라망 구축을 골자로 한 'Nurly Zhol미래의 길' 프로그램이 현실화된다면 성장형 미래도시 아스타나가 명실상부한 유라시아 대륙의 중심지가 되는 일은 시간문제일 것이다.

아스타나라는 도시 명칭과 관련하여 최근 일련의 해프닝이 발생한 바 있다. 지난 2019년 3월 20일 독립 카자흐스탄의 초대 대통령이자 20년 가까이 카자흐스탄을 통치한 누르술탄 나자르바예프의 후계자인 카심 조마르트 토카예프 대통령은 자신의 취임식에서 카자흐스탄 수도의 이름을 기존 아스타나에서 나자르바예프 전 대통령을 기념한 누르술탄으로 바꾸자고 제안했다. 누르술탄은 아랍어로 누르-빛, 술탄-권력을 의미하는 단어이다. 새 대통령의 이러한 제안에 상하원 의원들은 만장일치로 지지를 보냈고 2019년 3월 23일 이 제안은 대통령령으로 채택되었다. 그렇게 수도의 이름은 다소 갑작스럽게 아스타나에서 누르술탄으로 바뀌게 된다.

그러나 새로운 수도의 명칭은 고작 3년도 채 넘기지 못하고 수명을 다하게 된다. 2022년 1월 초 전국을 휩쓴 대규모 반정부 시위 결과, 토카예프 대통령은 2022년 9월 17일 다시금 수도의 명칭을 누르술탄에서 예전의 아스타나로 되돌린다는 법안에 서명했다. 빈틈없이 완벽할 것 같은 권력의 장벽도 작은 틈으로부터 시작해 사상누각처럼 무너질 수 있다는 역사의 교훈을 다시금 떠올리게 하는, 그저 웃을 수만은 없는 에피소드였다. 전직 외교관 출신인 토카예프 대통령은 다행히 유연한 외교적 처사를 통해 둑이 무너지기 전에 균열을 봉합했지만 말이다.

제2절_ 미래도시, 유라시아 양식을 찾아서

1. 오아시스 아스타나, 환경과 휴식공간을 생각하다

카자흐스탄 국민들의 마음속에 그려지는 수도의 콘셉트는 무엇일까? "자연과 도로가 함께 발전해 나가는 그 발상이 아주 참신했다."라고 설계 당시 도시계획국을 담당했던 관계자는 말한다. 앞서 언급하였듯이 아스타나의 기본 틀을 설계한 쿠로카와 키쇼는 신진대사를 되풀이하는 생명체와 같이 도시도 유기적으로 디자인되어야 한다고 주장했다.

그래서 아스타나는 초현대적인 건물들이 녹음과 어우러진 도시이며, 도시의 중심을 가로질러 흐르는 이심강이 도시의 랜드마크이자 미관을 담당하는 동시에 시민들의 변함없는 휴식처로 자리매김한 멋진 도시가 되었다. 즉, 기능적인 부분에만 집중한 무기질의 회색 도시가 아니라 도시가 가진 자연 그대로의 모습을 최대한 보호하면서 포도송이 같은 클러스터로 팽창, 발전해 나가는 도시가 그의 핵심적인 아이디어였다.

쿠로카와 키쇼가 제시하는 '공생의 사상'은 불교사상에 뿌리를 둔 우리에게는 매우 친근한 개념인데, 유목 문화에 뿌리를 둔 카자흐스탄 국민들의 마음까지 사로잡을 수 있을지는 의문이었다. 그러나 전통과 뿌리를 중요시하는 유목민족에게 전통과 근대, 하이테크와 자연에너지가 공존하며 '자연과 도시가 함께 발전해 나가는 콘셉트'는 매우 자연스럽게 받아들여질 수 있었다.

아스타나로 이전한 1997년을 뜻하는 97m 높이의 기념탑 바이테렉에서 내려다보이는 도심의 모습, 특히 아름다운 꽃들로 꾸며진 국회-법원-대통령 궁을 잇는 대로의 모습을 보고 있으면 도시의 설계자 쿠로카와 키쇼의 '공생의 사상'이 무엇인지 더욱 확실하게 느끼게 된다. 그래서일까? 이 대로가 시작되는 광장 앞에는 이곳을 배경으로 기념사진을 찍기 위한 관광객들의 행렬이 항상 길게 늘어서 있다.

이뿐만 아니라 아스타나가 건설 초기부터 친환경적 요소를 적용한 또 다른 대표적인 건물로는 복합 쇼핑몰 '한 샤트르'가 있다. '한 샤트르'는 중앙아시아 지역의 전통가옥인 '유르타'를 연상시키는 천막 형태의 지붕 구조를 가진 이색적인 건축물이다. 아스타나 시민들은 쇼핑뿐만 아니라 다양한 여가활동과 휴식을 즐기기 위해 이곳을 찾는다. 겨울철이면 기온이 영하 50도까지 떨어지는 혹독한 기후 조건을 가진 아스타나에서 겨울철 레저활동은 사실상 꿈속의 이야기나 다름없었다고 한다. 한 샤트르가 지어지기 이전에는 말이다.

'한 샤트르'의 천막 천장에 비밀이 숨겨져 있다. '한 샤트르'의 천막은 특수 재질로 되어 있어 외부의 추위는 막고 햇빛은 그대로 투과시켜 천막 내부에 온실 효과를 발생시킨다. 그렇기 때문에 큰 비용 없이도 사시사철 실내가 따뜻하게 유지된다고 한다. 물론 추위를 100% 막아줄 수는 없겠지만 겨울철 영하 40도의 추위에도 실내 난방에 대한 에너지 사용을 획기적으로 줄일 수 있다는 점은 가히 혁신적이었다.

또한 햇빛을 그대로 투과시켜 낮 시간 동안 조명 기구의 사용을 최소화하여 '한 샤트르' 내부의 조도를 일정하게 유지시켜 주고 에너지 사용을 줄일 수 있었다. 이제는 아스타나의 대표적인 건축물 중 하나로 평가받는 '한 샤트르'의 이러한 시도는 아스타나를 친환경 도시로 평가받게 하는 중요한 상징이 되었다.

돔 모양의 텐트 아래 쇼핑과 엔터테인먼트를 한꺼번에 즐길 수 있는 이곳은 아스타나 현대 건축 명소이자 12만 7천m² 면적과 150m의 첨탑 높이로 세계에서 가장 큰 텐트로 기록된 곳이기도 하다. 한 샤트르는 2010년에 문을 열었는데 첨탑에 연결된 튼튼한 강철 로프가 특수한 투명 노면을 지탱하는 첨단 기술이 사용되어 오늘날 세계 10대 친환경 건물 중 하나로 손꼽힌다.

돔 모양 텐트 안에는 각종 브랜드 상점과 부티크, 슈퍼마켓, 비즈니스 사무실, 카페와 레스토랑, 놀이터, 가족 공원, 영화관, 워터파크 등 다양한 쇼핑-엔터테인먼트 시설들이 들어서 있다. 특히 쇼핑몰 내부에 인공해변이 조성된 워터파크가 들어서 있어 방문객들의 눈길을 끈다. 이 워터파크 내부는 사시사철 섭씨 35도의 온도가 유지되는 곳으로 내부의 인공해변을 만들기 위해 실제로 몰디브 섬에서 모래를 공수했다고 한다. 이외에도 한 샤트르의 내부를 완벽하게 둘러볼 수 있는 관람 열차를 이용할 수도 있다.

카자흐스탄 정부는 한 샤트르와 같은 친환경적 도시 건축물을 조성하는 데 그치는 것이 아니라 아스타나에 거주하는 모든 시민들이 아스타나의 친환경적 생태환경을 조성하는 데 힘을 모을 수 있도록 유도하고 있다. 또한 아스타나의 건축 형태는 여러 시대 문화의 전통을 반영하고 있다. 구체적으로 보면 고대 투르크족과 유목 문화, 슬라브 및 소비에트 문화 등이 그것이다. 여기에 건물과 환경 간의 조화, 효율적인 공간 활용, 첨단 및 전통 기술의 융합이라는 유라시아 스타일이 더해진 것이다.

신소재 천막으로 덮여 있는 한 샤트르

1999년 7월 아스타나는 유네스코로부터 평화의 도시를 수상하였고 혁신에 혁신을 거듭하여 현재 세계에서 30위 안에 들어가는 우수한 도시로 성장하고 있다. 앞으로의 목표는 2030년까지 원시 그대로의 대초원에 첨단 기술이 가득한 메트로폴리스를 건설하는 것이다.

아스타나는 세계 유수의 유명 건축가들의 작품들이 모여 있는 야외 건축박람회장이라 해도 과언이 아니다. 이 때문에 도시의 건축 문화에 관심 있는 방문객들에게 상당한 흥미를 불러일으킨다. 앞서 언급했던 노먼 포스터는 기존 건축물에 하이테크를 결합한 독창적 건축 기술로 이름 높은 세계적인 건축가인데 2002년 그가 런던 템즈 강변에 선보인 런던 시청사는 공개 당시 런던 도심의 고풍스러운 격조를 해치는 '기괴한 건축물'이라는 비난에 직면했지만, 이제는 오히려 부조화의 조화를 이끌어 낸 작품으로서 런던의 새로운 랜드마크로 평가되고 있다.

아스타나 역시 마찬가지로 그의 건물들은 첨단 과학 기술이 총동원돼 에너지 효율을 최대로 높이는 한편 파격적인 외관으로 도시에 생기를 불어넣고 있다고 평가받는다. 앞서 언급한 한 샤트르 외에도 그보다 규모는 작지만 비슷한 형태의 복합문화센터로 '두만' 센터를 빼놓을 수 없다. 그곳에는 아쿠아리움과 3D 영화관, 놀이공원, 볼링장, 카지노, 다목적 강당에 숙박 시설까지 갖춰져 있어 온 가족이 한 장소에서 다양한 문화 레저활동을 즐길 수 있는 곳이다.

특히 두만 센터는 바다를 접하지 않은 내륙국가인 카자흐스탄에서 흔히 보기 힘든 아쿠아리움이 조성된 곳이기도 하다. 수족관의 유리를 통해 상어에게 먹이를 주는 광경을 볼 수 있는 시간대에는 특히나 많은 관광객이 몰린다고 한다. 또한 아스타나의 도시 건축을 이야기할 때 우리나라 기업인 동일하이빌의 성과를 빼놓을 수 없다. 동일 하이빌은 대중적인 아파트 건축물의 모범사례로 꼽히면서 한국과 카자흐스탄 간의 건설 분야 협력의 가능성을 보여준 좋은 사례이다.

이러한 대형 문화시설들은 카자흐스탄뿐만 아니라 주변 지역의 관광객을 끌어당기는 매력요소가 되고 있으며 아스타나 주민들의 문화적 삶의 수준을 큰 폭으로 높여주고 있다. 불과 반세기 전까지만 해도 문화의 불모지나 다름없던 아스타나가 이제 "문화를 즐기고 싶다면 아스타나로 가라."라는 주변 국가들의 평가를 받게 될 줄은 아마 누구도 예상하지 못했을 것이다.

실제로 아스타나를 돌아다니다 보면 도시 곳곳이 예술 작품 같다는 느낌을 받을 수 있다. 아스타나를 수놓는 각색의 건물은 어디서도 본 적이 없는 유니크한 것들이지만 이들을 모아놓았을 때 어느 한 건물 튀는 느낌 없이 조화를 이루고 있다는 점이 흥미롭다. 앞서 이야기한 '유라시아 양식'이라는 말이 자칫 모호한 개념처럼 들릴 수 있지만, 아스타나에 방문해 직접 도시의 모습을 확인한다면 동양과 서양의 느낌을 모두 품은 새로운 양식으로서의 '유라시아 양식'을 정확하게 느낄 수 있을 것이다. 아스타나는 자신의 외관을 통해서도 유럽과 아시아의 지리적 중간에서 나아가 세계의 중심이 되는 거점도시라는 메시지를 전달하고 있는 셈이다.

2. 종교, 문화와 예술을 집합시키다

아스타나의 상징이자 카자흐스탄의 상징이 되어버린 '바이테렉'은 높이 97m에 달하는 첨탑에 태양을 상징하는 거대한 황금구가 올려져 있다. 2002년에 완공된 이 건축물은 전통문화의 기반하에 첨단 건축미학을 덧입혀 현대건축의 새로운 지평을 열었다고 평가받는다.

생명나무라는 의미를 지닌 '바이테렉'은 카자흐스탄 전설에 나오는 신비의 나무로 유목민의 신화에 종종 등장하곤 하는 성스러운 은백양나무를 모티브로 한다. 전설에 따르면 이 신비의 나무에 행복의 새인 삼룩이 살고 있었는데, 이 삼룩이 '새로운 창조'를 의미하는 황금알을 낳았다. 여기에서 황금알은 생

바이테렉

형제국가 카자흐스탄

명과 희망을 주는 태양을 상징한다.

한편 나무 밑의 뿌리 사이에는 호시탐탐 황금알을 노리는 아이다하르라는 악한 구렁이가 숨어있다. 이 전설은 카자흐민족의 세계관을 보여준다. 선과 악의 투쟁을 연상시키는 카자흐 민속 상징 바이테렉은 오늘날 아스타나를 빛내는 아름다운 건축물로 등장했다. 건축물 바이테렉에는 상기한 전설의 여러 가지 요소들이 상징적인 형태로 그대로 반영되어 있다. 여기에 금속, 유리, 콘크리트 등 다양한 재료들이 조화롭게 사용되어 건축학적으로 독특한 형태를 띠고 있다.

실제로 바이테렉을 마주하게 되면 아스타나 도심을 뜨겁게 비추고 있는 첨탑 꼭대기의 둥근 태양 구조물이 마치 전설 속의 삼룩이 낳은 황금알과 겹쳐 보이기도 하고, 그 알을 통해 신생 수도 아스타나의 출발을 자연스레 연상하게 되기도 한다. 방문객들은 97m 높이 전망대의 최고층에 올라 아스타나의 전경을 한눈에 볼 수 있다. 전망대 라운지에는 세계의 모든 종교적 흐름을 상징하는 17개의 꽃잎을 드리운 나무 모양의 구가 전시되어 있으며 카자흐스탄의 초대 대통령의 손바닥 날인도 찍혀 있다. 카자흐민족의 전설을 담고 있는 이 전통적인 형태의 건축물 역시 놀랍게도 노먼 포스터의 작품이다.

이 밖에도 다양한 민족의 문화와 종교를 존중하는 카자흐스탄답게 도심 곳곳에 여러 종교 시설도 건설되어 있다. 이슬람 사원인 '누르 아스타나'와 유대교 예배당 '베이트 라헬-하바드 류바비치' 등이 대표적인 예이다. 카자흐스탄은 다민족 화합과 협력을 최우선 가치로 여기기에 모든 국민의 양심과 신앙의 자유를 보장하고 있으며 이 두 건축물이 평화롭게 공존하는 모습이 바로

누르 아스타나 모스크

아스타나의 이러한 지향점을 반영한다고 볼 수 있다.

'누르 아스타나'는 하얀 건물에 지붕의 금색돔 형태가 인상적이다. 마치 구름 위에 태양이 얼굴을 내밀고 있는 것 같기도 하다. 넓은 규모로 지어진 사원에서 많은 신도들이 실제로 예배를 드리고 있다. 반면 '베이트 라헬-하바드 류바비치'는 하늘색의 건물이다. 맑은 날 푸른 하늘을 배경으로 사원을 바라보면 마치 하늘과 사원이 하나가 된 착각이 든다. 이 예배당은 유라시아대학교와 아름다운 주거 단지 사이에 위치한 아끄불락 강가에 2004년 세워졌다. 두 건축물은 카자흐스탄의 다민족과 전통문화를 대변하면서도 주변 환경과 조화를 이루는 고도의 예술성을 보여주고 있다.

'평화와 화합의 궁전'도 민족 간의 화합을 중요시하는 카자흐스탄의 개념을 반영한 건축물 중 하나이다. 이곳에서 2006년 세계 종교 지도자 회의가 열렸으며 민족과 문화 그리고 종교 간의 화합이 이루어지는 중심지로서 역할을 하고 있다. 독특한 피라미드 형태로 이루어진 '평화와 화합의 궁전' 역시 노먼 포스터의 작품 리스트에 포함된다.

대륙성 기후인 아스타나의 환경을 고려하여 설계한 덕분에 영하 40도라는 매서운 추위에서도 구조물에 균열이 생기지 않는다고 한다. 기획 초기부터 도시의 급격한 대륙성 기후 조건을 고려하여 설계되었기 때문이다. 거대한 강철 뼈대의 특수 프레임은 아스타나의 기온 변화에 따라 최대 6cm까지 수축과 팽창이 가능하다고 한다. 건물의 독특한 외관만큼이나 내부 인테리어도 예사롭지 않다. 내부의 모든 엘리베이터는 상하 방향이 아니라 60도 경사의 대각선으로 움직인다. 이러한 형태의 엘리베이터는 에펠탑과 라스베이거스에 있는 '룩소르' 호텔 등 극소수의 건축물에만 적용된 것이라고 한다.

이러한 독특한 내외부 구조로 인해 몇몇 사람들은 이 피라미드 건축물을 두고 '세계의 8번째 불가사의'라고 부르기도 한다. 또한 이 피라미드의 기본 각 면의 길이와 높이가 정확히 62m로 이루어진 황금분할을 이룬다는 사실도 이색적이다. 건물의 내부는 콘서트 오페라 홀, 회의장, 전시장, 온실 등이 자리 잡고 있는데 각각의 공간이 저마다 다양한 패널과 조각, 그림 등으로 꾸며져 있어 그 높은 수준의 예술성에 다시금 놀라게 될 것이다.

가장 큰 회의장은 '헤오쁘스 아뜨리움'으로 불리며, 피라미드의 꼭대기에는 앞서 소개한 역사적인 세계 종교 지도자 회의가 개최된 바 있는 소규모 회의장 '꼴리벨(요람)'이 위치하고 있다.

이제 카자흐스탄의 모든 것이 이곳에서 시작된다고 해도 과언이 아닐 정도로 오늘날 아스타나는 카자흐스탄의 심장이자 중심이 되었다. 도시 인구 역시 꾸준한 성장세를 유지하고 있어 이제 자타공인 카자흐스탄의 수도로서 그에 걸맞는 모습을 갖춰나가고 있다. 인구의 빠른 증가 덕분에 도시의 문화 예술 수준도 자연스럽게 향상되고 있다.

그중에서도 단연코 가장 많은 사랑을 받는 문화명소는 바로 '아스타나 오페라'일 것이다. 2013년 9월 '아스타나 오페라'가 개관한 이래 아스타나에서도 수준 높은 공연들을 감상할 수 있게 되었다. 이탈리아와 독일, 스위스, 알바니아, 모로코, 러시아, 체코의 유명 건축가들의 참여로 건설된 '아스타나 오페라'는 그 규모도 굉장하다. 이미 내부로 들어가기도 전에 극장의 규모와 범상치 않은 외형으로 입을 다물 수 없다.

개관식 당시 나자르바예프 대통령은 "공장과 도로를 건설하는 나라는 향후 수년간의 국가 발전을 준비하는 나라이고, 학교와 병원을 짓는 나라는 향후 수십 년간 국민의 삶을 준비하는 것이며, 극장을 짓는 나라는 국가 미래의 향후 수 세기를 내다보는 것이다."라고 언급했다고 한다. 그 정도로 '아스타나 오페라'는 대통령을 필두로 정부와 온 국민의 많은 정성과 투자, 관심 속에서 탄생한 극장이다.

그에 부응하듯 '아스타나 오페라'는 모든 면에서 세계 최고 수준을 자랑하고 있다. 극장의 전체 면적은 9만m²이며 그 중 건물 면적만 6만 4천m²에 이른다. 또한 무대 면적은 3천m²에 이르는 유라시아 최대 규모이다. 이 덕분에 복잡한 구성의 공연도 거뜬히 소화해 낼 수 있다고 한다. 음향 장치는 독일

국립극장 아스타나 오페라

전문가들이 작업하였고 벽화는 이탈리아 장인에 의해 완성되었다.

극장 내부에 들어서면 파스텔 톤의 전통적인 색상 구성이 아름다운데 특히 실제와 같은 입체적 벽화의 표현이 인상 깊다. 이와 더불어 공연장 내부는 목판과 황동판으로 세공된 화려한 장식으로 꾸며져 있고, 오케스트라석은 120명의 연주자를 수용할 수 있는 규모로 설계되어 깊고 풍부한 음향의 감동을 느낄 수 있다. 이처럼 아스타나 오페라 극장은 최고 수준의 기술적인 부분 이외에도 다양한 예술적 볼거리들을 제공하고 있으므로 공연의 시작 전과 휴식 시간을 이용하여 대리석으로 화려하게 장식된 내부 곳곳을 구경하는 재미를 느껴볼 수 있을 것이다. 일부 평론가들은 이곳을 라 스칼라와 산 카를로, 볼쇼이 다음으로 세계 4대 극장으로 손꼽기도 한다.

이렇게 최고 수준의 시설을 갖추고 있다고 해도 그에 걸맞는 최고 수준의 공연이 상연되지 않는다면 모두 무용지물이 되어 버릴 것이다. 하지만 '아스타나 오페라'는 세계 유수 극장과 협력을 통해 아스타나 시민들에게 수준 높은 공연을 선사하고 있다. 2013년 우리에게는 '태양의 서커스'로 유명한 이탈리아의 프랑코 드래곤 감독과 협약을 맺고 카자흐스탄의 설화를 바탕으로 한 첫 오페라인 '크즈 쥐벡Kyz Zhibek'을 선보이기도 했다.

이후에도 모차르트의 〈마술피리〉, 〈레퀴엠〉과 같은 유명한 작품을 포함해 다양하고 수준 높은 공연을 잇따라 선보이고 있다. 우리에게도 잘 알려진 〈백조의 호수〉, 〈지젤〉, 〈토스카〉와 같은 작품들도 초연을 마치고 활발히 공연 중이다. 이러한 여세를 몰아 2014년 가을에는 제1회 국제 '실크로드' 오페라 발레 축제를 개최하기도 하였다.

2022년 추석맞이 한-카 수교 30주년 기념 '오페라 갈라' 콘서트에 한국이 자랑하는 세계적 소프라노 조수미 씨가 타티아나 비친스카야 등 카자흐스탄을 대표하는 성악가들과 함께 유명 오페라 아리아, 한국가곡 및 카자흐스탄 노래 등을 열창하여 1천 2백여 명의 관객을 감동시킨 바 있다. 이처럼 아스타나 오페라는 오페라, 발레, 춤극 그리고 오케스트라에 이르기까지 다양한 공연을 연달아 선보이고 있다.

아스타나의 거리 구석구석을 다니다 보면 건물 사이사이로 다양한 조각상들을 만날 수 있다. 각기 다른 매력과 의미를 뽐내는 조각상들은 도시 곳곳을 장식하며 아스타나에 매력을 더하는 요소로 사랑받고 있다. 이 조각상들은 공모전을 통해 선발된 것들로, 특히 카자흐스탄의 국영 석유 기업인 '카즈무나이가스' 건물 근처 '연인 공원'에 설치된 조각상들의 경우 더 낭만적인 분위기를 자아낸다.

아스타나의 상징이라 할 수 있는 이심강 좌안 도시 한가운데 자연을 심어 놓은 녹색의 작은 섬이 있는데 그 안에 사랑과 관련된 낭만적인 조각상들이 공원을 더욱 아름답게 만들어 주고 있기 때문이다. 특히 첫사랑의 초조함과 설렘을 표현하고 있는 어린 연인들의 청동상인 〈나의 행복〉이나 〈첫 키스의 벤치〉, 〈화해의 벤치〉와 같은 로맨틱한 기념물들은 이곳을 방문한 연인들의 기념 사진 속에 자주 등장하는 배경이다. 이 때문일까? 연인 공원은 다양한 시정 행사뿐만 아니라 일반 시민들의 웨딩 촬영 장소로 많은 사랑을 받고 있다. 이렇듯 여러 가지 예술적 그리고 문화적인 요소가 자연스럽게 녹아들어 있는 아스타나 건축물들을 보다 보면 아스타나시가 제시하고자 하는 미래 비전이 글과 말뿐만이 아닌 예술로서 도시 곳곳에 배치되어 마치 한 폭의 이야기 혹은 예술 작품으로 다가온다는 느낌을 받게 된다.

아스타나는 빠르게 발전하고 있는 도시로서 과연 완성작의 모습은 어떠할지 기대를 모으고 있다. 아울러 하드웨어, 즉 규모의 발전에만 매몰된 것이 아니라 시민들의 문화적 삶의 수준을 높이기 위한 다양한 인프라 구축과 정부 차원의 과감한 지원이 지속적으로 이어지고 있다는 점은 아스타나의 미래를 더욱 기대하게 만드는 요소가 되고 있다.

제3절_ 아스타나 근교의 자연명소들

1. 꼬르갈진 국립공원

꼬르갈진 국립공원은 카자흐스탄에서 가장 큰 자연보호구역이다. 놀라운 비경이 숨겨져 있는 이곳은 아스타나로부터 남서쪽으로 불과 30km 떨어진 곳에 위치해 있다. 보호구역 내에는 텡기즈와 꼬르갈진이라는 두 개의 큰 호수가 있다(카자흐스탄어로 '텡기즈'는 '바다'를 의미한다).

호수의 총면적은 15만 9천ha에 달하는데 이것은 제네바호수보다 2배 더 큰 규모이다. 호수긴 하지만 물속의 염도는 바다의 5~6배에 달한다고 한다. 보호구역의 식생대에는 약 350종의 식물들이 살고 있는데, 그중 90종은 희귀 약초로 추정된다. 또한 약 82종의 새들이 거주하는 것으로 알려져 있는데 특히 핑크 플라밍고가 대규모 서식지를 이루고 있다. 그래서 생태관광에 관심 있는 여행객이나 조류 사진 전문가들이 많이 찾는 지역이기도 하다.

2. 바라보예호수

아스타나 사람들이 가장 사랑하는 자연관광지 중 하나로 아스타나에서 200km가량 떨어진 곳에 위치한 바라보예(카자흐어로는 부라바이)호수를 꼽을 수 있다. 인공의 빌딩숲에 지친 아스타나 사람들은 사람의 손때가 덜 타 자연 그대로의 아름다움을 간직하고 있는 진정한 오아시스 바라보예호수를 방문해 낚시와 등산, 승마와 각종 해양 레저스포츠를 즐기며 스트레스를 해소한다.

카자흐스탄 사람들은 바라보예를 '카자흐스탄의 작은 스위스 마을'이라 부른다. 빽빽한 소나무숲과 깨끗하고 깊은 호수, 그림 같은 바위 절벽 등 바라보예의 경치는 마치 엽서에서 튀어나온 그림 같다. 이상적인 기후 조건과 아름다운 모래사장, 치유의 효과를 가졌다는 물과 토양 등은 바라보예호수를 오래전부터 관광명소로 만들기에 충분했다.

이 아름다운 지역에는 이미 19세기 말에서 20세기 초부터 휴양지 건설이 시작되었다. 바라보예를 찾는 관광객들은 카자흐스탄 전국에서 모여들 뿐만 아니라 이웃의 러시아에서도 휴양과 치유의 목적을 가지고 카자흐스탄의 스위스를 만끽하러 이곳을 찾는다. 또한 즐길 거리가 많다는 것이 바라보예의 매력이기도 하다. 하루 종일 솔숲을 산책하며 버섯이나 열매, 약초를 따는 정적인 휴양과 산기슭의 정상까지 등반하는 익스트림 산행이 동시에 가능한 곳이기도 하고, 조용한 호수에서 조그마한 보트를 빌려 낚시를 하거나 신나는 해양스포츠를 즐길 수도 있기 때문이다.

바라보예는 자연명소인 동시에 역사적인 가치를 가진 지역이기도 하다. 18세기 바로 이곳에 위대한 카자흐스탄의 왕, 아블라이 칸의 군대가 주둔했다. 지난 1991년 이 역사적 사건을 기리기 위한 기념비와 박물관이 문을 열기도 했다.

아블라이 칸은 사상 최초로 중가르로부터 카자흐스탄 영토를 지켜낸 왕이다. 이것은 아주 오랜 기간 동안 누구도 성공하지 못했던 일이다. 아블라이 칸

바라보예 휴양지

은 세 개로 나눠진 카자흐스탄 쥬즈를 하나로 통합해 연합군을 창설했고 침략자들과 싸우도록 이끌었다. 바로 그 역사적인 장소에 기념비가 설립된 것이다. 또한 경주 계림로에서 나온 황금보검과 세부문양은 다르지만 기본 모티브가 동일한 보검이 발견된 곳도 바로 이곳 공사장이었다. 이렇듯 이곳 바라보예에는 카자흐스탄 전역에서 온 관광객들이 건강을 회복하고 새 힘을 얻기 위해, 그리고 글자 그대로 역사의 한 페이지를 경험하기 위해 끊임없이 방문하고 있다.

제4절_ 디지털 알타이 연대의 센터로서 초원길 부활

　지정학적 위치로 볼 때, 현재 아스타나는 북극곰과 아시아의 용 사이에 끼어있어 그 사이에서 힘의 균형을 찾기가 쉽지 않다. 역사·문화적 연고를 내세운 러시아의 남진 정책, 일대일로를 포함한 금권외교로 경제적 영향력 확대를 꾀하는 중국의 서진 정책, 역시 에너지 채굴과 인권외교를 내세운 미국의 세계 전략 이익이 겹쳐 각축을 벌이고 있다. 이처럼 카자흐스탄은 뉴 그레이트 게임의 중심으로서 말 그대로 최악의 위치에 놓여있어 이해관계가 복잡하게 얽혀 있는 곳이다. 하지만 지정학적 불리함은 강력한 국력과 지혜로운 외교가 동반된다면, 오히려 강점으로 뒤바뀔 수 있다.

　따라서 제3의 대안으로 문화와 언어의 역사를 함께 해온 튀르키예와의 우호를 다지며 압박에서 벗어나려고 한다. 튀르키예는 지난 19세기 말 러시아와의 크림전쟁에서 승리했던 경험이 있는 인구 8천만의 군사적 강대국으로 러시아로서는 부담스러운 존재가 되고 있다. 카자흐스탄은 멀티벡터 외교정책을 내세우며 최근 돌궐 민족 계통 국가로서 튀르키예와의 국가 간 연합연대에 나서고 있으며, 이러한 움직임은 몽골에서 역시 유사하게 보여지고 있다. 이러한 상황을 고려해 나온 것이 투르크 문화연대로서 다른 이름으로는 '알타이 네트워크'가 그것이다.

　튀르키예는 한국 또한 이웃사촌으로 여기고 있다. 튀르키예는 1950년 한국전에 유엔군으로 파병되면서 한국과는 떼려야 뗄 수 없는 관계를 유지한 '형제국가'였다. 이처럼 참전국이었다는 점에서 피를 나눈 형제라는 말을 하고 있으며, 혈맹이라 부르고 있다. 실제로 필자가 2002년 월드컵 직후 튀르키예를 방문했을 때 하다못해 시골여관의 아줌마까지 "대~한민국"을 외치면서 엄지척을 보이며 발로 공을 차는 모습과 함께 주문하지도 않은 달걀을 서비스로 주는 등 특별한 대우를 받았던 기억이 있다. 그들은 알타이와 바이칼호수 근처에서 조상인 돌궐족이 고구려와는 이웃에 살면서 형제처럼 지낸 역사를 교과서에까지 기술하고 있다.

이처럼 한국과는 달리 함께 생활한 형제라는 인식은 방한하는 튀르키예 지도자들에게서도 확인할 수 있다. 이들은 "한국은 신이 보내준 나라"라고 언급하며 차나칼레 대교 등 초대형 프로젝트에 한국기업들의 참여를 환영하고 있다. 나아가 한국과 튀르키예가 제3국에 공동 진출하자는 제안까지 나왔다고 한다. 특히 2019년 선포한 '신아시아구상Asia Anew'에 담긴 획기적인 변화는 튀르키예가 자국의 정체성을 아시아로 규정한다는 것을 보여준다.

기존에 아시아 지역을 협력 우선지역으로 물망에 놓고 있었다면, 이제는 본격적으로 몸을 돌리기 시작했다는 의미이다. 경제적으로 튀르키예는 지속적인 인구증가에 따른 풍부한 노동력과 큰 시장으로 인해 성장 가능성과 잠재력이 크다. 20년 전 이슬람과 민주주의의 공존 가능성을 꿈꾸게 했던 에르도안 대통령은 2023년 5월 선거에서도 재선에 성공했다. 이제 그의 승리가 튀르키예의 경제적인 어려움을 극복하고 새로운 세기를 열어갈 수 있기를 바란다.

2013년 상트페테르부르크 G20 정상회의 때 카자흐스탄 나자르바예프 대통령이 12만 고려인이 양국 간 교량 역할을 한다고 말하자, 박근혜 대통령은 동일한 알타이계 민족인 양국 국민 간에는 역사적, 정신적으로 신뢰가 있다고 언급했다. 한편 프랑스의 기 소르망 교수는 2010 서울 포럼에서 "한국의 산업 발전사와 민주 발전사는 인류의 문화유산이다."라는 요지의 강연을 했다. 여기서 필자는 또 다른 형제국가인 카자흐스탄이 새로운 길을 모색하는 마당에 이 문화유산의 공유가 필요하다는 것을 강조하고 싶다.

그러면 그 문화유산 공유의 필요성을 다음 3가지로 나누어 분석해 본다.

첫째로 상트페테르부르크에서 열린 국제경제포럼SPIEF 자리에서 러시아의 푸틴 대통령은 우크라이나에서 일어난 일이 카자흐스탄에서 일어나지 말라는 법은 없다고 말하며 압박을 가한 바 있다. 그러나 2022년 1월 석유산업의 중심지인 좌나오젠에서 발생한 반정부 시위가 카자흐스탄 전역을 들끓게 했고 자칫 잘못하면 토카예프 대통령의 실각으로 이어질 수도 있었던 상황에서 대통령은 이 기회를 이용해 막후에서 영향력을 행사해 오던 기존 정권에 불만을 품은 시민들에게 공식 사과하였다. 그리고 카자흐스탄이 모든 특권을 버리고 민주화 질서에 순응하는 대규모 쇄신 작업으로 이전과는 다른 길을 걷겠다고 선언하였다.

이는 대외관계에 있어 러시아와의 거리두기에 나서며 카자흐스탄의 독자적인 길을 선언했음을 의미한다. 그런 상황 속에서 러시아가 우크라이나를 침공하자 러시아 주변국들은 불안에 떨 수밖에 없었으며 카자흐스탄도 상기와 같은 푸틴의 압박을 받았다. 이에 카자흐스탄은 멀티벡터 외교에 필요성을 더욱 절실히 체감하여 한국 측에 에너지와 자원 개발 협력을 약속하며, 더욱 적극적인 러브콜을 보내고 있다.

둘째로 지금까지 한국의 외교전략은 순응만 해오던, 현실적인 강대국 추종 전략이었다. 그러나 앞으로는 주변 선진국들의 도움보다는 여러 가지 견제가 예상된다. 따라서 한국이 아시아를 선도하는 국가가 되기 위해서는 이 지역 내에서 독자적인 특유의 세력 형성 전략이 절실하다. 이제는 노드 국가들이 함께 손을 잡고 새로운 질서를 형성해 가는 독자적인 네트워크가 필요한 것이다. 즉 강대국을 따라만 하는 추종 외교에서 주변 국가를 선도하는 리더십 외교로 전환하려면 비전을 지닌 네트워크가 필요하다.[1)]

미래학자인 자크 아탈리는 저서 『미래의 물결』에서 한국이 2025년에는 모바일 기술 등을 바탕으로 아시아 최대의 경제 강국으로 부상할 것이라고 예측하였다. 2030년이 되면 스마트폰이 인간의 감정을 가지게 되고, 스스로 인지 능력을 갖게 된다고 예측하는 학자들이 있다. 즉, 디지털 세상에서는 파워보다는 이어주는 연결 능력이 중요하다.

4차 산업혁명이 시대적 화두가 되고 있다. 이 시점에서 '디지털 노마드'를 생각한다면, 과거 말이 달리던 초원길은 '디지털 실크로드'로 변신할 수 있다. 이 중요한 시점에서 그 길의 주인이었던 한국과 몽골, 카자흐스탄, 튀르키예 등이 동질성을 복원하는 것은 어떨까? 이 디지털 초원길을 통해 한국은 국가 발전 전략을 전수할 것이며, 그 과정에서 필요한 자원을 효과적으로 확보할 수 있지 않을까? 이에 독자적인 알타이 유목민족 디지털 네트워크의 구축이 절실하다.

10년 전에는 신 실크로드와 유라시아 이니셔티브 등으로 중국, 한국, 러시아 간에 주도권 경쟁이 치열했다. 유라시아 대륙을 관통하는 철로를 매개로

카자흐스탄 초원길

하나의 경제권으로 묶고자 3국 간의 각축전이 벌어졌다. 즉 중국·시베리아 횡단철도의 고객에 머물 것인가, 아니면 유라시아 경제권의 설계자로 남을 것이냐로 갈리는 사안이었다. 여기서 범알타이 디지털 연대가 이뤄지고 물류 루트가 연결된다면 러시아나 중국을 견제할 수 있는 새로운 물류 루트를 개척할 수 있다.

유라시아 전문가 폴 고블은 《유라시아 리뷰》지 기고문을 통해 카자흐와 몽골 두 나라가 양 지역을 연결하는 새로운 철도 노선 개발에 착수한 것으로 보인다고 언급하였다. 이 신 교통망 노선이 만들어지면 옛 초원길이 복원될 것이다. 알타이 지역을 기준으로 트랜스 유라시아 언어, 즉 언어 문법적 순서가 같은 튀르키예어, 몽골어, 한국어 등을 아우르는 '알타이 공동의 집' 공동체

구상이 현실화될 것이라는 말이다. 이러한 아이디어를 발전시켜 나가면 장기적으로는 영연방과 같은 국가 연합체를 만들 수 있으며 유럽의 쉥겐 협약처럼 마치 국경이 없는 한 국가를 여행하듯이 자유로이 이동하는 고대 기마민족의 나라들처럼 될 수 있다는 말이다.

러시아와 중국은 이 지역에서 현재 다자기구인 상하이협력기구SCO, 집단안보기구CSTO, 유라시아 경제연합EAEU을 통해 경쟁 구도를 형성하고 있다. 하지만 이 지역에 진정으로 필요한 것은 아세안ASEAN과 같은 지역협력기구일 것이다. 여기에 중견 국가Middle power로 인정받고 있는 한국이 협력을 선도하는 그림을 상상해 본다.

일찍이 기원전 4천~3천 년경의 채도 문화가 서아시아에서 동아시아로 유라시아 초원길을 따라 전파되어 이 루트를 채도의 길이라고도 부른다. 일본 사학계 에가미 나미오江上波夫의 『騎馬民族說』에서 말하는 기마문화도 이 초원길을 통하여 전달되었다. 한국 기마문화연구소의 고성규 박사는 '한국인과 기마민족 DNA'라는 강연에서 "우리는 마치 말발굽 소리처럼 심장을 토닥여야 잠을 자는 자장가 속에서 자랐으며, 기마전은 물론 말뚝박기, 윷놀이 등 말놀이 문화를 익히며 성장했다. 또한 민첩한 말처럼 어떤 일이든 빠른 속도를 요구하는 우리 민족의 빨리빨리 문화가 배경이 되어 오늘날 한국은 IT 강국이 되었다."라고 힘주어 말했다. 즉, 빠른 정보를 통하여 빠르게 변화하는 사회에 잘 적응하고 그것을 발전시킬 수 있었던 데에는 바로 기마민족의 DNA가 그 중심에 존재했다는 것이다. 그렇기 때문에 우리 민족에게 말은 교통수단 이상의 존재감을 가진다. 특히 고구려 기마 전투 부대의 핵심인 과하마果下

馬는 키가 3척으로 산악지형에서도 넘어지지 않고 민첩성과 지구력이 탁월하여 이를 통해서도 기마민족 한국의 저력을 재발견하게 한다.

그러면 왜 기마민족의 DNA를 가진 한국이 주목받는가? 이유는 많다. 무엇보다 한국은 세계적으로 유례가 없는 기록적인 국가 성장을 이뤄 부러움을 사고 있다. 따라서 한국이 그간 쌓아온 개발 경험과 노하우를 전수코자 한다면 과연 어느 국가가 싫다고 하겠는가? 이미 한류는 그러한 가능성을 충분히 보여주고 있다.

뉴욕타임즈는 〈오징어 게임〉, BTS 등 한국문화 현상을 소개하며 어떻게 문화적 지배자Culture Juggernaut가 되었는가를 대서특필한 적이 있다. 이것은 과거 할리우드가 했던 역할을 한국의 문화 산업계에서 진행하고 있다는 것이다. 그만큼 자유 민주주의의 가치와 자유 시장경제 체제를 유지하고 동남아시아 등의 떠오르는 신흥국가들에서 한국문화콘텐츠의 힘은 막강하기에 서방 진영 국가들은 한국을 자국의 편으로 만드는 데 큰 공을 들이고 있다. 이러한 현상은 문화시장에서만 국한된 것이 아니라 제4차 산업혁명을 주도하는 분야의 제조업은 물론 진정한 민주주의 제도를 가능케 하는 전자정부나 각종 민원행정 시스템 등 선진적인 행정제도에서도 나타난다. 이처럼 한국은 선한 힘을 가지고 있는 국가이며, 경제적인 측면에서나 문화적인 측면에서 세계에 많은 긍정적인 영향력을 주고 있다고 여러 국가들이 언급하고 있다. 더구나 한국은 일본이나 중국과 같은 침략의 역사 자체가 없다. 따라서 일단 '알타이 공동의 집'을 구축하겠다고 입장을 공공연하게 천명하여도 회원국들은 물론 주변국들의 괜한 우려나 견제를 사는 일은 없을 것이다.

그렇다면 카자흐스탄의 경우, 국가 제2의 도약을 하기 위해서는 어떠한 점들을 유념해야 할 것인가? 수평과 개방의 시대에 열린 한국을 모델로 삼아야 한다는 제안은 카자흐스탄이 지난 2022년 정치개혁을 단행한 이후 오늘날까지 시사하는 바가 크다고 하겠다. 한국은 독재정권에서 민주화로 성공적인 정권교체를 이룬 과거가 있다. 역사 속에서 한국은 세계적으로도 정평이 나 있는 민주주의 체제를 유지하고 있다. 한국처럼 카자흐스탄의 국가발전도 지금까지는 일사불란한 갑을 문화에 힘입었다. 그러나 이제는 수평적이고 상호작용이 있는 열린 문화로 승화되어야 한다. 마음을 터놓고 말할 수 있는 개방적 문화는 보복이 없는 정책 속에서 비로소 꽃필 수 있기 때문이다.

기원전 2000년을 전후해 히타이트가 중동을 제패하게 된 원인은 무엇일까? 역사를 살펴보면 보통 히타이트인들의 용감한 기질과 함께, 첨단 기술인 철기 문화의 영향을 이유로 꼽는다. 중국의 변방에 자리 잡고도 최초의 통일 국가를 이룩한 진나라도 마찬가지이다. 하지만 이민화 교수는 지역 중심으로 보는 정착사관이 아닌 세계의 모든 역사를 교류의 관점에서 보는 교류사관의 입장에서 두 제국은 동서양 교역의 요충지인 길목을 장악하는 것을 통해 성공을 이뤘다고 말한다.

이처럼 역사를 점이 아닌 선으로 이해하게 되려면 지역과 지역을 연결하는 네트워크가 중요하다. 한마디로 문명 교류사의 핵심인 실크로드를 알아야 한다는 것이다. 그런데 이곳 아스타나는 위에서 언급한 스텝 로드로 불리는 초원의 길 위에 있다. 이는 중국에 한나라가 들어서기 이전의 유라시아 북방의 초원지대를 동서로 횡단하는 길이었다. 이 길은 카스피해 연안에서 시작하여 아랄해를 지나 카자흐스탄과 알타이산맥 이남의 중가리아 분지를 지나 나중에 한반도에까지 이르게 됐다.

이 길 위에서 세계를 아우른 인류 최초의 대제국을 건설한 사람이 있었다. 1203년 동부 몽골을 평정한 다음 이듬해에는 서방의 알타이 방면을 근거지로 한 나이만 부족까지 격파하고 몽골초원을 통일한 칭기즈칸이다. 그는 우선순위에서 중국은 뒤로 한 채 일관되게 실크로드의 무역권을 확보해 세계최초의 글로벌 무역제국을 건설하였다. 그 과정에서 정복한 지역의 외래문화를 흡수하려고 노력하여 개방성과 포용성을 바탕으로 열린 시대를 연 것이다. 그러한 점에서 카자흐스탄의 아키텍처를 구축하는 데 한국이 기여하기 위해서는 네트워크 파워를 숙지하여야 한다.

네트워크 구축의 구성요소로는 노드거점와 링크연결가 있다. 국제정치를 네트워크적으로 보는 경우 노드는 개인이나 기관 및 국가 등 다수의 행위자를 포괄한다. 그리고 이어주는 링크의 정비에는 교통, 정보·통신망 등 연합·교류를 위한 수단의 정비가 필요하다. 네트워크 파워란 행위자들 간에 형성되는 관계로서 세 가지 형태로 나타난다. 첫째는 집단 권력collective power으로서 큰 동조 세력 형성을 위한 유리한 네트워크환경을 조성하는 능력이다. 이 과정에서 노마드의 특성인 신축적인 개방성과 관용이 다시 중요한 요소로 작용한다. 둘째, 위치 권력positional power이란 네트워크의 구도에서 길목에 해당하는 위치를 차지했기 때문에 부여되는 거미줄의 중심처럼 특정한 역할로부터 비롯되는 권력이라 할 수 있다. 셋째, 설계 권력designing power이란 국제정치의 구조와 질서를 설계하는 권력이며, 나아가 새로운 시대를 열기 위해 인류가 소망하는 철학적 담론을 부여하는 권력이다.[2] 여기서 칭기즈칸은 지금 생각해 보면 유목 문화를 바탕으로 유라시안 네트워크를 역사상 최초로 구축하면서 이상의 세 가지 네트워크 파워를 적절히 잘 구사하였다고 본다.

유목 문화가 뛰어난 장점을 띠고 있는 이유로는 먼저, 개방적인 자세로서 좁은 근시안적 시야가 아닌 오픈 마인드를 통해 다른 것을 받아들여 융합시키는 DNA를 가지고 있다는 것을 들 수 있다. 또한 상대적으로 약한 주변 세력들에게 일방통행식으로 영향력을 미치려 하지 않은 포용력을 지녔다는 것이다. 만약 알타이 네트워크의 유목 문화가 이런 개방적이고 포용력을 갖춘 DNA를 가지고 분열하지 않고 다시 한번 하나로 뭉친다면 어떻게 될까? 그러면 그 결속력의 발휘로 '알타이 공동의 집'이 결성되지 말라는 법이 없을 것이다. 그리고 알타이 디지털 네트워크의 주역이 될 수밖에 없는 한민족의 노마드적 기질에서 당연히 카자흐스탄의 미래 비전을 찾아야 한다.[3]

네트워크에는 보통 하이어라키적인 수직형과 크로스 오버형인 수평형의 2가지 유형이 있는데, 국제적인 공존 관계를 상정한다면 횡단적 관계의 수평형이 불가결할 것이다. 이제 세계적 선도국가의 수준에 와 있는 한국이 주축이 되어 '알타이 공동의 집'을 구축하게 되면 구성 멤버국들은 강력한 온·오프라인 통합 모바일 네트워크를 주도할 지구촌의 몇 안 되는 국가 중 하나가 될 것이다. 현재 상당히 많은 국가에서 한국의 이런 기술과 경험을 적극적으로 공유하려는 노력을 기울이고 있다는 사실을 간과해서는 안 된다. 더구나 이러한 새로운 기술과 시장을 쉽게 수용할 줄 아는 MZ세대가 기다리고 있는 전 세계로 K-pop이 확장되고 있으니 말이다.

한편 막강했던 몽골 제국이 급작스럽게 사라진 것은 페스트의 창궐이 그 이유였다. 페스트는 원래 중국 남부와 미얀마 등지의 풍토병이었다. 현지의 토착민들은 면역이 되어 치명상은 입지 않았으나 개방적인 무역 네트워크를 구축한 전 세계에 괴멸적인 타격을 가했다.

한반도의 고려도 역시 마찬가지였다. 특히 주요 교역로들이 있었던 중앙아시아의 피해가 가장 커서 그간 구축해 놓은 교역로가 완전히 무너졌다. 이는 자연스럽게 조세 수입의 태반을 교역에 의지하던 몽골 제국의 기반을 붕괴시켰다. 1998년 자신의 저서 『21세기 사전』을 통해 전염병의 창궐을 예측했던 프랑스의 미래학자 자크 아탈리는, 포스트 코로나로 세계 비즈니스 모델이 급변하고 있는 지금 한국이 선두주자로 코로나를 극복하는 모습은 세계의 모범이 되고 있다. 또한 한국이 자신이 설명한 긍정경제의 좋은 사례라고 말하며 긍정경제란 장기적인 비전을 바라보며 이타주의를 통해 그려내는 경제구조라고 언급했다.

이제 미래 사회의 경쟁력은 오프라인에서 온라인으로 이동하면서 4차 산업혁명이라는 단어에 달려있다. 포스트 코로나 시대에 있어서 이미 사무실에서 벗어나 일하고 있는 직장인 수가 엄청나게 늘고 있다. 장소에서 사람으로 패러다임이 이동하고 있다는 것이다. 이처럼 장소를 뛰어넘어 사람이 중심이 되어가는 디지털 노마드 시대가 또다시 다가왔다. 지구촌은 이러한 혁명적 변화에 잘 적응하는 국가군과 그렇지 못한 나라들로 극명하게 갈릴 가능성이 크다. 더 나아가 열린 국가를 지향하면서 강력한 글로벌 네트워크를 구축하는 국가가 주역이 될 수 있으니 말이다.[4]

미국 NASA의 신재원 항공 연구기술개발국장은 그의 저서 『이노베이션 코리아, 어떻게 이룰 것인가?』에서 4차 산업혁명과 과거 산업혁명과의 차이점을 설명하였다. 먼저 이노베이션은 완전히 새로운 기술이 아니며, 다음 3가지 요인에 의해 촉발되고 있다고 말하고 있다.

우선 눈부신 디지털 기술의 최대 활용이며, 다음으로 다양한 분야의 기술이 융합할 때 나오는 힘을 이용하고, 마지막으로 과학과 인문학의 조화로운 접목 추구가 그것이다. 특히 다양성과 속도를 내는 오픈 마인드를 가지고 능동적으로 기술 융합에 뛰어드는 조직문화가 요구된다고 강조했다.

카자흐스탄이 국가발전 핵심전략으로 '열린 카자흐스탄'을 만들어야 하는 이유가 여기에 있다. 지금 세계는 단일 민족국가에서 벗어나 여러 국가의 힘을 아우르는 문화적 역량을 국가발전의 목표로 삼을 것을 요구하고 있지 않은가? 이제는 지각변동을 일으키며 새로운 모델을 창출하는 '열린 새로운 카자흐스탄'이 답이다. 변화에 열려있는 개방성과 내부의 문화적 다양성을 수용하는 포용성을 갖추고 있기 때문이다. 단 '알타이 공동의 집'을 통해 주변의 힘을 결집하기 위한 설득의 역량을 갖춘다면 말이다.

필자는 최근 해외여행 중 옥외온천탕에서 저녁노을 하늘에 떠 있는 흥미로운 구름을 보았다. 새로운 30년의 한-카 관계의 미래를 상징적으로 보여주는 듯 큰 백곰이 검은 용을 위협하며 뒤쫓으니 용 앞에는 커다랗게 입을 벌리고 있는 왕 개구리가 기다리고 있는 형상이었다. 필자는 아마 저것은 알타이산 황금 개구리 금와왕일 것이라고 상상하며 눈도장을 찍었다.

1) 이민화. 『스마트 코리아로 가는 길』. 새물결. p.52.

2) 이숙종 편(2012). 『글로벌 개발협력 거버넌스와 한국』. EAI, pp.60-62.

3) 위의 책, 이민화. p.149.

4) 위의 책, 이민화. p.205.

한-카 기업문화 비교와
대카자흐 진출 SWOT 분석

1) 기업 조직문화의 비교

카자흐스탄의 기업문화는 서구권과 동양권 기업문화의 특성을 골고루 가지고 있다. 동·서 지역 간의 비언어적 의사소통의 차이를 보면 미국은 눈맞춤(eye contact)를 중요시 여기며, 대화할 때 똑바로 바라보는 것이 신뢰와 정직의 의미라고 한다. 반면 시선을 회피하는 것은 이야기에 집중하지 않는다거나 뭔가를 숨기는 것으로 받아들인다. 반대로 라틴아메리카에서는 너무 똑바로 쳐다보는 것은 공격적으로 받아들인다.

한편, 미소를 예로 들어보면 서구권에서 미소는 의사소통의 기본이나, 반대로 중동에서는 대화할 때 너무 미소짓는 것은 그 미소가 혼란, 경멸, 분노를 내포하는 것으로 받아들인다. 그리고 동양권에서는 특히 한국, 일본, 중국, 인도네시아는 대화할 때 미소를 짓는 것은 올바르다. 하지만 그 미소가 다양한 뉘앙스를 가지고 있다는 것을 알아야 한다.

비언어적 의사소통 가운데 악수를 보면 미국은 힘차게 하는 것이 힘을 보여주어 미덕으로 생각한다. 반면 아시아 국가는 힘이 안 들어간 악수를 해야 하고, 이슬람 문화권이나 유대인은 힘이 안 들어간 느린 악수를 해야 하며, 여자와 인사할 때는 악수하지 않는다.

카자흐스탄에서 사업을 하려면 좋은 관계 유지를 생각하면서 타협할 줄 알아야 한다. 카자흐스탄 사람들에게 이익추구를 강조하기보다 인간적인 면을 보여줘야 마음을 얻을 수 있다. 카자흐스탄 사람들이 역사적으로 유목민족이다 보니 습관적으로 자신을 방어하는 경향이 있다. 또한 카자흐스탄 사람들의 외교방식은 유럽식이다.

카자흐스탄 기업이 외국기업과 협력 경험이 많으면 많을수록 일 처리를 빨리 한다. 하지만 카자흐스탄 국가기관들의 경우에 아직 일 처리 속도가 매우 느리다. 한국에서 미팅 시 명함을 주고받는 일은 아주 중요하다. 명함은 신분증과 같아서 상대방의 직위와 소속을 알 수 있기 때문이다. 이처럼 카자흐스탄에서도 명함이 주는 정보를 중요하게 생각한다. 직위가 높을수록 카자흐스탄 측 관계자들의 접촉범위가 넓어진다. 또한 상대방의 직위에 따라 카자흐스탄 사람들의 일 처리 시간이

달라질 수 있다.

이처럼 한국과 카자흐스탄의 기업 조직문화를 비교해 보면, 유사한 점보다 다른 점이 더 많다는 것을 알 수 있다. 유사한 점은 한국과 카자흐스탄 사람들이 정서상 한번 비즈니스에서 우정을 잘 쌓을 경우, 그 관계가 평생 가기 때문에 한 분야에서 협력이 성공하였을 경우 다른 분야에서도 협력의 성공 확률이 높아진다. 하지만 서로 다른 점이 더 많다. 특히 권력 거리지수의 차이, 즉 사회구성원 사이에 권력의 차이가 존재함을 수용하는 정도인데 한국은 이것이 높아 팀원이 상사의 말에 반대하기 어려워하는 양상이 있다.

한국 사람들은 부정적인 답변을 줘야 할 경우, 우회적으로 대답하는 경향이 있다. 그 중에 한국 직원들은 월급이 중요한 동기부여 수단으로서 수직적인 관계인 데 비하여 카자흐스탄 기업문화는 서열을 따지지 않고 서로 동등하게 대하는 수평적인 관계를 유지하며 대화한다. 카자흐스탄은 권력 거리지수가 낮아 팀원과 상사가 서로 동료라고 인식한다. 그래서 자신의 관점을 직접 뚜렷이 말하며, 정보의 신뢰성을 확인하기 위해 똑같은 질문을 몇 번 반복해서 물어볼 수 있다. 그러나 유목민족의 특성상 습관적으로 방어하는 경향

이 있어 상사에게 순종하고 공포심을 느낀다.

기본적으로 한국은 '우리나라'나 '우리 식구'처럼 집단, 인간관계를 우선시한다. 그래서 소속감이나 동료애를 통한 동기부여가 효율적이다. 평생직장이라는 개념이 있어 미래지향적으로 장기적인 계획을 하는 집단주의자들이 많다. 하지만 카자흐스탄은 'My country', 'My family'처럼 개인을 우선시하여 자기주도성과 성취를 통한 동기부여가 효율적이다. 이직을 쉽게 하고 회사에 대한 충성이 없다. 미래를 생각하지 않고 오늘을 중요하게 생각하는 개인주의자들이 많다.

2) 우리 기업의 대카자흐 진출 가능성과 관련한 SWOT 분석

카자흐스탄과 협력시 우리의 강점(Strength)은 첫째, 고려인(12만여 명)이 바둑판의 네 구석에 미리 깔려있는 하얀 돌처럼 선점 효과를 주고 있어 경제 및 정치적 네트워크 강화에 크게 도움이 된다는 점이 있다. 둘째, 경쟁국들이 제공할 수 없는 우리의 경제성장 경험은 중요한 외교자산이며 이는 2014년 연두교서에서 나자르바예프 대통령이 모델로서 직접 언급하기도 했다. 셋째, 한류와 알타이 민족 연원설 등에 의해 정서적

유대감이 강한 반면에 이 지역 진출에 심혈을 기울이는 중국에 대한 뿌리 깊은 경계심은 상대적으로 우리에 대한 호감도를 더욱 높이고 있다. 넷째, 전략에 대한 큰 틀에서의 공감대 합의를 토대로 철학을 바탕으로 한 양국관계를 추구(역사적, 기질적, 지정학적 공감대)한다는 점에서 긍정적이다. 마지막으로 성공 가능성이 높은 분야는 농업, 의료, SOC, IT이다. 특히 IT 분야는 카자흐스탄 기업인을 만나면 모두가 협력 희망 분야로 꼽을 정도이다. 더구나 사회 변화 속도가 빠르기 때문에 우리의 IT기술을 필요로 하는 수요가 계속 늘어날 것으로 전망된다.

반면 우리의 약점(Weakness)으로는 러시아, 중국, 일본, 서구 등 경쟁국에 비해서 자금력이나 국제정치적인 영향력 등이 부족하고 사회주의 경험, 이슬람교의 영향, 유목민적 기질의 문화를 겪어 보지 못한 점이 있다. 우리 기업들의 적응력 부족에서 오는 좌절감이 실망으로 변하는 경우가 비일비재하다.

외부적인 기회요인(Opportunity)으로는 첫째, 에너지 및 자원 개발 잠재력이 풍부하고, 서방 국가들의 이해관계가 깊숙이 얽혀 있어 주재국의 민주화, 선진화를 위한 영향력을 행사하고 있으며 둘째, EU, UN 등 국제기구가 PPP, 환경, 재생에너지, 거버넌스 등 법률, 제도 선진화를 지원하고 있다('사람의 지배'에서 '법률의 지배'로 이행 기대). 셋째, 한반도 12배의 면적 중 70%가 경작 가능하지만, 실제로 영농으로 이용하고 있는 토지는 절반도 안 된다. 특히 밀이 대표적인 농산물로 "차는 벤츠, 밀은 카자흐스탄"이라고 말할 정도로 고밀도의 밀 생산국이다.

마지막으로 외부적인 위협요인(Threat)은 다음과 같다. 먼저 사회주의 경험, 이슬람교의 영향, 유목민적 기질의 영향 등으로 사법권 독립이 약하고, 부패가 심하며, 지나치게 인적 네트워크를 강조하여 리스크가 확대되는 경향을 보인다(계약보다는 인맥을 중시). 또한 글로벌 스탠다드가 다소 미흡하며 유목민 특성(힘의 논리, 대리인제, 영역존중, 마피아식)을 확연히 보이고 있으며 카자흐 민족주의 강화 등으로 국가위험이 점증하고 있다는 점도 위협요소가 된다. 튀르키예의 경우 대형유통마트, 호텔, 건축자재, 건설 등 다양한 산업부문에 문화, 종교, 언어라는 유사성을 앞세워 대거 진출하여 성공하였는데 이 사례를 적극 활용할 수 있을 것이다.

상기 분석결과를 토대로 한 동반 성장전략을 위해서는 첫째, 주재국의 산업 다변화 및 경쟁력 강화 정책에 부응하기 위해 4차 산업 혁명과 디지털 경제를 기반으로 카자흐스탄의 고도기술 욕구충족 전략을 추진해야 한다.

둘째, 유라시아 이니시어티브에 따른 교통, 물류 인프라 개발 협력을 위해 카스피해상 유전 개발이 본격화되면 해운 인력 수요가 늘어날 것을 감안하여 해운 인력 양성계획을 지원하는 등 해운 분야 협력을 개시해야 한다.

셋째, KCTS(카스피해상 및 BTC 송유관을 활용한 대서방 석유수송망)건설 등 에너지 수송 및 물류망 구축 프로젝트 참여를 검토하고 넷째, 현지 파트너와의 인적 네트워크 구축으로 현지 협력을 확보하기 위해서는 장기적인 안목을 가지고 현지에 진출하여 충분한 경험을 쌓아 현지인으로부터 신뢰를 얻는 노력이 가장 중요하다. 하지만 대규모 설비투자를 수반하는 장기투자는 위험하므로 수익성에 대한 철저한 선행 검토가 필요하다. 다섯째, 카자흐 정부는 산업구조 다변화 정책 실현을 위해 산업기술 이전과 인력양성에 정책 우선순위를 두고 있으며, 이러한 조건을 만족시키는 프로젝트에는 각종 혜택을 부여하고 있다. 마지막으로 여섯째, 에너지자원 분야의 경협사업을 적극 추진하기 위해서는 기술인력 양성프로그램을 병행하면서, 주재국 KazMunaiGas와 한국석유공사의 협력 관계를 강화하고 기존 광구 관리뿐 아니라 KMG 및 석유 메이저들과의 협력을 통한 신규 비즈니스를 개발할 필요가 있다.

3) 초창기 실질 협력 사례

알마티시는 만년설로 덮여 있는 천산 아래 있어 지진이나 홍수가 나면 늘 불안한 상태였다. 초봄이면 엄청난 양의 눈 녹은 물이 가파른 산세를 타고 3.5m 높이의 급류로 변해 진흙과 돌을 동반해 도시로 쏟아져 내렸다. 이에 고려인 허가이 알렉세이 건설교통부 차관은 1972년 해발 2,000m 지점의 골짜기에 토사방지용 댐을 쌓는 독특한 공법을 개발하여 시민들의 안전을 확보하였다.

해발고도 2,000m에 달하는 고산지에 도로까지 정비되지 않아 건설자재를 옮기기도 어려운 상황에서 그는 당시 세계적으로 유례 없는 협곡 좌우의 높은 산을 폭파한 뒤 그 흙과 돌로 100m 높이의 메데오 댐을 축조해 현재까지도 전 세계 건축공학사에 이름을 올리고 있다. 나자르바예프 대통령은 허가이 차관 75세 생일날 잔치를 직접 베풀고 국가 공로 훈장을 수여하였다. 또한 허가이 차관은 구소련 붕괴 후 한국과의 직항로를 개설하였다.

방찬영 키맵대학 총장은 카자흐스탄 독립 직후인 1992년에서 1993년 사이 나자르바예프 대통령의 경제특보 겸 경제기획위원회 부위원장이 되어 소련 붕괴 후 자본주의로의 국가 체제 전환기 경제 정책을 내놓았다.

당시 카자흐스탄은 가장 성공적인 개혁·개방의 사례로 꼽힌다. 즉 키르기스스탄과 함께 카자흐스탄은 점진적인 '베이징합의'(Beijing Consensus) 방식이 아닌 급진적인 '워싱턴합의'(Washington consensus) 방식을 채택한 것이다. 국영기업의 소유를 보전하면서 자본주의 시장경제 기업의 다이나믹한 요인을 접속시키려던 고르바초프와는 달리 처음부터 기존의 중앙집권적 사회주의 계획경제 체제를 해체하고 시장경제 체제로 전환하는 데 두었다. 즉, 국가나 국영기업들이 갖고 있던 생산수단을 사유화하고, 외국기업의 투자와 차관을 유치하기 위해 상호 우호적인 대외 정책을 추진했다.

이에 국가재산의 사유화 방안으로 나온 묘안으로서 쿠폰제를 실시하였다. 당시 모든 것이 국가의 소유였으므로 자본주의를 하려면 국가재산을 개인이 소유해야 하는데 막 독립한 나라에서 국민이 돈이 있는 것도 아니고 그냥 무상분배도 할 수 없어 전환기 화폐로서 쿠폰제를 생각해 낸 것이다. 그것을 가지고 어떤 사람은 집을 또 어떤 사람은 땅을 샀다.

그동안 국가가 개인의 노동력에 빚을 졌으니 그만큼 채권을 준 셈이다. 그러나 쿠폰제를 통한 국가재산의 사유화는 순탄치 않았다. 기득권층은 불편하게 여겼으며 서민층은 빈부격차를 벌리는 것으로 비난하였다. 하지만 국유재산을 원만하게 사유화하는 점에서 괄목 성장 지속의 결정적인 기반을 제공하였다. 국가가 발전으로 나아가기 위한 철저한 경제 토대의 구축에 대한 개별 국가 차원의 상이한 접근법이었다. 즉 카자흐스탄이 보여주고 있는 놀라운 경제성장은 바로 체제전환 초기에 급진적인 경제개혁의 추진을 통해 과거의 유산을 급진적으로 떨쳐낼 수 있었다는 사실에 있다. 이것은 한국의 토지개혁에 해당하여 이 문제에 미숙했던 우크라이나 등은 아직도 시장경제 체제로의 전환에서 고통을 겪고 있는 것을 볼 때 한반도 통일 시에도 생각해 볼 가치가 있다.

삼성물산은 1995~2001년간 2억 달러를 투자하는 등 성공적으로 위탁 경영하여 허허벌판 노천 광산에서 세계적인 구리회사 카자흐무스를 만들어 냈다. 이 카자흐무스는 위탁 경영 전에는 체불 임금과 만성 적자에 허덕이

는 다른 구소련식 콤비나트와 다를 바 없었
다. 그러나 고려인 김 블라디미르가 삼성물산
이 위탁경영을 하도록 주선한 결과, 2013년
에는 6만 명 고용 규모의 연매출액 약 8억 달
러, 구리 제련 분야 세계 6위의 회사로 성장
하도록 크게 기여한 것이다. 그 결과 카자흐
무스는 카스피해의 텡기즈 유전과 함께 카자
흐스탄이 가진 10가지 보물 중의 하나가 되
었다.

  건설시장을 보면 2005년 6월 "카자흐스
탄도 맨해튼을 가져야겠다."라고 다소 황당한
말을 한 고려인 남 올렉 회장이 있다. 그는 알
마티 사이란 호숫가에 맨해튼 아파트를 지으
면서, LG상사를 통해 한국의 건축 공법과 건
축자재를 수입, 카자흐스탄 아파트 건설 수준
을 한 단계 업그레이드하였다. 그 결과 그의
쿠아트는 건설시장의 8%를 점유하고 아스타
나, 알마티, 악타우, 우랄스크 등지에 직원 9
천 명을 고용하였다.

검은 황금의 땅,
카스피해 연안 개발

03

세 번째 불가사의 지역은 바로 에너지 개발 등으로 페르시아만에 이어 전 세계의 관심을 한 몸에 받게 된 카스피해 지역이다. 과연 이 새로운 황금의 땅이 명실공히 '평화와 우호의 바다'가 될 것인가, 아니면 또 다른 전지구적 분쟁의 씨앗이 될 것인가?

120여 년 전 대영 제국과 러시아 제국 간에 펼쳐졌던 그레이트 게임에 이어 오늘날 카스피해를 둘러싼 강대국들의 뉴 그레이트 게임이 재현되고 있는 가운데 그 치밀한 경제외교의 현장에서 과연 천연자원 빈국인 대한민국은 어떻게 대응해야 할 것인가?

또한 이번 장에서는 우리에게는 잘 알려지지 않았지만 놀라운 자연환경과 역사적 유물을 간직한 서부 카자흐스탄 지역의 역사, 문화기행을 떠나보고자 한다. 카자흐민족의 유구한 역사적 기억을 담은, 그러나 이제는 형태만이 간신히 살아남은 사라이식 도시 터가 우리에게 손짓한다. 일부 역사가에 의해 붉은 광장의 도시 모스크바의 원형이라고까지 평가받는 이 도시는, 그러나 그 아름다움으로 인해 이곳을 침략한 황제의 질투를 사 불타 없어지고 마는 비극을 맞이했고, 한때 동과 서, 남과 북을 연결하는 교역, 문화, 교육, 예술의 중심지로 기능했던 이곳은 이제는 상상으로만 남겨진 세계가 되었다. 나아가 유라시아 보물반도로 불리는 망기스타우반도를 찾아 마치 다른 행성에 도착한 듯한 기묘한 체험을 하고 우스뷰롯 고원 주변에서 다수 관측되는 UFO의 불가사의함을 파헤쳐 보자.

제1절_ 자원 부국 카자흐스탄의 고민

1. 카스피해는 축복이 될 것인가 재앙이 될 것인가?

90년대 초 소련의 갑작스러운 붕괴와 함께 국제사회에 깜짝 데뷔하기 전까지는 사실 카자흐스탄이 가진 자원 잠재력에 대해 크게 알려진 바가 없었다. 체제 전환기 국가가 대부분 그러하듯 독립 초기 여러 사회, 경제, 정치적 문제점에 봉착하여 보유하고 있는 자원 잠재력을 충분히 활용하지 못하였다. 오랜 기간 소련 공산주의의 거대한 시스템 가운데서 작동하던 국가가 하나의 온전한 시스템을 독립적으로 운영해야 한다는 것은 실로 쉽지 않은 작업이기 때문이다.

오늘날 카자흐스탄이 세계 정치경제의 체스판에서 독자적인 목소리를 가진 게임 메이커가 될 수 있었던 까닭은 바로 검은 황금으로 불리는 석유와 가스의 힘이 크다. 카자흐스탄을 대표하는 3개의 유전, 즉 카샤간, 텡기즈, 카라차가낙 유전이 모두 카자흐스탄의 서부 지역에 위치해 있으며 특히 카샤간과 텡기즈 유전은 카스피해 연안에 있다. 카자흐스탄의 석유·가스 분야가 국가 GDP의 1/4을 담당하고 있다는 점을 상기할 때 오늘날 카스피해를 중심으로 한 카자흐스탄 석유·가스 분야는 국가 경제의 심장 역할을 담당하고 있다고 해도 과언이 아닐 것이다.

코로나 직전인 2018년의 경우 카자흐스탄의 석유매장량은 300억 배럴로 세계 12위를 차지하였고, 이는 국가 전체 수출의 90%에 달하는 규모였다. 환율도 유가변동에 영향을 많이 받아 유가가 안정적이었던 2013년 GDP가 1인당 1만 3,000달러였으나, 글로벌 원유 생산 과잉으로 저유가를 기록했던 2017년에는 GDP가 8,800달러로 떨어지기도 했다.

철의 장막 뒤편에 가려져 있던 카자흐스탄이 독립 후 국제사회에 등장하자마자 서구 국가 및 에너지 기업들은 발 빠르게 카자흐스탄에 관련 분야의 협력을 제안하고 나섰다. 그들은 치열한 각축전 끝에 카스피해 탐사 및 채굴, 수송사업에 다양한 형태로 참여하게 되었다. 이로 인해 카스피해 관련 이권을 가지게 된 미국, 중국, 유럽국가들과 전통적 맹주국이었던 러시아 간의 엄청난 지경, 지정학적 패권경쟁이 벌어지게 되었다.

카자흐스탄 역시 러시아 의존에서 벗어나고 수출판로를 다변화하는 등 실용주의에 입각한 멀티벡터 노선에 기반, 모든 국가와 선린 협력을 유지하겠다는 뜻을 관철하고 있다. 특히 이웃 국가인 중국은 일대일로 프로젝트를 시작으로 과거 카자흐스탄을 비롯한 유라시아를 통과했던 실크로드의 흔적을 되살려 신 실크로드를 구축하겠다는 야심찬 목표를 가지고 중앙아시아 국가와의 전방위적 협력을 추진하고 있다. 만약 이 일대일로 프로젝트가 계획대로 실현된다면 전통의 협력국 러시아나 미국, 유럽 등 서방의 새 파트너들이 이 지역 내에서 가진 영향력에 큰 타격이 있을 수밖에 없을 것이다. 이렇듯 카스피해를 둘러싼 새로운 패권경쟁은 이미 시작되었고 이 과정에서 새로운 갈등이 발생할 가능성 또한 상당하다.

카자흐스탄은 막대한 자원 덕분에 제2의 중동으로 불리며 엄청난 속도의 경제발전 기회를 잡았다. 카자흐스탄의 진정한 가치는 카스피해에 있다는 말까지 있었으니 말이다. 그러나 이러한 축복이 재앙으로 바뀌어 중동이 그러하듯 국제사회에서 제2의 화약고로 돌변할 수도 있다는 불안감 또한 상존하는 것이 사실이다.

2. 카스피해를 둘러싼 법적 다툼, 결론은?

사실 카스피해는 아주 오랜 기간 육지로 둘러싸인 바다냐, 혹은 바다의 성질을 가진 호수냐 라는 논쟁에 시달려왔다. 카스피해는 5~6천만 년 전 대서양과 태평양으로 연결된 바다였다. 그러나 아프리카와 인도 대륙이 북상하며 대양과 연결된 부분이 내륙 안에 갇히게 되면서 지중해, 흑해, 카스피해로 쪼

개지게 되었다. 그중 지중해와 흑해는 대서양 수계와 연결되어 있지만, 카스피해는 완전히 대륙에 고립된 내륙해가 되었고, 오늘날 주위 하천에서 공급받는 물로 유지되는 상태가 되었다. 따라서 역사적으로 볼 때나 지질학적 측면에서 볼 때, 또한 대한민국 영토의 4배가 조금 못 되는 거대한 크기로 세계에서 가장 큰 내륙해라는 타이틀을 얻게 된 점 등을 고려하면 분명 바다라고 규정할 수도 있고, 현재의 수질(염도가 바다의 1/3 수준)이나 주변 생태계적인 특징을 볼 때 호수라고 볼 수 있는 여지 또한 충분하다.

카스피해 지역은 소련이 붕괴한 1990년대를 기점으로 국제관계의 뜨거운 이슈로 떠올랐다. 이전까지는 소련과 이란 간에 체결된 1921년과 1940년의 양자협약에 기반하여 오직 두 국가만 이용할 수 있는 지역이었다. 사실 문서상으로는 양자가 동등한 어업권과 수상이용권을 가지는 것처럼 표현되었으나 당시 소련과 이란의 정치적 파워가 상당한 차이를 보였기에 소련은 암묵적으로 이란의 권한을 최소화하는 모습을 보였다. 이러한 배경 때문에 소련 붕괴 후 카스피해 개발사업에 러시아와 이란을 제외한 3개의 새로운 참여자가 등장했을 때 이란은 발 빠르게 1992년 카스피해 연안국 지역 협력기구 창설을 제안하였다.

카스피해 연안국 지역 협력기구의 주된 설립 목적은 카스피해의 법적 지위를 확립하여 카스피해 개발 시 발생할 수 있는 연안 국가 간 갈등상황을 최소화하자는 것이었다. 이는 카스피해를 바다로 보고 UN 해양법 협약을 적용하여 연안국이 영해와 배타적 경제수역, 대륙붕에 대한 자국의 관할권을 주장할 수 있게 해야 한다는 입장(러시아와 카자흐, 아제르바이잔)과 이는 호수이므로

카스피해

인접국이 협의하여 경계를 정하자는 입장, 바다와 호수의 특징을 모두 가지고 있으므로 이 지역에 맞는 특별한 기준을 적용하자는 입장(이란의 경우 카스피해를 해당 국가가 각 20%씩 동등하게 분할 및 공동관리하자는 입장을 제시했고 투르크메니스탄도 이에 동조하였다) 등이 제시되며 쉽사리 합의는 이루어지지 않았다.

카스피해의 자원매장량에 관해서는 다양한 평가가 있지만, 전문가들은 이 지역이 중동 및 시베리아 다음으로 세계에서 세 번째로 큰 에너지자원의 보고가 될 수 있다는 데 동의한다. 역사적으로 카스피해 지역은 유럽과 아시아를 잇는 위치적 특성 때문에 많은 사람의 지정학적 환상과 상상력을 자극하는 지역이었다. 따라서 그만큼 카스피해 지역은 국제사회에서 미래 파워 대격돌의 지역이 될 가능성도 큰 지역이다.

일각에서는 2018년에 합의가 도출된 원인을 단순히 그 시기에 카스피해에 나눌 것이 그다지 남아있지 않았기 때문이라고 보기도 하는데, 실제로 2000년대 초의 열광적인 분위기에 반해 카샤간 이외에 밝혀진 대규모 유전은 쥄추지나(러시아어로 '진주'라는 의미) 유전뿐이었으며 나머지는 탐사결과 매장량이 기대 이하였고 기대했던 카샤간 유전 역시 당초 예상했던 수익성을 훨씬 밑돈다는 평가가 지배적이었다.

그럼에도 이 지역이 가진 엄청난 자원 잠재력으로 인하여 어느 국가도 쉽사리 이권을 양보하지 못하는 가운데 힘겨운 합의도출 과정을 거쳤고, 5번의 정상회담, 7번의 외무장관 회의, 그리고 52번의 협약 관련 특별 실무단 회의를 거친 뒤에야 결국 2018년 해당 5개국 정상들은 카자흐스탄 악타우시에 모여 정상회담을 열고, 이 지역을 특수지위를 가진 바다로 정의하는 것에 최종 합의하였다. 비록 이 기본안이 5개국의 이익을 골고루 반영하였다고 밝혀졌으나 그럼에도 카스피해의 바다론을 주장했던 러시아, 아제르바이잔과 카자흐스탄의 승리에 가까운 결정이었음을 알아차리기는 그리 어렵지 않다. 이란 역시 이것이 법적인 기반을 설정했을 뿐 구체적인 사항은 추가 논의를 거쳐야 한다고 선을 그었으며 실제로 이후에도 법적 조정을 요구하는 여러 중요하고 원칙적인 논의 거리가 남겨진 것이 사실이다.

그럼에도 이 협약을 통해 해역, 해저, 심토, 천연자원 및 해상 관할을 포함한 카스피해의 모든 사용과 관련한 당사국들의 권리와 의무가 정의되었고 안보협력 및 수중 생물자원의 보전과 합리적 이용, 해양생태계 보호에 관한 모든 사항들이 규정되었다. 이제 카스피해에서의 항해는 해당 국가 선박에 의해서만 가능하며 해저 송유관 및 가스관 설치에 관한 가이드라인이 분명하게 생겼고(러시아가 이전에 강력히 반대했던 카스피해 횡단 가스관 건설이 파이프라인 건설 과정에서 통과국의 승인만 취득하면 가능해졌다. 이는 투르크멘-아제르바이잔 카스피해 횡단 가스관 건설의 초석이 되었다) 이때 지켜야 할 해양환경 보호 요구사항 및 기준이 엄격하게 제시되었다.

이렇듯 분명한 기준안이 마련되었다는 것은 카스피해 개발 및 새로운 교통 인프라를 개발하기 위한 매우 유리한 외부조건이 형성되었음을 의미한다. 2022년 6월 29일 4년 만에 투르크메니스탄에서 개최된 제6차 카스피해 정상회담에서 각국은 카스피해 오염방지안 및 제3국 병력의 카스피해 주둔 금지에 합의하였다. 하지만 유럽에 대한 러시아의 과도한 영향력을 견제하고 에너지 수출의 다변화를 꾀하기 위한 카스피해 횡단 파이프라인(TCP) 건설은 제3국의 카스피해 진출 방지를 위한 러시아의 반대로 이견이 드러나고 있다. 21세기에 연료 및 에너지자원 개발과 운송수단에 대한 통제는 국가의 지정학적 위상을 결정하는 데 핵심적인 역할을 하기 때문이다.

또한 안보를 위한 역내 군사활동과 관련해서도 5개국이 수용할 수 있는 합의안이 만들어졌는데, 카스피해 내에 5개국 이외의 어떤 군사적 개입도 불가능하며 카스피해를 평화, 선의, 우정 및 협력의 수역으로 만들기 위해 카스피해와 관련된 모든 안보문제를 평화로운 방법으로 해결하자고 합의하였다. 또한 자원이 있는 곳에서 쉽게 발생할 수 있는 테러나 세력 갈등을 근절하기 위하여 5개국 정상은 카스피해 테러 및 조직범죄 퇴치를 위한 협력과 국경서비스 상호협력에 관한 의정서에도 서명하였다.

이처럼 기본안을 만드는 데 핵심적인 역할을 한 실무단의 장기협상 과정이

다름 아닌 카자흐스탄에서 시작되고 마무리된 것은(1997년 1월 알마티에서 시작되어 2018년 악타우에서 마무리됨) 상당한 의미를 지닌다. 당시 나자르바예프 전 카자흐스탄 대통령은 이 협약을 두고 '카스피해의 헌법'이라 칭하며 카스피해와 관련된 새롭고 균형 잡힌 국제법적 기반이 마련되었다고 평가했다. 실제로 카자흐스탄은 카스피해가 특수한 법적인 지위를 갖게 함에 있어서 1982년 유엔 해양법 협약의 특정조항을 카스피해로 확대하자는 입장을 고수해왔고 이를 통해 이 지역이 국제사회의 관심과 참여를 얻게 되는 데 핵심적인 역할을 했다. 카스피해 당사국들은 이 지역 문제의 해결에 있어 양자 혹은 삼자 형태의 미니블록 협력방식이 당사국 모두의 공감대 형성에는 적절치 않다고 보았다. 그러나 5자 협력 역시 진전 없이 교착상태에 빠져 있었기 때문에 카자흐스탄은 카스피해 협력의 조정안을 도출하기 위해 양자 및 다자협의 진행에 누구보다 적극적으로 나섰다.

3. 카자흐스탄 석유·가스 개발의 역사와 현황

대부분의 사람들이 카자흐스탄을 신생 자원 개발국가로 알고 있는 것과는 다르게 카자흐스탄은 세계적으로 석유자원 개발의 역사가 가장 오래된 국가 중 하나이다. 카자흐스탄의 석유 개발은 중동과 중남미 국가들보다 훨씬 이전인 19세기 말에 시작되었다.

제정 러시아는 1870년대 중반부터 카스피해와 카자흐스탄 서부 지역의 석유채굴사업을 시작하였다. 스웨덴인 노벨 형제를 필두로 하고 뒤이어 로스차일드가 1892년부터 카스피 지역의 석유사업에 착수하였다. 아티라우 인근 도소르는 1911년 카자흐스탄에서 최초로 석유를 생산한 마을이다. 생산량은 극히 적지만 유정에서는 지금도 꾸준히 원유를 끌어 올리고 있다.

100년이 넘는 기간 동안 도소르의 석유는 카자흐 경제에 큰 역할을 했다. 과거 소비지까지의 이동 문제로 카자흐스탄 지역에서 생산된 원유 대부분이 내수용으로 사용된 것과 달리 소련 시기 중앙정부의 통제하에서 카자흐스탄 서부 지역은 전 연방을 위한 자원 보루의 하나로 체계적으로 개발되었으며 소련의 채굴기술과 전문인력의 도움으로 꾸준한 발전을 이뤄왔다.

카스피해의 경제적 가치가 드러나기 시작한 것은 1980년 기술의 발전을 등에 업고 카스피해의 채굴사업이 본격화되기 시작한 시점부터였다. 또한 소련 붕괴라는 국제정세의 대변환에 따라 카자흐스탄은 검은 황금의 땅, 카스피해의 새로운 주도적 역할자로 등장했다. 이제 카자흐스탄은 러시아와 유럽, 중국과 동아시아 국가 등 석유 수출의 판로를 다양화하고 있으며 수송 루트도 점차 다변화하여 보다 안정적이고 미래지향적인 수출국가의 면모를 구축해 가고 있다.

이렇듯 카스피해는 오늘날 국제사회에서 단순히 경제적 셈법으로만 계산하기 어려운 복잡한 국제정치 및 경제, 사회적 관계의 그물망으로 얽혀있는, 국제사회의 뜨거운 이슈 중 하나가 되었다. 카스피해를 단순히 엄청난 양의 석유·가스가 매장되어 있는 곳으로 보기에는 이 지역이 내포하고 있는 인종 및 문명, 종교간 갈등의 가능성이 상당하다는 점 또한 쉽사리 지나쳐서는 안되는 부분이다.

흔히들 카자흐스탄을 카스피해 개발의 '황금 지분'을 가졌다고 평한다. 즉,

카자흐스탄의 참여 없이는 세계 강국들도 이 지역 개발과 관련된 주요 결정을 내리기 어렵다. 카자흐스탄은 카스피해 개발을 진행하며 러시아와의 관계를 강화하면서도 세계 유수 기업들의 러브콜에 화답하며 다자적 외교주의와 일맥상통하는 다자협력에 대한 개방적 자세를 보여주고 있다. 지난 2020년 10월 토카예프 대통령은 서부 카자흐스탄 지역 방문에 앞서 신재생에너지 등 에너지 분야의 전환작업이 분명 필요하나 그것이 전통적 에너지 개발 분야를 사장시킨다는 의미는 절대 아닌 만큼, 향후에도 미래발전을 위한 기반에는 석유·가스 분야의 역할이 분명하다는 점을 강조한 바 있다.

오늘날 카자흐스탄은 세계 20대 석유생산국에 포함되는데 카자흐스탄 정부는 석유·가스 개발 분야 관련법의 꾸준한 제정 및 개정을 통해 지질탐사를 촉진하고 석유 개발 분야에 외국인 투자자를 유치하기 위한 최선의 노력을 다하고 있다. 또한 과거와 달리 환경문제에도 관심을 기울이고 있는데 카자흐스탄 환경지질 천연자원부는 에너지부 및 국영회사 '카즈무나이가스'사와 함께 카자흐스탄 내 복합적인 지질탐사 작업을 진행하고 있다.

이처럼 석유·가스를 효율적으로 개발하기 위한 기술 및 인프라 개발에 앞장서고 있으며 환경영향평가를 실시해 지속 가능한 개발 및 친환경 에너지산업으로의 전환을 유도하고 있다. 또 다른 경향이라면 지난 2018년에 종료된 카자흐스탄 국내 석유가공공장의 재건 및 현대화 복합 프로젝트를 통해 과거의 원유 수출 의존경제에서 벗어나 수입 정유를 대체하는 것은 물론 나아가 카자흐스탄산 석유화학제품의 수출을 통해 원유의 고부가가치 산업화를 추구하고자 하고 있다는 점이다. 그간 원유를 생산하고 정유를 수입하는 비효율적인 구조를 가졌던 카자흐스탄 정부는 이로써 에너지 독립뿐만 아니라 생산가공경제로의 큰 걸음을 내디디고 있다고도 볼 수 있다.

'구슬이 서 말이라도 꿰어야 보배'라는 속담이 있다. 육지로 둘러싸인 카스피해의 석유는 송유관 없이는 바깥쪽으로 실어 나를 수가 없다. 사실상 카자흐스탄 생산 원유의 80% 이상이 수출된다는 사실을 볼 때 송유관은 카자흐스탄 석유를 활용하기 위한 우선 전제조건이라 할 수 있다.

오늘날 송유관과 가스관이 가진 국제관계의 영향력과 상징성은 매우 크다. 개발에 거대자본이 투입된다는 점뿐만 아니라 한번 개발이 시작되면 필연적으로 장기성 프로젝트가 되기 때문이다. 또한 여러 외부적인 요건으로 인해 해당 사업에 피해가 발생할 경우, 이것이 해당 국가의 경제에 영향을 줄 만큼 막대한 경제적 손해를 끼치기 때문에 해당 기업과 그가 속한 국가가 자산을 보호한다는 명목으로 송유관이 위치한 지역의 국제정세에 직·간접적인 영향력을 행사하고자 한다. 그래서 송유관이 어디로 지나가느냐가 중요하다. 누가 석유 유통을 장악하느냐의 문제이기 때문이다.

카자흐스탄이 보유한 카스피해 연안 지역은 타지역에 비해 수심이 얕고 대륙붕이 잘 발달되어 있어 석유의 탐사와 채굴작업이 용이하다. 카스피해의 이러한 경제적 가치를 바탕으로 카자흐스탄은 이 지역의 실용주의에 입각한 수출 루트의 다양화 전략을 진행하고 있어 카자흐스탄을 향한 에너지 확보 외교전 역시 뜨겁다.

오늘날 카자흐스탄은 현재 미국과 러시아, 중국 모든 국가에 원유 공급을 약속해 원유 수출 다변화와 지중해 라인인 BTC 송유관, '카자흐스탄-러시아-유럽'을 연결하는 CPC 송유관 그리고 카자흐스탄과 중국 간의 파이프라인을 통해 다양한 수출 수송망 확보를 꾀하고 있다. 석유 수도 아티라우는 서부지역에서 채굴된 석유가 모이는 도시이다. 텡기즈 유전에서 시작되는 카스피해 송유관 컨소시엄CPC은 카자흐스탄 최대 석유 수출 루트로, 현재 카자흐스탄 석유 수출의 약 80%가 CPC를 통해서 이루어진다.[1] CPC 노선은 텡기즈 유전과 노보로시스크항구 근처에 있는 흑해의 '유즈나야 오제레예바' 석유터미널을 연결한다. CPC 노선은 흑해 연안의 러시아 노보로시스크항에서 유조선을 통한 해상운송 루트가 튀르키예 이스탄불의 보스포러스 해협을 반드시 통과해야 하는 제약을 극복하고자 서방이 건설한 노선이다.

2009년 원유 수송량을 2,820만 톤에서 연간 6,700만 톤으로 3단계에 걸쳐 증대하는 프로젝트가 승인되었고, 이 프로젝트는 러시아에 의해 2018년 실현되었다.[2] 이에 대해 미국 등은 러시아를 거치지 않고 지중해로 직접 연결하는 BTC(아제르바이잔 바쿠-조지아 트빌리시-튀르키예 세이한) 송유관 증설 건설로 러시아를 견제하고 있다. 또한 북부 악토베는 가장 공격적으로 뛰어든 중국의 석유 개발 거점도시다. 북부 카자흐스탄-중국 송유관(카스피해-쿰콜-아타수-알라샨코우)을 통해 새롭게 떠오르는 중국시장으로의 원유 수출을 진행하고 있다. 이 송유관의 경우 중국 국영석유공사CNPC의 보증하에 차관으로 된 금액과 설립자본을 바탕으로 건설되었다. 향후 이 노선 역시 기존 노선의 현대화 및 새로운 구간 증축 등을 통해 수출 규모의 증대를 꾀하고 있다. 또한 카스피해에 접한 악타우항을 활용한 해상수출 또한 진행된다.

현재 해상운송의 주된 루트는 악타우-바쿠(아제르바이잔), 악타우-마하치칼라(러시아) 노선이다. 악타우항은 카스피해를 건너 아제르바이잔의 바쿠항, 러시아의 마하치칼라, 이란의 네카 항구로 카자흐스탄산 석유를 수송할 수 있는 해상 석유터미널과 환경적 인프라를 갖춘 카자흐스탄의 유일한 항구이다. 이를 통해 BTC 송유관과의 연결이 이루어진다. 이란과의 해상수출도 카자흐스탄 원유의 페르시아만 시장 진출을 진행하고 있다. 현재는 주요 유전 운영사들의 환경보호 규제 이행정도와 러시아-우크라이나 전쟁으로 인한 반사적 이익(기존에 러시아에서 원유를 수입했던 국가들이 EU의 대러시아 제재에 따라 카자흐스탄으로 수입처를 변경하고 있다) 등으로 각 유전의 생산량과 수출량, 노선 등이 조정되고는 있으나 기본적으로 카자흐스탄 정부는 다양한 원유 수출 루트를 적극적으로 개발하며 외부 변수에 대응하고 있다.

가스 분야도 수출 다변화 작업이 진행 중이다. 주요 가스 수출로는 중부 아시아-센터CAC 노선, 오렌부르그-나뇹스코프, '소유즈', 부하라-우랄, 부하라 가스생산단지-타쉬켄트-비쉬켁-알마티 노선 등이 있다. CAC 가스관은 카자흐스탄을 포함한 중앙아시아의 가스 수출을 위해 건설된 가스관이고 오렌부르그-나뇹스코프, '소유즈', 부하라-우랄 가스관은 대러시아 가스 수출을 주요 목적으로 한다.

부하라 가스생산단지-타쉬켄트-비쉬켁-알마티 가스관은 우즈베키스탄산 가스의 카자흐스탄 수입을 위해 건설한 것이다. 가스 수출에 있어 현재 가장 중요한 문제는 노후 가스관의 현대화 및 증축이며 석유와 마찬가지로 에너지 자원 수출과 에너지 안보를 동시에 보장하는 문제, 그리고 고질적인 카자흐스탄 내 에너지 부족 문제 해결 등이다. 이는 카자흐스탄의 에너지 안보를 보장하는 가운데 넓은 영토를 효율적으로 관리하고 국민들의 전반적인 삶의 질 보장을 위한 노력이다.

베이네우-보조이-쉼켄트 가스관 사업을 통해 카자흐스탄 남부 지역의 가스공급을, 사릐아르카 가스관 사업을 통해 아스타나와 카라간다 및 기타 중부 및 북부 지역 도시들의 가스공급이 원활해지고 있다. 송유관과 마찬가지로 가스관 역시 카스피해를 통과하는 루트(카자흐스탄-투르크메니스탄-러시아 간 협약을 통해 카스피해 연안 가스관을 건설하여 카자흐스탄과 투르크메니스탄의 가스를 러시아 및 유럽지역으로 수출한다)와 중국 루트(카자흐스탄이나 우즈베키스탄 가스뿐만 아니라 세계 제2의 가스생산국인 투르크메니스탄의 가스가 중국으로 수출될 수 있다), 남부 카프카스 가스관과의 연결프로젝트를 통한 러시아 우회 유럽 수출 루트 등 다양한 루트가 운영되거나 연구되고 있다. 지난 2018년 카스피해 법적 지위가 최종적으로 타결됨에 따라 해저 가스관 건설 정책을 보다 탄력적으로 논의할 수 있게 되었으나 아직 일부 기술적 문제와 환경오염 문제, 주변국 정치 관계 문제 등이 걸림돌로 작용하고 있다.

4. 카스피해 물개의 검은 눈물 – 자원 개발의 이면에 감춰진 환경파괴, 카자흐스탄이 선택한 자연과의 공존방안은?

카자흐스탄은 독립 후 현재에 이르기까지 체제변화에 따른 부작용을 최소화하면서 국가정체성을 확립하고 국제사회에서 확고한 지위를 획득하기 위해 여러 노력을 기울여 왔고, 이것을 충분히 성공적으로 이행해 왔음을 보여주고 있다. 그러나 모든 빛에는 그림자가 존재하듯이 카자흐스탄의 이러한 성공가도 이면에도 부정적인 그림자가 뒤따랐다.

가장 대표적인 것 중 하나가 바로 석유·가스 개발로 인한 환경파괴 문제이다. 사실 이것은 국가발전을 최우선 과제로 삼을 수밖에 없는 보통의 개발도상국들이 공통으로 겪는 문제이기도 하다.

특히 카자흐스탄 유전 개발의 꽃이라 할 수 있는 카스피해의 경우 빛이 컸던 만큼 그 아래 드리워진 그림자도 컸다. 세계 최대의 내륙해라는 타이틀을 가지고 있는 카스피해는 엄청난 규모의 석유·가스 매장량뿐만 아니라 330여 개에 달하는 고유한 생물 종이 존재하는 생태계 다양성으로 알려진 지역이었다. 그러나 오랜 기간 특별한 환경평가나 컨트롤 없이 지속되어 온 유전 개발 프로젝트들로 인하여 이 지역의 생태계는 심각한 수준으로 파괴되었고 카스피해를 대표했던 펠리컨이나 바다표범, 철갑상어 등의 개체수가 빠른 속도로 감소하였다.

카스피해는 내해의 특성상 조류 간만의 차로 이루어지는 자정작용도 약하기 때문에 상황의 심각성은 나날이 더해지고 있다. 보통 석유산업으로 인한 환경파괴로 원유유출 사고를 떠올리기 쉬운데 전문가들의 의견에 따르면 카스피해에서 진행되는 일상적인 매일의 석유채굴 및 탐사작업을 통해서 해상으로 유출되는 석유의 양이 최소 2만 톤에 달한다고 한다.

석유·가스 개발 활동은 다양한 형태로 카스피해 지역에 영향을 미치는데 외부에 직접 오염물질을 발산하거나 지질연구 및 해저 탐사 시 발생하는 소음과 진동으로 인해 해안가의 개발 유정에서 석유가 범람하여 토양오염을 발생시키기도 한다. 안타깝게도 현재의 석유 개발 기술로는 가까운 미래에 이 문제를 해결할 수 있을 것으로 낙관하기 어려운 상황이라고 한다.

카스피해산 캐비어는 세계 진미의 하나로 손꼽히는데 카스피해 석유가스 개발에 따른 수질오염으로 생산량이 대폭 감소하고 가격 또한 천정부지로 솟구치고 있다. 그 뿐만 아니라 이곳에 서식하는 바닷새의 경우 깃털에 붙은 기름때로 인해 깃털의 방수력과 부력이 감소되어 저체온증으로 사망하는 경우가 빈번해졌다. 또 오염된 바닷물을 마신 바닷새의 간이나 신장이 심각하게 손상되어 번식기능이 상실되는 경우도 많다. 비슷한 이유로 카스피해 물개 또한 개체수가 급격히 줄어들고 있다. 러시아와 카자흐스탄 정부는 물개 보호를 위해 물개 개체수 감소의 주된 원인과 대응책을 찾는 공동사업을 진행했는데 이 문제의 주된 원인으로 첫째, 지구촌 온난화로 인해 물개가 번식할 수 있는 빙하의 면적이 줄어든 점과 둘째, 석유·가스의 무분별한 개발로 인해 수질오염이 악화되었고 그것이 물개의 생존에 직접적인 타격을 주었다는 점(암컷 바다표범의 경우 냄새로 새끼를 식별하기 때문에 몸에 기름이 묻은 새끼는 어미에게 거부당하고 배고픔과 저체온증으로 살아남지 못한다), 셋째, 바다표범의 주식인 청어 역시 수질오염으로 개체수가 크게 줄어 바다표범 멸종에 직접적인 역할을 한 점 등을 꼽고 있다. 지난 2000년과 2017년에 카스피해에서 일어난 전염병으로 인해 약 3만 마리의 물개가 단 며칠 만에 사망한 적이 있었다. 아직 이 전염병의 출처나 원인이 명백하게 규명되지는 않았으나 이는 환경오염으로 인해 동물의 면역력이 크게 약화되어 바다표범이 외부의 바이러스에 대처할 수 없었기 때문이었다.

이제 중진국 대열에 진입한 카자흐스탄은 카스피해와 접해있는 두 주, 즉 아티라우주와 망기스타우주를 필두로 지속 가능한 경제발전, 즉 개발과 환경 문제의 공존이라는 목표를 가지고 다양한 환경보호 프로그램을 진행하고 있다. 그러나 보다 근본적인 문제 해결을 위해서는 카자흐스탄뿐만 아니라 모든 카자흐스탄 연안 국가들이 카스피해의 황폐화를 막고 동·식물군을 복원하기 위한 적절한 협력적 조치를 취해야 할 것이다.

이 지역은 여전히 복잡한 경제적, 행정적, 제도적 변화를 겪고 있으며 오늘날 해양 환경보호에 대한 합의된 법적 제도가 존재하지 않는다. 현재 카스피해 해저 탐사 및 개발을 위한 환경기준을 설정하고 모니터링을 하는 역내 제도가 존재하지 않으며 각 국가 법률에서도 이를 위한 적절한 규제안이 제시되고 있지 않다. 이러한 상황은 지난 20년에 가까운 기간 동안 카스피해 국가들이 바다의 새로운 법적 지위는 물론 카스피해의 해저와 자원에 대한 소유권에 관한 국제법적 원칙에 대해 합의하지 못했다는 사실로 인해 더욱 악화되었다. 현재 카스피해는 특수지위를 가진 바다로 합의되었지만 그러함에도 각 회원국이 엄청난 석유잠재력 앞에서 환경문제 개선을 우선시하기를 기대하기는 어려운 것 또한 사실이다.

그러나 카스피해의 가치가 비단 화석연료에만 있는 것이 아니다. 학자들은 카스피해의 생태계 자원, 대표적으로 철갑상어의 경우 세계시장에서의 수요와 향후 카스피해 철갑상어 개발 가능성을 고려했을 때 이 분야가 현재의 석유에 버금가는 고부가가치 산업으로 개발될 수 있다고 이야기한다.

제2절_ 한국과 카자흐스탄의 자원 개발 협력

1. 한국석유공사, 카스피해 주변 개발 관련 사례

2015년 필자가 카자흐스탄에 근무했던 당시만 해도 두 마리의 토끼가 카스피해에 있었다. 한국석유공사는 한국컨소시엄을 구성해 잠빌 광구의 지분을 27% 확보하는 개발에 나섰다. 한국석유공사 컨소시엄은 2005년 4월 추정매장량 9억 배럴에 이르는 잠빌 광구를 카자흐스탄의 국영석유가스사 KMG와 공동 개발하는 의정서를 체결하여 카스피해 유전 확보 전쟁에 참전하게 되었다.

잠빌 광구는 카자흐스탄에서는 소형인 편에 속하지만, 동남아나 다른 지역에 비하면 대형 유전이었다. 또한 카스피해 북쪽 연안 도시 아티라우에서 한국석유공사의 석유 개발 이외에도 LG화학의 석유화학단지 건설 사업(약 40억 달러) 등이 추진된 바 있다. 다른 지역의 유전은 상당 부분 외국업체들이 선점했지만, 카스피해는 아직 처녀지라 우리에게도 기회가 있었다.

2013년 8월 28일 한국석유공사는 카스피해 잠빌 광구에서 원유를 발견했다고 밝혔다. 원유를 찾아낸 제1차 탐사정은 2013년 5월 중순 시추에 착수해 목표 심도 2,200m에 도달했으며 이후 산출시험DST을 통해 2개 사암층 저류 구간에서 하루 최대 843배럴의 원유 산출시험을 완료했다고 석유공사는 설명했다. 석유공사는 2013년 2월 이라크 하울러 탐사 광구의 원유 발견에 이어 그해 두 번째로 해외 탐사사업에서 가시적인 성과를 냈다. 이러한 탐사·시추에는 2012년 대우조선해양이 건조한 바지barge 타입 잠수식 시추선 '카스피안 익스플로러' 호가 처음 투입돼 임무를 수행했다.

잠빌 지역은 카스피해 최대의 석유 광구인 카샤간 바로 옆에 있다. 한국컨소시엄에는 석유공사와 SK이노베이션, 현대하이스코, LG상사, 아주산업, 대성산업, 대우조선해양, 삼성물산 등 8개사가 참여했다. 카스피해에서는 전 세계 오일 메이저 등 100여 개 석유 기업이 조업 중이다.

김 블라디미르 회장이 이끄는 카작무스와 박 유리 랑카스터 그룹 회장을 제외하고 유전개발사업 분야는 주재국 핵심 파워 엘리트들의 전유물로 여겨져 고려인의 유전 분야 진출은 매우 드문 형편이다. 카자흐스탄은 신이 축복한 천연자원의 나라라고 할 만큼 그 매장량이 풍부하다. 하지만 2000년대부터 지속되던 고도성장세가 2008년 세계 경제 침체의 여파로 주춤한 이후 에너지 부문에 너무 편중된 자국의 산업구조에 대한 반성이 시작되었다. 따라서 우리는 카자흐 정부가 지속 가능한 경제발전을 위해 집중하여 육성하고 있는 산업들에 관심을 가져야 한다.

특히 자원 관련 다운스트림 쪽에 특화된 우리의 기술을 활용한 협력 분야가 가장 유망할 것으로 본다. 하지만 지금까지 여러 가지 진출 가능성에도 불구하고 30년이 되도록 튀르키예나 중국계 기업과는 달리 가능성에 그치는 이유는 무엇일까? 그것은 물론 일반적인 정보 부족도 있겠지만 무엇보다도 장기적인 안목을 가지고 체계적으로 접근하려는 전문가가 부족하기 때문이다. 즉, 잠재력이 있는 산업들을 진취적인 구상하에 하나둘씩 내 품 안으로 보듬는 작업 말이다.

어릴 적부터 동네 할머니들로부터 "중국인들이 판을 칠 때는 세상의 종말이다."라는 말을 듣고 자란 카자흐인들은 내면적으로 이웃 국가 중국에 대한 위협감을 품고 있다. 더군다나 생활 수준 증대로 중국 수입품에 의존성이 높은 카자흐 시장이 점차 질 좋은 상품으로 눈을 돌리고 있는 현상도 우리에게 긍정적인 효과를 가져오고 있다.

이런 가운데 카스피해와 중앙아시아는 한국에 마지막 기회일 수도 있다고 본다. 참고로 카자흐스탄 외국인 투자기업 중 가장 성공한 기업은 쉐브론(미국)이 지분 50%(KazMunaiGas 20%, ExxonMobile 25%, LukarcoBV5%)를 가지고 있는 TengizChevroil이라고 할 수 있다. 그 성공 요인으로는 직원교육 및 복지에 철저했으며, 현지인을 80% 이상 채용함으로써 고용창출에 진력했다는 점이다. 또한 이들은 지역사회 보건, 교육, 인프라에 투자나 카자흐스탄 국내 생산 재화구입 등 현지화에 주안점을 둔 경영방식을 채택했다.

과거 1973년과 1979년 1, 2차 오일쇼크 때 석유 의존도가 높은 한국 국내 경제는 큰 어려움을 겪었지만, 다른 면에서 새로운 활로가 열리기도 했다. 예컨대 1970년대 한국의 경제성장은 중동 건설 붐 없이는 생각할 수 없다. 오일쇼크로 국내 경제가 심각한 타격을 입은 반면, 중동에 진출한 건설업체들이 산유국들에 쌓인 오일달러를 다시 벌어들이며 성장의 젖줄 노릇을 했으니 말이다. 산유국들이 탈석유 경제정책을 세워놓고 오른 기름값으로 인프라 강화에 집중투자하였다.

그렇다면 중앙아시아는 우리에게 어떤 의미로 다가오는 것일까? 먼저 시장으로서의 중앙아시아다. 그러나 중앙아시아는 단순히 판로확대 차원의 대

잠빌 해상 광구

상으로만 볼 일이 아니다. 더 중차대한 의미가 있다. 최근 한국의 주력 수출품인 반도체나 배터리 등에 필요한 원재료 확보를 위해서는 국가 차원의 외교적 노력이 절실하다. 왜냐하면, 카자흐스탄은 세계 우라늄의 40%를 생산하고 있으며 하얀 석유로 불리는 리튬 등 핵심 광물은 물론 구리, 아연을 포함약 100여 종의 자원을 보유하면서 탐사 파트너로 우리의 기술을 바라고 있기 때문이다. 리튬 이온 배터리 광석 탐사 등을 위해 한국지질연구소에서 리튬 유망 광구를 함께 찾는 방안도 있겠다.

　이러한 일련의 문제가 민간차원의 노력만으로는 해결되지 않는 부분이 많으므로 우리의 경쟁자인 중국과 일본의 고위급 인사들이 카자흐스탄을 방문하여 국가수반과 회동하면서 파트너 국가의 요구에 부응하는 대안을 적시에 제시하고 있다는 점은 시사하는 바가 매우 크다.

　우리도 노무현 정부 이래 정상회담, 고위급 인사 방문 등을 통해 카자흐스탄의 자원 확보를 위해 수많은 노력을 하였으나, 중국과 일본과 같은 정부 차원의 전략적이고 효과적인 대응이 얼마나 있었는지 자문해 본다. 대통령 산하 전략문제 연구소의 술타노프 소장은 '한국은 독일과 함께 카자흐스탄 혁신산업 정책 추진을 위한 최상의 파트너'라고 강조했다.

　이러한 카자흐스탄의 한국 지향성에도 불구하고 우리 기업들은 카자흐스탄에 대해 무지하다. 지리적으로는 비행기로 6시간 거리에 있으며 전통이나 문화가 비슷한 탓인지 정서적으로 통하는 카자흐스탄에게는 우리가 필요로 하는 자원이 있고, 우리는 카자흐스탄이 필요로 하는 기술과 경제개발 경험이 있다. 상호보완적인 경제구조임에는 틀림없는 바, 서로 긴밀히 협력할 때 양국은 분명 좋은 파트너로 성장할 것으로 판단된다. 이제 우리는 더 이상 자원외교라는 이름으로 자원보유국인 카자흐스탄의 자원을 탈취하기 위해 투자한다는 인상을 줄 필요가 없다. 그렇게 해서는 카자흐스탄에게서 아무것도 얻을 수 없을 것이다. 이제는 방향을 바꾸어서 서로에게 득이 되는 것을 찾아야 한다.

　에너지 수요는 전 세계적으로 꾸준히 증가하는 반면, 에너지자원은 점차 고갈되고 있다. 또한 에너지자원은 점차 접근이 어려운 사막이나 더 깊은 바다와 같은 오지에서 생산됨에 따라, 자원 개발의 효율성은 점점 낮아지는 추세이다. 최근 이와 같은 문제를 해결하기 위해 에너지자원 개발 기업들은 센서, 클라우딩, 사물인터넷 등의 정보통신 기술을 적용한 스마트화를 진행하고 있다. 즉, 수천 킬로미터에 달하는 송유관을 주기적인 방문 대신 중앙통제센터의 책상 위에서 할 수 있을 것이다.

또한 빅 데이터를 수집하여 활용하면, 환경파괴 문제의 최소화 등 예상치 못한 사고를 효과적으로 대응할 수 있는 스마트화 작업 분야에서 뛰어난 정보통신 기술을 갖춘 우리 기업들이 이러한 변화에 동참하여 한국을 새로운 자원생산국으로 발전시킬 것으로 기대한다.

중국은 카자흐스탄의 원유확보를 위해 수많은 외화를 쏟아붓지만, 자국의 원자재와 인력을 대거 카자흐로 유입시키면서 카자흐스탄 자체의 지역경제에는 도움이 되지 않는다는 것을 카자흐스탄은 누구보다 잘 알고 있다. 카자흐스탄은 이러한 중국을 파트너로 삼기보다 자국에 유리한 한국을 파트너로 삼고자 한다. 그러나 카자흐스탄은 한국으로부터 외자 유치를 위한 자원 개발권을 제공할 생각은 없다. 충분한 오일머니로 인해 다른 방식의 협력을 원하고 있다.

따라서 자원 확보만을 위해 카자흐스탄에 접근하는 단계를 넘어서, 이제는 서로가 서로에게 도움이 되는 무엇인가를 끌어낼 고도의 협력단계에 들어서야 한다. 카자흐스탄이 필요로 하는, 이를테면 '손톱 밑의 가시'를 빼줄 수 있는 우리의 경제개발 경험과 기술을 카자흐스탄에 전수해 주면서 조용한 자원외교를 지속한다면, 결국 우리가 원하는 자원도 얻을 수 있을 것이다. 한국의 과거가 알타이라면, 한국의 미래는 카스피해에 있다는 말을 강조하고 싶다.

2. 블랙 골드를 지키는 여전사와 함께 뛰는 한국의 아다 유전

한국도 악토베 남쪽의 아다 광구 사업에 참여함으로써 중국의 CNPC가 거의 독점하다시피 한 이곳에 틈새를 비집고 들어왔다. 2002년 카자흐스탄 자원협력사업에 진출한 이래 최초로 성공한 유전 개발이다. 그러나 성공의 이면에는 불굴의 의지로 모든 장애물을 극복해 낸 한국인 특유의 근성이 있었다.

실제로 필자가 아다 유전을 방문했던 경험은 아직까지도 잊혀지지 않는다. 악토베 공항에서 아다 유전으로 가는 도로는 초원의 풍경이라고는 전혀 볼 수 없는, 흡사 사막을 연상케 하는 험난한 상태였다. 거친 도로는 마치 한 번도 수리된 적이 없다는 듯 여기저기 패인 채 제멋대로 방치되어 있었다. 이 때문에 공항에서 광구를 향해 가는 길은 좁은 차 안에서 3시간 정도를 머리가 차 천장에 닿을 정도로 널뛰기를 하며 허리가 나갈 만큼의 고통을 참아야 했다. 더 나아가 1시간 정도는 험한 도로를 아예 포기하고 길도 없는 사막을 가로질러서야 겨우 아다 광구에 도달할 수 있었다. 광구에 도달해서도 세찬 바람 때문에 눈을 뜰 수가 없었지만, 유정의 불꽃과 석유 펌프 사이로 쌍봉낙타가 거니는 풍경이 매우 이채로웠다.

굳이 이렇게 험난한 여정을 거치면서 알마티에서 아다 광구까지 간 이유는 바로 우리가 캐고 있는 블랙 골드를 보기 위해서였다. 아다 광구는 탐사단계에서부터 개발, 생산까지 우리의 힘으로 직접하고 있는 카자흐스탄의 최초 광구이다. 아다 광구는 영하 40도와 영상 40도를 오가는 사막 한가운데에 위치해 있었다.

우리 한국인들이 모래바람을 맞아가며 많은 땀방울 흘리면서 개발하고 있는 이 블랙 골드를 바라보게 되는 순간 가슴 속에서 벅차오르는 감동을 느꼈다. 중소규모였지만 현대식 설비를 갖추어 모터를 장착한 펌프가 압력을 이용해 땅속에 묻힌 석유를 쉴 새 없이 끌어 올리고 있었다. 물과 기름, 가스가 섞인 고온의 혼합물은 분리 시설을 통해 걸러져 저장 탱크에 보관되었다. 비록 텡기즈나 자나졸과 같은 자이언트급의 큰 유전은 아니지만, 시추 심도가 500~700m로 낮아 시추 및 개발 비용이 타 광구보다 적은 편이다. 또한 해상 광구보다 운영 측면에서 용이한 육상 광구의 이점을 가지고 있다.

5,000만 배럴의 매장량을 가진 아다 광구는 우리 기업이 75%의 지분(KNOC 40%, LGI 35%)을 가지고 있기에 3,750만 배럴이 우리 석유인 셈이다. 유가를 80달러 정도로 예상해 볼 때 30억 달러의 매출이 기대되고, 세금 공제 후 순수익률을 최소 20% 정도로 본다면 6억 달러 이상의 순수익을 올릴 수 있다. 이러한 유쾌한 생각을 하다 보니 집으로 돌아오는 길은 자동차가 흔들려도 가슴은 기분 좋은 설렘으로 두근거렸던 기억이 난다.

당시 석유의 바다인 카스피해를 둘러싼 국제 정세는 마치 조선 말기의 한반도를 둘러싼 열강들의 움직임을 보는 듯했다. 아니, 19세기 러시아가 부동항을 찾아 남진 정책을 펼치던 시절에 동인도회사를 중심으로 영국이 러시아를 적극적으로 제지하던 그레이트 게임이 재현되고 있는 듯하였다. 혹자들은 이를 보고 뉴 그레이트 게임이라 부르기도 한다. 하지만 오늘날의 카자흐스탄은 과거 그레이트 게임의 희생양이 되기를 거부하고 있다.

카자흐스탄의 오일을 두고 세계의 패권이 정면으로 충돌하고 있으나, 더

아다 광구 방문 중 필자의 모습

이상 과거 중동과 같은 강대국의 놀이터가 아니다. 이를테면 카자흐스탄은 BP에 상당 부분 의존하는 아제르바이잔처럼 한 국가, 한 업체에 의존하지 않고 여러 국가와 기업들을 참여시켜 힘의 균형을 맞추려고 애쓰고 있다. 카자흐스탄은 1991년 독립 이후 기술과 전문지식 도입을 위해 외국기업에 비교적 우호적인 투자환경을 제공해 왔으나 2000년대 이후 고유가가 지속되면서 자원민족주의를 표방하고 있다.

2010년에는 생산물분배계약법을 폐지하고 조광권을 통해서만 석유를 개발하도록 하고 있다. 한편으로 보면 자원민족주의가 외국인의 투자를 약화시키는 면도 있지만, 카자흐스탄의 입장에서 보면 거대 메이저 기업들의 희생양이 되기를 거부한 결과로 볼 수 있겠다.

외세에 맞서 자기를 지키고자 하는 정책은 마치 과거 카스피해 주변에 살았던 크르크스 부족의 삶을 떠올리게 한다. 크르크스 부족은 남자 없이 여성으로만 구성된 공동체였다. 남자아이가 태어나면 죽이거나 남자 쪽에 주었으며, 여자로 태어나면 키우고 장성하여 가슴이 나오기 시작하면 활 쏘는 데 방해가 되므로 달군 쇠로 가슴을 줄이면서까지 용감한 여전사로 만들었다고 한다. 또한 머리카락을 길게 길러서 칼을 머리끝에 달고 다니며 남자가 다가오면 접근을 막았다고 한다.

알렉산더 대왕은 그 부족의 여인을 왕비로 삼으면서 그 지방은 정복하지 않았다는 설도 있다. 알렉산더가 그들을 정복하지 않은 이유가 그들을 존중해서인지 아니면 왕비 때문인지는 알 수 없으나, 현재 카스피해를 둘러싼 뉴그레이트 게임의 희생양이 되기를 거부하는 카자흐스탄의 모습이 크르크스족의 그것과 매우 닮아있다는 생각을 떨쳐 버릴 수 없다.

제3절_ 카스피해 주변 신비한 보물반도

1. 관광명소 사라이식 역사박물관

———

2025년이 되면 카자흐 칸국이 건국된 지 560주년이다. 역사 도시 사라이식은 카자흐 칸국의 수도로서 과거 초원길(스텝 실크로드)의 카라반 통과지점이어서 많은 외부인들이 방문하였다. 1334년 이곳을 방문한 최초의 아랍인이자 모로코의 위대한 모험가인 이븐 바투타는 "수많은 마을을 방문했으나, 이곳은 바그다드 이후 가장 크고 웅장한 도시다."라고 말했다고 한다.

현대도시 아티라우에서 50km가량 떨어진 좌이윽강의 오른쪽 강변에는 과거 어느 시대에는 상당한 영향력을 가졌을 것으로 여겨지는 거대한 고대도시 사라이식의 흔적이 보존되어 있다. 아불가지 바하두르-한(1644~1664)이 남긴 역사적 문헌에 따르면 이 도시는 베르케(1257~1266)의 형제인 바투(1227~1255)에 의해 건설되었다고 한다.

사라이식은 다른 도시들과 마찬가지로 주치울르스 제국 형성 초창기 수십 년에 걸쳐 건설되었다. 이후 주치울르스 제국은 이르티시강부터 두나이까지 거대한 영토를 정복한 금장한국Golden Horde으로 불리게 된다. 초기에 이 도시들은 누케르(몽고 근위병)나 노이온(몽고 관료) 및 기타 관할 영토를 다스리는 귀족들을 위한 궁전 및 행정건물이 세워진 지역이었다. 도시 중심부를 기준으로 수공업자, 자유인, 상인 등 다양한 계층의 사람들이 거주하는 주거단지가 지어지기 시작했다.

'사라이식'은 그런 도시 중 하나였다. 유럽과 아시아가 교차하는 전략적으로 매우 중요한 위치에 세워진 이 도시는 유럽과 금장한국의 수도 '사라야-바투' 및 '사라야-베르케'로부터 볼가와 호레즘 도시들, 이란, 인도, 중국 등지로 대륙을 통과해 이동하는 카라반 노선의 중간 지점에 위치, 안전과 그 밖의 지원을 담당했다.

이전에도 이미 수많은 상인과 여행자들이 이 길의 주요 방향과 지리적 성격, 거래되는 상품의 가격과 이동방법 등에 관해 묘사한 바 있다. 13~14세기 이 길은 동과 서를 이어주는 가장 중심적인 길이었다. 이 덕분에 사라이식에는 화려한 궁전과 카라반 사라이, 목욕탕, 사원, 신학교 및 다양한 큰 건물들이 세워졌는데, 모두 유명 건축학교를 졸업한 유능한 장인들의 손에 의해 건설되었다.

도시는 넓은 직선 도로와 대로를 포함하는 아주 잘 짜인 계획에 따라 건설되었다. 특히 도시 전체 경관에 동양적인 색채가 느껴진다는 점이 눈에 띈다. 카라반 교역 및 전쟁, 타민족의 정복 등으로 획득한 수많은 저렴한 노동력이 사라이식의 빠른 성장을 도왔다. 도시 외곽에 성벽이 없었다는 점은 도시의 빠른 확장과 발전을 이끌었다.

그러나 이 점 때문에 도시는 칸Khan 정권의 통제하에서 칸Khan 제국 내 권좌 싸움에서 승리한 편에 설 수밖에 없는 운명이었다. 권좌에 오른 새로운 칸Khan은 성벽을 대신해 이 도시의 안전을 책임졌다. 그리고 섬처럼 강물로 성벽을 대신했다. 따라서 우랄강이 양옆에 흐르는 섬 모양으로 되어 외부로의 연결은 부교처럼 배를 몇 개 연결하고 배 위에 합판을 놓아 만약의 사태에 대비, 철거할 수 있도록 하여 그 다리는 흔적도 없도록 만들었다. 그 도시에는 4개의 무슬림 사원, 카라반 사라이가 있었던 곳으로 방 45개짜리 건물 등 수많은 유적이 발견되고, 아직도 13세기의 목욕탕과 벽면 페인트가 보존되어 있다. 각 집집마다 물 공급이 가능한 상수도 시스템이 갖추어 있고, 8m 깊이의 우물 속에서 나온 그릇을 연구한 결과, 하루 세끼를 각각 다른 그릇으로 식사하였음을 추정할 수 있다고 한다.

발굴된 집들은 주로 생 벽돌로 만들어졌고 벽을 따라 대개 폭이 2m가량 되는 침상 겸 수파(소파처럼 앉아서 차를 마시는 곳)가 놓여 있다. 그 내부에는 연기가 이동하는 관이 수평으로 설치되어 있어 침상을 데우는 역할을 했다. 그 관들은 중앙화로 및 벽 안에 설치된 수직관을 통해 각 방으로 연결되어 있었고 최종적으로 지붕의 굴뚝과 연결되어 있었다.

수파 중 한 곳에서 펠트로 만든 카펫이 발견되었다. 바닥은 점토를 다져서 만들었고 몇몇 방에서는 갈대로 만든 돗자리 덮개가 발견되었다. 주거공간 외에도 창고가 마련되어 있어 그 안에는 보리 등 곡식을 보관하기 위한 구덩이가 파여 있었다. 또한 자두나 사과, 포도, 아몬드 등 외국에서 들여온 것으로 추정되는 견과류의 씨앗을 보관하기 위한 저장고도 마련되어 있었으며 말린 양파조각이 발견되기도 했다. 창고는 서늘한 온도를 유지하기 위하여 나무를 엮어 만든 뼈대에 사선 무늬로 생 벽돌을 붙여 만든 벽을 통해 난방이 이루어지는 주거공간과 분리될 수 있었다.

이러한 건축구조는 미적으로도 훌륭하지만, 창고의 자연통풍을 위해서 필수적인 형태였다. 주거지 건물 내에서 식기가 발견되기도 했다. 이들은 다양한 형태의 점토 도자기, 밥그릇, 주전자, 화로 등 모두 현지 장인의 손을 거쳐 만들어진 것들이다. 특히 규토로 이루어진 밝은 색 세라믹 점토를 이용해 만든 주전자가 눈에 띄는데 빛나는 터키옥 유약으로 칠해져서 그 빛깔이 매우 아름다웠다. 호레즘에서 가져온 돌화로와 볼가 남부의 도시에서 가져온 다양한 색상의 유약을 바른 찻잔, 중국에서 가져온 매우 값비싼 청자의 조각들도 발견되었다. 당시 부자들은 이러한 외국 사치품을 얻기 위해 상당한 대가를 지불했다고 한다.

이렇듯 14세기 도시의 번영은 가속화되었으나 15~16세기에 도시의 지형은 다시금 큰 변화를 겪는다. 도시의 중심부는 점차적으로 줄어들었고 남동부와 좌이윽강의 소로친카 지류까지 다다르게 된다. 도시의 최후까지 약 2세기에 걸쳐 좌이윽강은 수차례 강의 흐름을 바꾸게 된다. 매년 봄 홍수시즌이 되면 강은 도시의 상당한 문화적 경계층을 휩쓸어 버리곤 했다. 고고학자 A. 마르굴란은 1950년 '사라이식' 유적터의 복합연구를 조속히 시행해야 한다는 문제를 제기했다. 가장 큰 원인으로 남아있는 도시터가 좌이윽강에 의하여 지속적으로 쓸려 내려가고 있었기 때문이다.

당시에 이미 우랄강이 고대도시의 중심지로 침범하는 상황이었다. 그 와중에도 사라이식의 역사적 가치와 카자흐 국가 발생 초기에 이 도시가 행한 특별한 역할, 그리고 세대를 잇는 정신적 뿌리이자 카자흐민족 조상들의 문화적 유산인 이 도시가 가진 각별한 중요성이 인정되어 현재 이 지역에는 기념비와 고고학 박물관, 사원 등으로 구성된 기념단지가 설립되었다. 사라이식과 그 근교 도시들은 자신들의 역사적인 운명에 의하여 동과 서뿐만 아니라 카스피해 연안 국가들의 지정학적 이해가 부딪혔던 곳이었다. 그가 행했던 경제, 문화, 정치적 연결고리의 역할을 오늘날 그 고대도시 터에서 멀지 않은 곳에 자리 잡은 아티라우라는 현대도시가 넘겨받았다.

아티라우는 풍부한 석유 매장지일 뿐만 아니라 교역의 중심지로서 향후 매우 유망한 발전 전망을 지니고 있다. 이는 신이 이 지역에 선물한 지리적, 지정학적 특혜와 더불어 선조들의 피땀 어린 노력이 있었기에 가능한 것이다.

2. 사라이식 도시의 서사시와 딸바보 임금님

도시민들의 주요 경제활동에는 말과 낙타 등 카라반들의 삶에 필수적인 가축의 사육도 포함되었다. 15세기 아랍 역사학자 이븐 아랍샤흐의 말에 따르면 호레즘에서 출발한 카라반들은 '어떠한 근심과 두려움도 없이' 장장 3개월에 걸쳐 크림반도까지 도착할 수 있었다고 한다. "카라반들은 이동할 때 식량이나 말의 먹이, 마부 등을 데려가지 않았다. 이는 지나는 곳마다 그곳에 거주하는 사람들이 먹는 음식과 그 밖의 필수품들을 풍부하게 공급했기 때문이다."라고 기술했다.

사라이식의 주민들은 학식이 매우 풍부했던 것으로 유명하다. 이를 증명하는 자료로 식기나 청동으로 만든 도구, 그리고 종이 문서에 씌여진 다양한 글들을 확인할 수 있다. 도자기에 적힌 글은 그 보존상태가 특히 뛰어나다. 발굴된 점토 도자기에는 11세기 카쉬가르에 살았던 추이 계곡 출신의 시인 유수

프 발라사군의 시구 일부가 적혀있기도 했다.

아름다운 말은 단어로 이루어지고,

그 말의 단어는 사람의 사유를 이룬다.

사람의 아름다움은 얼굴로 이루어지고

그 얼굴은 곧 눈동자로 이루어진다!

카라반 노선의 교차로상에 있는 이 도시는 자연스럽게 여러 국가 간의 교역 중심지로 기능하게 된다. 중국과 코카서스, 이란과 인도, 중부유럽과 동부유럽 그리고 크림과 루시 등지에서 온 상품 간의 생기 넘치는 교역이 바로 이곳에서 이루어졌다. 이국적인 중국 도자기가 어느 부유한 상인의 잔치를 화려하게 장식하게 된 것이다. 사라이식 유물 가운데 특히 밝은 청색 식기들이 당시 중국 도자기의 세계적 수준을 보여주고 있는데, 유럽에서는 이를 청자라고 불렀다. 중국 도자기에는 다양한 식물 그림 외에도 구름이나 새 등이 묘사되었고, 일부 찻잔 조각에는 한자를 써넣기도 했다.

이란과 시리아의 다양한 색의 에나멜과 금으로 글자를 새긴 유리 화병과 찻잔, 램프들은 보는 이의 눈을 즐겁게 했다. 세밀하게 조각된 호레즘 스타일의 돌화로는 시민들의 큰 사랑을 받아서 사람들은 그것을 통해 준비되는 음식은 특별한 맛을 가지게 된다고 믿었다. 독특한 모양의 꽃병과 식기 그리고 흑토로 만든 접시가 발굴되기도 한다. 유리나 홍옥, 크리스털 보석이 박힌 목걸이나 반지용 보석들은 현지에서 만들어지거나 이란과 중부아시아에서 수입되었다.

　마법의 조개껍데기 '카우리'는 인도에서 넘어왔고 포도주나 기름을 담는 쌍이병(손잡이가 병목의 양쪽에 달린 물병)은 저 멀리 흑해 근처의 무역도시 트라페준드에서 이곳으로 전해졌다. 종교 및 철학적 내용의 글이 적힌 다양한 색상의 그릇은 호라산과 볼가 남부 지역에서 사라이식까지 전해지게 된다. 현지 장인이 만든 화려한 그릇과 꽃병들은 금장한국 내부의 다른 도시에서도 귀하게 사용되었다. 그러한 식기 유물 중 하나가 모스크바 국립 역사박물관의 컬렉션에 전시되어 있다.

　이 도시 마지막 발전 단계는 15~16세기에 진행된다. 앞서 언급한 것처럼 사라이식의 지형 변화가 급격하게 시작된 것이다. 실제 1558년 이 도시를 방문한 바 있는 안토니 젠킨슨이라는 영국인 상인도 이와 유사한 내용의 기록을 남겼다. 그 시점에서 사라이식은 노가이 오르다의 수도였다. 당시 오르다를 다스리던 부족은 망기트였는데 '노가이'라는 민족 명칭은 15세기 말에 이르러서야 나타났다. 노가이 오르다의 주된 영토는 볼가와 좌이윽강 사이의 스텝지역에 있었다.

　노가이 오르다의 민족 구성에는 20개 이상의 부족과 씨족이 포함되었다. 나이만, 킵차크, 알라쉬, 강거, 알친, 코늬랏, 카타간, 위구르, 트카이, 망기트 등이 여기에 포함되었다. 그러나 이 분류는 사실상 민족 분류라기보다는 정치적 분류에 가깝다. 노가이 오르다의 이슬람 정신 지도자의 거처가 바로 이 도시에 자리 잡고 있었다. 노가이의 공후와 소 귀족들은 자신의 딸을 그곳에 살고 있는 세이드에게 시집 보내는 것을 매우 중요하게 여겼다. 세이드는 무하메드 선지자의 후손으로 특히 명성이 높은 성직자 그룹에서 교육을 받는 자들이었다.

세이드 외에도 사라이식에는 여러 카테고리의 이슬람 종교 그룹이 거주했다. 이는 셰이흐(장로), 물라(성직자), 하지(성지순례를 마친 이슬람교도), 하피즈(코란을 전부 암기한 이슬람교도), 수피(이슬람 신비주의자), 데르비쉬(이슬람 수도승) 등이었다. 이렇듯 이슬람 성직자를 우대하는 전통은 아마도 13세기 이슬람을 받아들이면서 자연스럽게 생겨난 것 같다. 성직자들은 국정을 운영하는 이들에게 다양한 상황에서 적용될 수 있는 도덕적 조언을 해 주었고, 때로는 외교적 회담을 진행할 때도 참여했으며, 모든 시민의 '정신적 지주'로서 도시와 스텝지역의 모든 삶 속에 적극적으로 참여했다.

그들 중 많은 이들이 사라이식 내에 묻혀있다. 그들 외에 노가이 공후나 소귀족의 무덤도 발견된다. 일부 자료에는 간접적으로 이 도시 내에 유명한 공후 오카사와 쉭-마마야 및 다른 여러 유명인의 무덤이 있다고 전하고 있다. 그러나 사람들은 이 도시에 살았던 이들의 아름다운 모습을 기록이 아닌 시나 노랫말의 형태로 다음과 같이 기억하고 있다.

거위 울음소리처럼 아름다운 목소리의

노가이 아가씨들은 마음씨도 좋아서

목마른 사람에게 물과 꿀을 준다네

– 사라이식의 노래 속에서

사라이식 고대도시 터 ⓒ위키피디아-Yakov Fedorov

오늘날 도시는 빠른 속도로 예전의 모습을 잃어가고 있다. 이 과정은 좌이 윽강의 흐름이 변화하는 것과 밀접하게 연결되어 있다. 강물의 강한 흐름은 옛 도시의 영토를 계속 쓸어내리고 있다. 따라서 향후의 과제는 현 세대뿐만 아니라 미래 세대에게 카자흐민족의 유구한 역사적 기억을 다만 일부라도 전달하는 것이다.

오늘날 남겨진 사라이식 도시 터는 수 세기에 걸쳐 이 도시에 살았던 카자흐 선조들의 행복과 사랑, 질투와 축복 그리고 패배와 가난, 질병의 나날들을 담고 있는 서사시라 할 수 있다. 카자흐 고고학 원정대가 발굴한 모든 유적은 사람의 손길을 피해 거대한 자연이 보호해 온 카자흐 선조들의 발자취로서 예술성이 깊은 도자기, 신화 작품을 표현한 접시, 장신구, 동전 등 아직 완전히 해석하지 못한, 그 시대로부터 온 수많은 정보의 원천이자 카자흐 조상들의 거대한 정신적 세계를 투영하는 매개체이다.[3]

이 도시는 16세기 이반 그로즈니 러시아 황제의 명을 받은 코사크 군대에 의해 몰락하였다. 이 곳을 침입했던 코사크족은 처음에는 도시가 너무도 아름다워 이곳을 파괴하지 않았다. 그러나 그 후 이 도시를 방문해 며칠간 머물렀던 러시아 황제는 돌아오기 전에 도시를 완전히 파괴하라고 명령했다. 자신이 정복한 후에도 이렇게 아름다운 도시가 남아 있는 것을 도저히 용납할 수 없었기 때문이다.

소쥬즈(금장한국)의 영토로 알려진 이곳은 앞서 언급했듯 칭기즈칸의 손자이자 주치의 아들 바투에 의해 세워졌으며 17세기경 대홍수로 수장되었다가 20세기말에 재발견되어 다시 그 모습이 살아나고 있는데, 1999년 9월 9일 사라이식 박물관 개관식에서 나자르바예프 대통령은 "산은 사라져도 역사는 사라지지 않는다."라고 강조하였다.

15세기 사라이식은 자니벡 한이라는 왕이 통치하였다. 그에게는 아들 26명과 딸 11명이 있었는데 그중 북쪽에 거주하는 딸을 가장 예뻐해서 그녀를 위해 마을의 서쪽에 인공호수를 파고 맑고 푸른 색깔을 내기 위해 물을 15일마다 갈아주면서, 백조들이 날아오도록 설탕까지 뿌려주니 사람들은 그 호수를 백조 호수 또는 설탕 호수라고 불렀다고 한다.

또한 왕이 딸에게 사랑의 선물로 황금 배까지 만들어 주면서 매주 2회씩 호수에서 뱃놀이하도록 하니 주변을 산책하는 주민들의 커다란 구경거리가 되었다. 성격이 좀 거칠고 전사적인 그 딸은 15살이 되자 아버지가 시집을 보내려고 날짜까지 받았으나 그만 결혼식 전날에 목을 매어 죽고 말았다. 추측하건대 맘에도 없는 신랑감에게 억지로 시집보내려는 것은 아니었는지 모르겠다.

그래서 왕은 가장 친한 친구 몇 명만을 불러 조용히 장례를 치르고, 황금관 속에 황금 배를 포함한 엄청난 보배로운 장신구를 함께 넣어 극비리에 무덤을 만들었다. 다음날 왕은 무덤을 판 신하들을 모두 죽였으므로 그 무덤은 전설 속으로 사라져 버렸다. 그 이후 사라이식 마을에서는 황금 공주의 황금 배를 찾고자 러시아의 코사크들이 와서 11년간이나 그것을 찾으려 노력했으나 결국 실패하였다고 한다.

필자는 현재 비바르스 지역이나 과거에는 치칼로바였던 사라이식 부근을 방문한 적이 있다. 그곳에서 태어난 고려인 3세인 신 베라는 고려인 무덤이 물에 잠기지 않게 하려고 카자흐인들이 댐을 만들어 그 피해 방지에 도움을 주었다고 말했다. 1937년 강제이주 열차를 타고 온 고려인들이 마지막으로 내린 아티라우 역에서 자동차로 40분 정도 우랄강을 끼고 초원을 달리다 보면 조그만 마을이 나온다.

필자를 안내했던 아티라우 지역 고려인협회장은 시어머니로부터 전해 들은 이야기를 들려주었다. 시어머니가 10살이었던 1937년 당시 처음 그곳에 도착하여 바람막이 하나 없이 내동댕이쳐진 채로 너무 추워서 덜덜 떨고 있었을 때 카자흐인들이 뜨거운 물을 가져와 몸을 녹여 주었다고 한다. 그래서 그 후 지금도 시어머니는 차를 먹을 때는 반드시 뜨겁게 마시며 손님 대접할 때도 절대로 차가운 차는 안 된다고 말한다. 이 고려인들은 우랄 강가에서 수

박, 호박, 양파를 심기 시작했고, 벼농사를 시도했으나 지금은 고려인들이 대부분 농사에 종사하지는 않는다고 한다.

3. 우스뮤릇 고원

카스피해 북부와 아랄해 사이의 황량한 지역은 고대 문명 유적이 풍부한 것으로 이름나 있다. 우스뮤릇 고원은 면적이 20만m²가 넘는 거대한 사막 지역이다. 이 신비한 고원은 지구상에서 가장 탐험되지 않은 장소 중 하나로 남아있다.

과학자들은 이곳이 2,000만 년 전에 존재했던 바다의 바닥이라고 믿고 있다. 큰 바다가 사라지며 해저의 거대한 땅이 드러났고 바위가 처음으로 빛을 보았다. 고원의 경사면은 계곡 위로 최대 300m 높이까지 올라간다. 누군가는 이곳의 풍경을 수중 풍경과 비교하고 누군가는 우주 풍경과 비교한다. 이곳을 탐험하다 보면 고대 조개껍질, 성게와 연체동물의 유적, 석화 산호 및 기타 해저 보물들을 발견할 수 있다.

이 지역의 고원에서는 아시아의 평균보다 더 자주 UFO가 관측되고 있다는 전문가들의 보고가 있다. 1974년 여름밤 우스뮤릇지대의 길을 따라가고 있던 2대의 자동차가 서쪽 방향의 맑은 하늘에서 이상한 물체를 발견했다고 하는데 그 물체는 서쪽에서 동쪽으로, 그리고 북쪽 하늘을 따라 이동했다고 한다. 밝은 흰색 비행물이 푸른 빛을 띠며 수평선 쪽으로 벗어났는데 이 '불가

우스뜌릇 고원

사의한 광경'은 약 20분 동안 관측되었다고 한다. '낙하산' 모양의 이 비행물체는 달보다 더 밝게 빛났다고 한다. 이외에도 비슷한 경험담은 줄을 잇는데 심지어 이 현상을 조사하는 연구기관이 있을 정도라고 한다.

4. 유럽을 향한 실크로드의 통로, 크즐칼라와 망기스타우 보물반도

셰르깔라산은 투르크어로 '호랑이 도시'라는 의미를 가진다. 전설에 따르면, 산 주변에 호랑이 같이 두려움이 없는 용맹한 사람들이 살았기 때문에 이러한 명칭으로 불렸다고 한다. 고대 유적인 이곳은 먼 옛날 매우 풍족하고 유명했던 크즐칼라 도시였다.

크즐칼라 도시는 투르크어로 번역하면 '붉은 도시'라는 의미이다. 고고학자에 따르면, 이 도시는 10세기 후반에 만들어졌다고 한다. 수많은 무역상인으로 이루어진 카라반의 휴식처와 물품들의 운반의 경로였던 크즐칼라는 머지않아 주요 중심지로 바뀌었다.

고고학자들은 그 도시의 주민 대부분이 농업을 하며 살았다는 사실을 알아냈으며, 학자들은 수확할 때 쓰인 낫의 단편들과 많은 양의 맷돌 파편을 발견했다. 또한 도시로 물이 유입되도록 만든 수도관을 발굴하였다. 도시에서 발굴된 이러한 발견물들을 통해, 크즐칼라 도시가 눈부신 발전을 했으며, 상당한 부를 과시했다는 사실이 증명되었다.

"어떤 식물도 자라지 않고 오직 모래와 돌만 있는 황무지이다. 나무라도 있다면 좋았을 텐데 정말 아무것도 존재하지 않는다." 이것은 우크라이나의 시인 타라스 세브첸코가 19세기 이곳 망기스타우반도에서 병역의무를 마치고 난 뒤 쓴 문장이다. 그 당시 망기슐락은 죽어있는 곳이라고 불렀다. 그러나 1세기가 지난 뒤 이 광활하고 생기 없는 장소 한가운데 도시가 생겨나게 된다. 오늘날 카자흐스탄 남서쪽에 위치하는 카스피해 연안에 있는 이 도시를 우리는 악타우라고 부른다. 번역하면 '하얀 산'이라는 의미이다.

악타우시에서 몇 킬로미터 떨어진 곳에는 인 광산과 함께 세계에서 가장 큰 규모의 우라늄 광산이 있다. 그러나 소비에트 시절에는 우라늄 채굴작업에 대한 정보를 아는 사람은 극히 소수에 불과했다. 대부분의 사람들은 이곳 망기슐락을 '검은 황금의 변방'으로, 혹은 석유와 동의어로 생각하는 정도에 그쳤다.

황무지였던 망기슐락에서 석유와 우라늄을 채굴한다는 것은 매우 복잡한 일이었다. 이러한 험준한 지형을 개발한다는 것은 실현 불가능한 과제로 여겨졌다. 그러나 이곳은 성공적인 미래의 도시로 선택되어 오늘날 망기슐락은 카스피해 연안 고원에 자리 잡은 경제와 문화의 중심도시로 성장했다. 그리고 21세기의 악타우는 카자흐스탄 남서부에서 가장 쾌적한 도시 중의 하나가 되었다.

이처럼 보물반도 망기스타우는 실제로 풍부한 자원을 보유한 지역이며, 인간과 자연이 만든 경이로움을 고스란히 간직하고 있다. 이 지역 암석 내부의 조개껍질 화석은 100만 년 전 아득히 먼 옛날 이곳이 세계적인 대양이었다는 것을 알 수 있는 증거이다. 100만 년이 지난 현재, 이곳은 망기슐락반도의 가장 아름다운 장소 중 하나이며 '돌리나 샤로프공의 계곡'로 불린다. 이 거대한 공을 학자들은 '응괴들'이라고 부른다. 과학적으로 이 응괴들은 광물들이 둥근 공처럼 뭉쳐진 결과이다.

이곳의 경탄할 만한 자연의 피조물에 대한 연구는 몇 세기에 걸쳐 계속 진행되고 있다. 그러나 그 연구가 진행되는 오랜 시간 동안에도 응괴들의 생성 원인을 밝히는 하나의 이론에 도달하지는 못했다. 가설 중 하나는 아주 먼 고대에 플랑크톤이 번식하기에 좋은 조건인 따뜻한 저수지에서 응괴들이 생겨났다는 설이다. 눈 덩어리가 굴러가면서 커지는 원리로, 미세한 침전물 퇴적의 구성체는 마치 심장 모양의 응괴들이 되어 구르다가 물을 벗어나게 되었을 때, 기묘한 둥근 형태의 돌덩이는 육지에서 모습을 나타내게 된다.

돌리나 샤로프(공의 계곡)

아름답고 수수께끼 같은 응괴들은 망기스타우반도의 경탄할 만한 많은 자랑거리 중의 하나가 되었다. 물이 후퇴하는 과정에서 입자가 고운 석회석을 끌고 가면서 기묘한 형태의 계곡과 구덩이들을 형성하였다. 그리고 바람과 눈이 이 과정을 마무리 지었다. 그리하여 망기스타우주에는 정말로 다른 행성에서 온 듯한 느낌의, 지상의 것이 아닌 기묘한 풍경이 펼쳐져 있다.

이곳은 구소련의 모든 영토 중에서 가장 낮은 지대이고 세계에서 다섯 번째의 저지대이다. 이 지역을 방문하게 된다면 소금호수 카진자르크의 험한 흙길을 하염없이 걸어보기를 권한다. 필자는 고교 시절 숭실대 대전캠퍼스에서 열린 YMCA 전국대회 수련회장에서 숭실대 안병욱 교수로부터 '미래에는 군중 속의 고독'을 느낄 것이라는 말을 들었다. 하지만 당시에는 '군중 속의 고독'이라는 말이 마치 구두 위를 긁는 느낌이라 영 와닿지 않았었다. 그런데 이곳을 걸으며 사막의 정적 속에서 자신과의 대화를 통해 잃었던 나를 찾는 경험을 했다. 군중 속에 고독을 느끼는 현대인들은 내 안에 내가 없기 때문인 것을 깨달으며 말이다.

카스피해 연안 쪽으로 망기스타우산의 협곡으로 가는 길목에서 우스뷰룻 고원을 통과하는 방향으로, 즉 남쪽에서 북쪽으로 수 세기에 걸쳐 각종 물품을 운반하는 카라반들이 이동하였다. 바그다드에서 불가리아의 카마까지, 짐을 나르는 3천 마리의 낙타들과 약 5천 명의 상인들, 수공업자들, 방랑하는 승려, 수도자들로 구성된 카라반이 이곳을 지나갔다. 카라반으로 인한 무역의 발달은 망기스타우반도의 도시가 성장하는 데 크게 기여하였다.

카스피해 연안 옆, 망기스타우의 다른 변두리에는 또 하나의 보물반도가 있다. 바로 샤바크아타 사원이다. 이곳은 카자흐인들에게는 매우 유명한 관광지이다. 샤바크아타 사원은 바위를 깎아서 만들었다. 고고학자들은 언제 이 사원이 만들어졌는지에 대해 지금까지 논쟁하고 있다. 어떤 이는 13세기라고 주장하고 어떤 이는 14세기에 만들어졌다고 주장한다. 그러나 사원의 명칭으로 불리는 샤바크아타가 이 지역의 변두리에 살았던 성인의 이름이라는 것에는 합의가 이루어졌다.

한 이설에 따르면, 샤바크아타는 제자들과 함께 이 환상적인 사원을 건설했다고 한다. 이 사원에 대한 연구는 비교적 최근에 시작되었다. 1960년대 후반 샤바크아타는 소련의 고고학자에 의해 처음으로 연구되기 시작하였다. 사원의 방 내부 설계는 십자가 모양으로 되어있는데 사원의 중심에는 아치형

샥바크아타 지하사원 ⓒ카자흐스탄 관광청(Kazakhstan.travel)

의 넓은 홀이 있다. 벽에는 대형램프와 책을 위한 벽장이 제작되어 있었다. 학자들의 말에 따르면, 중세 때 사원은 매일 기도를 드리는 장소였지만 이슬람 신앙수피즘에 대한 공부를 하기 위한 장소이기도 했다. 샥바크아타를 투르크어로 번역하면 '샥바크'는 부싯돌을, '아타'는 노인을 의미한다.

대부분의 학자들은 샥바크아타가 수피 시인인 호자 아흐메드 야사위의 가르침을 받은 제자였다고 생각한다. 전해져 오는 말에 따르면 그의 무덤은 티무르의 명령에 따라 지어졌다고 한다. 그러나 노인으로 해석되는 샥바크아타의 이름은 아마도 진짜 이름이 아니고, 적들과 싸운 많은 전투에서 얻은 별명이었을 것으로 보인다.

전설에 따르면 마치 부싯돌에 붙인 불꽃처럼 샥바크아타가 썼던 모든 무기들에서 불꽃이 날아갔다고 하며, 이것은 적을 혼란에 빠트려서 줄행랑치게 하였다고 한다. 흥미롭게도 실제로 암석으로 만들어진 사원 주변의 땅에 부싯돌 무더기가 많이 있다고 한다. 이처럼 망기스타우에서 발견되는 모든 기적들은 수많은 전설과 구비문학, 비밀과 학설들, 그리고 시문학과 교훈적인 역사를 만들어 냈다. 또한 이 기적들은 고대로부터 전해진 귀중한 보물을 간직한 비밀의 땅 '망기스타우 보물반도'를 만들었다.

---

1) https://www.spglobal.com/commodityinsights/en/market-insights/latest-news/ oil/052423-interview-kazakhstan-diversifying-oil-export-routes-to-mitigate-impact-of-ukraine-conflict.

2) https://www.cpc.ru/en/about/Pages/chronology.aspx.

3) 아티라우 주 문화국 발행. I. 타스마감베토프와 Z. 사마쉐프 공저 『사라이식』서 발췌한 내용을 바탕으로 작성됨.

형제국가
카자흐스탄

시르다리야 강가에서
세 번 놀란 까닭은?

04

8세기 말 시르다리야강 연안에서 태어난 현자 코르쿳 아타는 카자흐민족 최초의 박수이자 코브즈 악기를 만들어 연주함으로써 영생을 추구했던 사람이다. 과연 그가 그렇게까지 영생에 몰두했던 이유는 무엇일까? '놀라게 하는 사람'이라는 의미의 그 이름처럼 텡그리 맨으로서 무력에 의한 강압적 이슬람 전파에 맞서는 전통 사상가로서의 모습 때문이었을까? 일종의 범투르크적 현상과 같이 그는 중앙아시아 공동의 조상처럼 투르크족 문화에 전통의 수호자로서 공통적으로 등장한다.

한민족과 카자흐민족은 알타이 지역에서 같은 피를 나눈 형제였음에도 불구하고 긴긴 세월 동안 동과 서의 반대 방향으로 점점 멀어져 갔다. 그런데 강제이주라는 역사적 사건으로 인해 서로가 다시 만나 하나의 뿌리였음을 확인하는 중이다. 이제 시르다리야 강가에서 두 민족이 만나 시간적 영원함이 아닌 공간적 영원함, 즉 끝없는 우주를 향한 꿈을 함께 펼치면 어떨까?

제1절_ 시르다리야 강가의 전설적 인물, 코르쿳 아타

1. 코브즈와 코르쿳 아타의 탄생 스토리

시르다리야는 천산산맥에서 발원하여 서쪽의 아랄해로 흘러가는 강이다. 이 강을 기준으로 남쪽은 농경문화가, 광활한 초원으로 뒤덮인 북쪽으로는 시베리아로 이어지는 유목 문화가 발달했다.

필자는 시르다리야강에서 불어오는 강바람 소리와 함께 들려오는 듯한 매혹적인 악기 코브즈(3~4줄의 바이올린처럼 활로 켜는 악기이다)에 관한 조사를 하던 중 상당히 거물급 인물에 대해 주목하게 된다. 그 인물의 이름은 '코르쿳 아타(카자흐어로 Ata는 할아버지, 조상이라는 의미이다)'이다. 그는 8세기 말부터 9세기 초까지 남부 카자흐스탄의 크즐오르다 초원에서 현자, 부족장, 예언가, 시인이자 작곡가로 살다가 그 주변의 시르다리야 강가에 잠들어 있다. 그래서 오늘날 크즐오르다 공항과 크즐오르다국립대학은 그의 이름을 기념하고 있다.

이 전설적인 인물은 박수(샤먼, 현지어로는 박시라고 한다)이자 전통악기 코브즈를 만든 사람으로 알려져 있다. 필자가 이야기를 나눠본 거의 모든 코브즈 연주가들은 그에 관해 여러 가지 이야기를 들려주었는데 그 이야기 하나하나가 너무나 흥미로웠다. 그림에서 표현되는 그는 카자흐민족 전통모자를 쓴 흰 수염의 연세 지긋한 할아버지가 코브즈를 연주하는 모습이다. 혹자는 코르쿳 아타가 전설 속의 인물이 아닌가 하는 생각을 하는데 사실은 그렇지 않다. 그는 아제르바이잔과 투르크메니스탄을 포함한 많은 투르크족 문화에 등장하고 있으며 마치 공동의 조상처럼 범투르크적인 현상으로 존재하고 있다.

저명한 카자흐스탄 저술가이자 학자인 묵타르 아우에조프Mukhtar Auezov 는 코르쿳 아타가 예술을 통해 인류에 봉사함으로써 영생을 얻었다고 썼다. 영웅 서사시의 클리셰처럼 그의 출생 역시 여러 기적 및 신화들과 연결되어 있다. 그의 출생 직전에 일식 현상이 발생하여 사방이 어두워지고 폭풍이 일 고 비와 천둥 번개가 쳤는데 그가 태어나자마자 비구름이 온데간데없이 사라 지고 모든 것이 잠잠해졌으며 태양이 맑은 하늘에서 빛나게 되었다고 한다. 이에 깜짝 놀란 사람들은 "그는 모든 사람이 두려움에 떨 때 이 세상에 왔고 우리를 놀라게 했으니 그 이름을 코르쿳이라고 하자."라고 결정했다.

'놀라게 하다'라는 뜻인 '코르쿳'이라는 이름을 얻게 된 데에는 출생 시 발생 한 신기한 자연현상 때문도 있었지만 사실 그가 막 태어났을 때 그를 본 사람 은 모두 달아났을 정도로 그의 외모가 사람의 아이처럼은 보이지 않았기 때 문이기도 했다. 하지만 그의 어머니는 다른 사람들에게 그가 지극히 정상이 라고 이야기했고 어머니의 믿음처럼 그는 별 사고 없이 자라나 건강한 청년 이 되었다. 하지만 젊었을 때부터 그는 인간의 삶이 유한함에 좌절하였고 죽 음에 맞서 싸우기로 결심했다.

어느 날 꿈에서 "죽음을 기억하지 않으면 영원히 살 것이다."라는 음성을 듣게 된 코르쿳 아타는 불멸의 꿈에 이끌려 자신의 낙타 젤마야를 타고 세상 방방곡 곡을 돌아다니며 영생의 비밀을 찾고자 했다. 그러나 이상하게도 그는 가는 곳 마다 구덩이 파는 사람들을 마주쳤고, 그 구덩이는 누구를 위한 것이냐는 그의 물음에 사람들은 모두 "코르쿳을 위한 것"이라고 대답하는 것이었다. 놀란 그는

사람들이 사는 곳을 떠나 숲과 대초원, 깊은 산속으로 들어갔지만 결국 모든 살아 있는 것은 사(死)하여진다는 사실을 알게 되고 자신의 죽음 역시 피할 수 있는 것이 아니라는 점을 깨닫게 된다.

그는 즉시 여행을 포기하고, 자신의 사랑하는 낙타를 희생양으로 잡은 뒤 나무를 깎고 낙타의 가죽과 수염을 달아 악기를 만들었으니, 이것이 그의 첫 코브즈가 되었다. 그 후 그는 자신의 고통스러운 생각과 슬픈 감정을 담아 여러 곡을 연주하기 시작했다. 그의 영혼이 그 멜로디에 담겼고 그 현악기의 놀라운 소리는 방방곡곡에 퍼져 사람들의 마음을 사로잡았다.

한편 물에서 기어 나오는 작은 뱀의 모습으로 죽음이 코르쿳에게 다가왔다. 이를 본 코르쿳은 연주를 계속했고, 뱀죽음은 홀린 듯 그의 코브즈 연주를 들었다. 그렇게 연주에 매료된 뱀은 무려 50년 동안이나 한 자리에 멈춰 그의 연주를 들었는데 코르쿳 아타가 지쳐 잠시 잠에 들었을 때 그 뱀에 물려 죽음을 맞게 되었다고 한다. 하지만 그는 이미 자신의 생애 동안 추구했던 것을 얻었다. 음악을 통해 영생을 얻었기 때문이다. 그는 실제로 많은 코브즈 연주곡을 작곡한 것으로 알려지고 있는데, 이 곡들은 오늘날에도 큰 사랑을 받으며 연주되고 있으며 카자흐스탄 박수baqsi들에 의해 수백 년에 걸쳐 이어져 내려오고 있다.

2. 코브즈 연주를 통한 삶과 죽음의 투쟁

코르큿이 코브즈를 연주하는 동안만큼은 죽음이 그를 건드릴 수가 없었다. 이렇듯 카자흐인들은 마음에서 우러난 음악의 도움으로 모든 살아있는 것을 자신에게 향하게 할 수 있다고 믿었다. 예를 들어, 코브즈 큐이(카자흐 전통 악기를 위한 음악 작품) 중 하나인 '나리데르겐(낙타 젖을 나오게 하는 큐이-전통 음악의 한 종류)'의 경우 유목민의 실제 목축 생활과 깊은 관련이 있다. 오늘날 암말의 착유량이 적절한 시기에 큐이, 특히 '큐이 사르아르카'를 연주할 경우에 착유량이 크게 증가한다는 것이 증명되고 있다.

이렇듯 코르큿 아타의 이야기는 이야기 자체로도 매우 흥미로울 뿐만 아니라 코브즈에 많은 중요성을 부여하는 민족적 특성을 보여준다. 삶과 죽음 사이의 투쟁, 그리고 카자흐스탄의 전통적인 박수의식에서 사용되는 코브즈의 역할들이 계속해서 다양한 문학 및 예술작품의 소재로 등장하여 코브즈를 사랑받게 만들고 있다. 바로 이러한 점 때문에 필자 역시 코브즈 악기를 진심으로 좋아하게 되었다.

코브즈는 2개의 현으로 되어 있는데 현은 주로 말털로 만들었으며 음색은 첼로나 바이올린과 비슷하다. 코브즈는 활로 켜는 악기로서 기타처럼 손으로 치는 타원형의 돔브라 등 대부분의 카자흐 민속악기가 가지지 못하는 신비하고 신령한 분위기를 자아낸다.

카자흐인들은 자신의 샤먼을 '박시'라고 불렀고, 키르기스인들과 반유목, 반정주 문화를 가진 과거 우즈벡인들은 '박쉬'라고 불렀다. 이 말은 처음에는

카자흐스탄 전통악기 코브즈

불교의 은자를 지칭하는 말이었으나, 이후 샤머니즘의 제관과 주술사를 지칭하였다. 또한 이것이 몽골어원으로서 문자를 아는 교사를 의미하는 '바흐쉬'에서 비롯되었다는 설도 있다.

전반적으로 볼 때 이 말의 기원은 모두 알타이, 투르크 환경과 관련이 있다. '박수'라는 단어의 의미를 깊이 규명하지 않더라도 카자흐인 자신은 이 말이 '바구'라는 말에서 파생된 것으로 이해한다. 왜냐하면 '바구'라는 말은 카자흐어로 '치료하다'를 의미하는 비유적 단어이기 때문이다.

모든 샤먼적 치료가 반드시 주술을 동반하는 것은 아니나, 가벼운 질병들의 경우 박수가 가볍게 침이나 짐승의 간장肝腸 혹은 불의 정화의식을 통해 치료했다. 샤먼의 주문은 도구를 선택하는 방식이나 엑스타시를 부르는 기술, 또는 기적의 이행 등에서 공통적으로 나타나는 유형을 가지고 있다.

샤먼의 코브즈 끝에는 종과 거울을 붙인 금속성의 장식물이 매달려 있다. 종은 코브즈를 연주하거나 주문을 외울 때 보완적인 소리를 내거나 악기의 소리를 강화하는 효과를 낸다. 거울은 신령의 세계를 들여다보는 창, 또는 신령의 세계를 반영하는 기구와 같은 것이다. 한 가지 재미있는 사실은 주문의 마무리 단계나 치료의식의 마지막 단계에서 박시는 "코쉬루(카자흐어로 '이사하다, 옮기다'라는 뜻이다)"라고 외치는데 이는 한국의 농사철에 들에서 식사하기 전에 약간의 음식을 들에 뿌리며 "코시레"라고 외치는 것을 연상케 한다.

시르다리야 강변, 코르쿳 아타의 무덤 근처에 세워진 코르쿳 아타 기념비에서는 바람이 세게 불 때마다 은은하게 코브즈 소리가 울린다고 한다. 실제로 코르쿳 아타의 무덤 안에는 그의 요청에 따라 그가 사용했던 코브즈가 함께 매장되었는데 사람들은 이를 두고 지하에 있는 코르쿳 아타가 자신의 코브즈를 연주하고 있다고 굳게 믿는다.

코르쿳 아타가 실존했던 8세기 말~9세기 초는 당시 그 지역에서 태동하기 시작한 이슬람 종교를 받아들이는 시기였다. 다른 여타 종교와 마찬가지로 토착 민족들은 순순히 이슬람을 받아들이려 하지 않았다. 코르쿳 아타 역시 텡그리의 후손으로서 전통을 져버리고 이교도를 택할 수 없었다. 그것이 강압적인 것이었기에 더욱 그러했다. 죽음을 불사하고서라도 자신의 전통과 신념을 지킨 코르쿳 아타의 저항은 자신의 안위만을 보호하고자 했던 일부 통치자들의 모습과 대비되며 오늘날까지 후손들에게 찬사를 받고 있다.

코르쿳 아타는 미래를 내다보는 사상가로서 전통을 지키고자 한 사람이었

크즐오르다주에 있는 코르쿳 아타 기념관

다. 그는 독재자나 전사가 아니었지만 그가 남긴 멜로디와 노래는 오늘날에도 여전히 카자흐 사람들에게 강한 애국심을 불러일으키고 있다. 그가 떠난 후에도 유목민인 카자흐민족은 여러 차례 타 민족의 간섭과 지배를 받기도 했으나 그러한 어둠의 시기에 그가 남긴 음악은 민족의 자각을 일깨우고 유지하는 중추 역할을 하였다.

코르쿳 아타에 대한 이야기와 전설은 투르크 민족들에게는 일상적인 것이고 특히 카자흐스탄 민족에게는 더더욱 그러하다. 코르쿳 아타는 "인간에게 있어서 가장 중요한 것은 도덕이며, 인간에게 있어서 가장 위험한 것은 자신의 도덕적 원칙을 잃는 것이다."라고 믿었다.

코르쿳 아타의 나이에 대해서는 정확한 데이터가 없는데, 어떤 사람들은 그가 93세, 또는 193세에 죽었다고 한다. 소수의 사람들은 그의 나이를 400살까지 끌어올리기도 한다. 대표적인 카자흐스탄의 고고학자이자 민속학자인 A. 마르굴란의 말에 따르면, 카자흐 박수의 전통을 오늘날 아큰(즉흥시인)과 코브즈 연주자, 아브즈(예언의 능력을 지닌 사람) 등이 유지해 오고 있다고 한다. 아브즈는 사회 이데올로기 전파자이면서 계몽자로서 존재해 왔다.

카자흐 샤머니즘의 역사를 돌아보면 카자흐민족에게 박수는 보편적인 민족문화의 하나이며, 동시에 이들이 일반 민족의 삶 속에서 예언자, 치료자, 민간 구전 창작물과 의례, 전통의 마스터이자 음악가, 가수, 시인, 배우 등 여러 가지 역할을 담당해 왔음을 알 수 있다.

제2절_ 다민족 카자흐스탄의 자랑스러운 코리안 디아스포라

1. 크즐오르다 거리명 속의 민족운동가 계봉우 선생

어문학자이자 역사가이며 민족운동가인 계봉우 선생의 생애는 그가 활동했던 지역에 따라 함경도, 간도, 원동, 크즐오르다의 네 시기로 나누어 볼 수 있다.

선생은 조선이 일제에 의해 수탈 당하던 시기인 1880년에 함경도 영흥에서 태어났다. 19세까지 고향에서 소학교와 중학교를 다니며 신학문을 배웠으며, 그 이후 조선이 일본에 합병되기 직전에는 영흥군에 있던 홍명학교에서 그리고 합병된 1910년 7월까지 함흥 영생중학교에서 교편을 잡았다.

그는 1905년 말부터 이동휘를 따라 비밀혁명기구인 '신민회'에 가담한 뒤 애국 계몽운동에 참여했다. 1911년 조선이 일본에 합병된 뒤에는 북간도로 망명하여 1919년까지 조국 독립운동에 참가하고, 역사와 국어 연구에 전념하면서, 민족주의 교육에 헌신하였다.

그러나 1916년 용정의 일본 영사관의 경찰대에 체포되고 서울로 압송되어 1년간 인천 영종도에서 금고형을 받았다. 그 후 고향 영흥으로 돌아왔으나 3년간 거주제한을 받으며 학교에서 가르치는 일도 금지되었다. '내가 3년 거주제한을 당하였던 시기에 3·1운동이 일어났다. 그 운동의 폭발은 세계전쟁 후 민족자결에 대한 윌슨 대통령의 성명이 큰 동기인 듯 말하는 사람이 있으나, 실상은 그렇지 않다. 강박수단으로 조선을 합병할 때에 벌써 그 운동의

움이 생기어지고, 온갖 압박을 다 맛본 10년 동안에 줄기와 가지가 장성하였다'라고 선생은 『꿈속의 꿈』에서 언급하였다.

3·1운동이 실패한 후에는 사회주의 혁명에 휩싸인 소련 원동으로 망명하여 블라디보스토크와 하바롭스크를 중심으로 중국 상해를 오가며 공산주의 운동에 참여하였다. 즉, 1920년 이동휘를 지도자로 하는 상해 임시정부 수립에 참여하였으며 북간도 대표로 의정활동을 펼치고 상해파 고려공산당에 가담하여 독립자금의 수령을 위해 레닌 정부에 대표로 파견되기도 하였다. 또한 원동 공화국 내에 고려과를 조직하고, 국제공산당 동방 비서부에 조직된 이르쿠츠크 고려공산당과 통합하기 위한 임무도 수행하였다.

그러나 이르쿠츠크파 고려공산당이나 상해파 고려공산당 어느 쪽도 타협을 통하여 통합을 꾀하기보다는 공산주의 운동의 패권을 잡기 위하여 공산당의 당권과 독립군의 군권을 장악할 각축전만을 벌였다. 결국 그는 동방 비서부가 설립한 임시고려군사혁명법원에서 재판을 받고, 혁명방해죄로 5년형을 선고 받은 뒤 군영에서 복역하였다.

이 사건 직후 1921년 6월 상해파를 지지하던 군대들은 군정의회 의장 겸 총사령관인 칼란다리슈빌리가 거느린 빨치산 부대가 저지른 처참한 자유시 참변을 겪게 되었다. 그 후 계봉우는 더 이상 공산주의 운동에 참가하지 않고 각급 학교에서 민족어인 고려말을 가르치며 교재를 편찬하는 교육활동을 펼치면서 국학연구에 정열을 쏟았다.

1937년 소련 스탈린에 의하여, 원동에 거주하던 여느 고려인처럼 그 역시 중앙아시아로 강제이주 되었다. 크즐오르다에 정착한 뒤 크즐오르다시 고려중학교에서 고려국어를 가르치고 시를 창작하며 민족어와 민족역사 연구에 몰두했다.

그가 《레닌 기치(1939.9.10.)》에 게재한 '고려어 교수에 관하여'를 보면, 일부 한국 학자의 주장처럼 소련 당국이 민족어를 가르칠 수 없도록 제지하였다는 것은 사실이 아님을 알 수 있다. 즉 고려인학교에서 고려말 교육이 폐지된 것은 소비에트 주류사회 빠른 진출을 바라는 학부모의 뜻에 따라 취해진 조치였다는 것이다.

1959년 79세의 일기로 세상을 떠날 때까지 그는 민속, 경제, 언어, 문학, 역사 분야의 저술 활동을 통하여 조국 독립에 기여한 민족계몽가로서 자서전 『꿈속의 꿈』을 포함해 『조선문법』, 『조선문학사』, 『조선역사』 등 많은 저작을 남겼다. 대한민국 정부는 1995년 광복 50주년을 맞아 진보적인 민족운동가 계봉우의 역사적 조국에 대한 큰 공로를 인정하여 건국훈장 독립장을 추서하였다. 카자흐스탄 또한 1997년 크즐오르다 시내의 한 거리를 '계봉우 거리'로 명명하였다.

2000년 계봉우의 막내아들 학림은 부친의 묘지를 백두산 호랑이 홍범도 장군의 묘지 근처로 이장하고, 흉상을 제작하여 묘지에 세우고, 옛 묘비에 표기되었던 '게봉우'를 '계봉우'로 고쳐 놓았다. 한국학의 태두 계봉우 선생은 안중근 의사 전기를 쓰면서 단순히 경배하고 사모하는 것이 아니라 '수많은 안중근이 뒤따라 나오기를 기대'하는 마음으로 썼다. 필자 역시도 본 저서를 통해 수많은 미래의 홍범도가 나오기를 기대하면서 '홍범도 우정의 집' 프로젝트를 추진하고자 한다.

2. 크즐오르다시 거리명 속의 독립영웅 홍범도 장군

계봉우 선생 묘역 가까운 곳에 홍범도 장군의 유해가 그의 흉상과 함께 기념공원으로 조성되어 있었다. 이후 2021년 광복절을 기해 장군의 유해가 고국의 품으로 돌아왔으나 아직도 장군에 대한 오해는 여전히 존재한다. 이는 독립운동가들의 후손인 고려인 전체에 대한 오해일 것이다.

대한민국 역사의 중심에 있었지만 이제까지 그 주변인으로 살아왔던 고려인들에게 진 역사적 빚을 갚기 위해서라도 정확한 사실관계를 밝혀야 한다고 본다.

첫 번째 오해로는 봉오동전투가 홍범도 장군 개인이 거둔 대승리라는 점이다. 봉오동전투는 1920년 6월 중국 지린吉林성 허룽和龍현 봉오동 계곡에서 독립군 1,200여 명이 일본군 제19사단 월강 추격대대와 남양수비대 1개 중대 500여 명과 싸워 승리한 전투이다. 상해 임시정부의 기관지《독립신문》을 보면 '봉오동전투의 총사령관은 '대한북로독군부' 부장 최진동이고 예하 연대장은 홍범도'라고 명시되어 있다.

특히 엄청난 부자였던 최운산 장군이 체코 군단에서 사비로 구매한 대량의 무기와 군량 및 의복 등 군수물자가 봉오동전투 승리에 큰 견인차 역할을 했다. 즉 이 전투의 승리가 가능했던 사유는 최진동·최운산·최치흥 3형제가 함께 이끈 군무 도독부와 안무의 대한국민회군 등이 3단 연합을 기초로 싸운데 있다. 나아가 하늘을 날아다닌 홍범도 장군이 현장 지휘관으로서 지형지물을 이용해 매복하고 기습하는 유격전으로 일본 정규군을 괴멸함으로써 큰

카자흐스탄 홍범도 장군 묘역. 우리나라로 유해 봉환 후 새롭게 조성되었다. ⓒ국가보훈부

승리에 이른 것이다.

그럼에도 불구하고 이와 같은 오해가 발생한 것은 그 이전의 행적과 평판에 기인한 듯하다. 먼저 홍범도의 의병부대가 큰 전과를 거둘 수 있었던 것은 바로 그 전술에 있었다. 이는 바로 치고 빠지는 유격전으로 먼저 산포수들의 정확한 사격과 대담한 작전, 그리고 성과를 낸 후 바로 이동해 버리는 빠른 기동력에 있었다.

특히 그 지역의 지리와 지형을 훤히 알고 있었던 점이 야습에 유효했다. 나아가 3단의 연합된 힘으로 화승용 탄환은 물론 신식 무기의 탄환을 제작하기도 했고, 구식 대포까지 스스로 만들어 사용하였다. 이 무렵 함경도 산골지방에는 그의 눈부신 활약상을 풍자한 노래가 널리 퍼졌다.

홍대장 가는 길에는 일월이 명랑한데

왜적 군대 가는 길에는 눈과 비가 내린다.

에헹야 에헹야 에헹 에헹 에헹야

왜적 군대가 막 쓰러진다.

홍범도와 같이 적극적 무장투쟁론자로서 1909년 동의회同義會 회원인 안중근도 일제의 심문 과정에서 그를 만난 사실과 함경도 의병의 거물이라고 술회했다.

두 번째 오해로는 일자무식으로서 『환단고기』 발간을 지원한 것은 허구라는 점이다. 한민족의 역사회복에 대한 열정과 단군조선의 후예라는 민족의식을 갖고 있던 홍범도 장군은 독립투쟁의 당위성을 위해 『환단고기』 편찬에 사비를 들여 지원했다. 계연수 선생은 『환단고기』 서문에 '홍범도와 오동진 두 벗이 자금을 대어 목판에 새겨 인쇄하였다'라고 명시했으며, 연해주 고려인문화센터에 전시된 홍범도 장군의 초서체 편지는 그가 일자무식이 아니라는 것을 증명한다.

또한 홍범도 의병부대는 단순히 일진회 등 친일파 척결을 포함한 항일투쟁만이 아니라 봉건적 수탈에 앞장선 부패관리를 처벌하는 반봉건 투쟁도 벌였다. 그가 의병 활동 중에 모은 군자금의 일부는 전사한 의병의 유가족들에게 나누어 준 사실로 보아 그의 의병투쟁의 성격은 활빈당 활동과 같은 유형의 사례로 이해할 수 있다.

마지막 오해로 1921년 자유시 참변 당시 독립군을 학살했으며, 레닌으로부터 권총과 100루블을 수령한 철저한 공산주의자라는 점이다. 1921년 3월 중순 러시아 자유시에 모인 연해주와 시베리아 지방의 한인 빨치산(의용병) 및 독립군 부대들은 2파로 나뉘어 주도권 다툼을 벌이고 있었다. 즉 이동휘를 중심으로 하는 상하이파와 국제공산당과 연계된 이르쿠츠크파가 그것이다.

홍범도는 러시아 측의 지원을 받아 일제와 투쟁하기 위해서는 양 파의 단결이 무엇보다도 급선무이고 군정의회 측의 지휘를 받는 것이 불가피하다고 생각했다. 그래서 양 세력 간 중재 역할을 하며 충돌을 조정하기 위해 노력했지만 일·러 군의 공작에 의해 상호 분열되며 동족상쟁이 발생한 것이다.

또한 홍범도 장군은 1922년 모스크바 크렘린 궁에서 개최된 민족혁명단 체회의에 이동휘와 함께 참석하여 레닌으로부터 모젤 권총과 100루블을 수령했고 1927년에 공산당에 입당한 것도 사실이다. 그러나 1922년 4월에는 레닌이 물러나고 스탈린이 갑자기 러시아 공산당 서기장으로 부상하자 소수 민족에 대한 정책이 급변하였다. 그래서 홍범도 장군은 일단 살아남아 항일투쟁만은 지속해야 한다는 계산에서 300명의 부하를 이끌고 이르쿠츠크 소련군에 편입하여, 25군단 조선인여단 독립대대 지휘관으로 승진했다. 하지만 1923년 홍범도는 약소민족의 슬픔을 느끼고 제대한 뒤 65세가 되는 1933년까지 농사를 지었다.

1927년 10월 그는 소련공산당에 당원으로 가입하였다. 사회주의 사상이나 이론은 잘 몰랐으나 그 취지는 이해하고 공감할 수 있었다. 또 줄곧 같이 일제와 싸웠던 동지들을 데리고 집단농장을 이끌어 가자면 당원 자격이 필요하기도 하였다. 왜냐하면, 그는 빨치산 출신 동지들을 영도하여 집단농장을 경영하면서 언젠가 다시 있을지도 모르는 일본군과의 투쟁에 대비한다는 방침을 포기하지 않았기 때문이다.

그는 미묘한 역사의 수레바퀴 속에서 10여 년간 연해주에서 콜호즈집단농장를 이끌 만큼 이상주의적인 사회주의자였다. 그 후 1937년 홍범도도 카자흐스탄 크즐오르다로 강제이주 되었다. 그 후 카자흐스탄에서의 삶은 정치적 탄압을 받은 고려인의 명예를 회복하는 데 바쳐졌다.

1941년 6월에는 일본의 동맹국인 독일이 소련을 침범한 독소전쟁이 발발했다. 이에 홍범도는 73세의 노령에도 불구하고 정규군으로 참전을 요청했으나 거부당하였다. 그래서 그는 전시상태에서 놀고 있을 수 없다고 판단하고 고려극장을 찾아가 일을 시켜달라고 부탁했다. 이에 총연출가 겸 희곡작가 태장춘은 적대국 독일의 동맹국인 일본과 싸웠던 홍범도의 모습을 연극공연을 통해 보여줌으로써 일반 국민의 전의를 살리고, 또한 일본의 스파이라는 누명을 쓰고 중앙아시아까지 억지로 끌려온 고려인들의 한을 풀어줄 결심을 하고 수위장을 맡게 한 것이다.

연극이 공연된 시기는 고려인들의 조국이 식민지로 있었고, 또 소련이 2차 세계대전에 깊숙이 관여했던 때다. 이 때문에 홍범도 연극 중 의병들이 싸우는 모습은 고려인들에게 민족적 긍지와 동질성을 심어주었고, 고려인 사회는 물론 중앙아시아의 사람들로부터도 큰 호응을 받았다.

홍범도 장군은 말년에 고려극장에서 야간 수위 생활을 하다가 1943년에 쓸쓸히 생을 마감한 것으로 확인됐다. 이처럼 돌아가실 때까지 공산주의 혁명을 위한 활약상은 찾기 어려워 그를 공산주의자라고 단정하기는 어렵다.

실제로 중국과 과거 소련 당국은 홍범도 장군이 공산 정부 수립이 아닌 민족독립운동을 했다는 이유로 그를 소외시켰다. 이러한 점을 볼 때 그는 조국의 독립을 위해 헌신한 민족주의자로 분류해야 함이 타당하다고 본다.

극동 소비에트 정권의 성립과 민족주의자들의 기회주의적인 태도에 염증을 느낀 홍범도 장군은 독립 자체보다는 어떤 독립이 필요한가를 묻는다. 이전처럼 임금이 있는 제도를 세울 것인가? 아니면 가난한 일반 사람들과도 더불어 잘 지낼 수 있는 그런 독립인가 말이다. 이제서야 그의 유해가 국내로 송환되었지만, 우리 역사 속 그의 존재는 향후에도 한민족의 대통합이라는 커다란 과제와 형제국가로서의 한-카 관계 발전에 있어서 영감 어린 깨우침을 줄 것이다.

필자는 카자흐스탄 부임 후 처음으로 크즐오르다주를 방문했을 때 홍범도 장군 묘역 통일문 앞에서 홍범도 장군의 업적에 대해 7분 이상 열성적으로 설명하던 크즐오르다주 부주지사의 모습을 잊을 수 없다. 허허벌판의 강풍에도 아랑곳하지 않고 홍범도 장군이 일본 제국주의와 싸운 업적을 높이 평가하며, 마치 그가 카자흐스탄 독립 영웅인 양 자랑스럽게 소개하는 부주지사의 모습에서 커다란 충격을 받은 것이다.

그 후 필자는 홍범도 장군 묘역 관리 문제와 원동고려사범대학을 그 전신으로 하는 크즐오르다국립대학 한국어학과가 우리의 무관심 탓에 사라졌다가 다시 개설하는 작업을 적극 지원한 바 있다. 현지에 방문해 고려인들을 면담했을 때 튀르키예 정부가 튀르키예 디아스포라들에 대해 실시하는 정책과 우리의 그것을 비교하며 얘기하던 고려인들의 원망 섞인 토로를 잊을 수 없다.

2012년 당시 두 과제 가운데 한국어학과 재개설과 상기 대학진흥 문제는 원만히 해결되었으나, 묘역 관리 문제는 가장 어려운 과제로서 미해결 상태였다. 그런데 2021년 8월 16일부터 17일까지 양일간 이루어진 카심 토카예프 대통령의 한국 방문을 계기로 숙원하던 홍범도 장군의 유해봉환이 이루어지게 되었다. 당시 발표된 공동성명에서 "양측은 홍범도 장군의 유해봉환이 한국 국민에게 중요한 의미를 내포하고 있다."라고 평가했다.

하지만 정작 과거와 현재에도 그리고 미래에도 우리에게 중차대한 의미를 가지게 될 한·카 협력이나 고려인 관련 획기적이고 구체적인 프로젝트는 포함되지 않아 아쉬운 마음이 들기도 했다. 물론 카자흐스탄에도 홍범도 거리가 조성되어 있고 그의 모습이 부조로 건물 벽에 설치되어 있는 등 카자흐 사람들에게도 홍범도 장군의 역사적 가치가 전달되고 있다는 점은 상당한 의미를 가진다. 하지만 이것으로는 부족하다.

필자는 한국과 카자흐스탄이 진정한 형제국가임을 입증할 수 있는 온-오프라인 협력 플랫폼platform 형태로 '홍범도 우정의 집'의 설치를 구상하였다. 여기서 집은 '돔'이라는 단어에서, 그리고 우정은 '새의 힘은 날개에 있고, 사람의 힘은 우정에 있다'라는 카자흐스탄 속담에서 영감을 얻었다. 이 프로젝트는 양국 협력의 동인動因으로서 공동성명에서 언급한 사업들을 민관이 협력하면서 포괄적으로 실행에 옮기고, 미래지향적 비전으로 신규사업도 발굴해 가는 것을 포함한다.

일단 우선 추진체로서 보건의료와 노인복지를 통합한 Golden-life Care Center 설립을 제안한다. 카자흐스탄 고려인협회 차원에서 장기적인 프로젝트로 동 협회 소속 모든 단체가 협력하여 1ha 면적의 고려인 문화 및 협력센터 설립을 계획하고 있다는데, 이를 동 구상과 연계하여 추진할 수도 있을 것이다.

상기 공동성명에서 양측은 크즐오르다시에 홍범도 장군에 관한 기념물이 보존될 수 있도록 한국 측이 적절한 지원을 제공한다는 데 합의했다. 카자흐스탄 측은 홍범도 장군을 기리기 위해 장학금 지원 등을 통한 교육 협력과 농업 협력 분야에서 크즐오르다주 내 사회적 사업 추진을 제안했다. 양측은 카자흐스탄이 제안한 협력사업들을 관계 부처 간 협의를 통해 추진해 나가기로 했다. 이에 필자는 바로 양국 대사에게 상기 제안서를 보냈고, 주카자흐스탄 한국대사로부터 '홍 장군 유해봉환 이후에도 고려인 동포사회와 크즐오르다 지역의 상실감이 없도록 하는 것이 중요하다고 생각한다'라는 답신을 받았다. 이어 '구체적인 실행방안은 카자흐스탄 정부 및 크즐오르다 주 정부, 고려인 동포사회의 구체적인 제안과 희망을 수렴하여 우리 정부가 지원하는 것을 검토 중이며, 필자의 제안도 참고가 되도록 공유하겠다'라고 덧붙였다.

한국에 대한 진심 어린 우호협력 정신에 대한 응답이자 홍범도 장군 유해봉환에 감사하는 징표로서 한국 정부가 '홍범도 우정의 집' 프로젝트 및 Golden-life Care Center와 한-고려인 협력센터 등을 민관협력사업PPP으로 시범 설립하여 헬스 디플로머시 차원에서 한국과 카자흐스탄 양국이 금란지교金蘭之交의 우정을 다졌으면 한다.

제3절_ 우주와 가장 가까운 곳 바이코누르 우주 발사기지

1. 어떻게 사막 한가운데 최첨단 우주 발사기지가 등장했을까?

바이코누르는 소련 시기 당국의 전략적 결정에 따라 당시 소련공화국의 하나였던 카자흐스탄 SSRSoviet Socialist Republic의 사막 한가운데 비밀리에 건설된 거대한 우주 발사기지를 말한다. 옛 소련 시절인 1955년에 건설된 크즐오르다주의 바이코누르시는 현재 전 세계에서 가장 큰 우주선 발사기지로 2008년 4월 8일 한국인 이소연이 한국 최초의 우주비행사가 되었고 한국 역시 우주에 사람을 보낸 36번째 국가가 된 뜻깊은 장소이기도 하다. 바로 이곳에서 인류 우주개발 역사의 방점을 찍은 여러 우주 발사들이 성공적으로 진행되었고 현재까지도 다양한 형태의 우주개발 협력이 이루어지고 있다.

현재 이 지역은 카자흐스탄 영토임에도 러시아가 장기임대하여 사용하고 있어 러시아의 권한하에 있다. 따라서 사용하는 언어나 통화, 적용받는 규제 역시 모두 러시아의 그것을 따른다. 카자흐스탄 정부의 경우 바이코누르라는 거대한 우주기지에 대한 임대료 수익을 챙기는 동시에 거의 0이나 다름없던 자국의 우주개발 분야를 개척하기 위해 세계 최고의 우주 강국이었던 러시아의 지지와 협력을 얻는 것이 그 당시 최상의 선택이었다.

카자흐스탄은 독립 직후 혼란한 상황 속에서 동요하던 바이코누르 지역주민들을 위해 우주기지의 인프라를 유지하여 일자리를 보존하는 것이 사회 안정의 차원에서 매우 중요하다고 판단했다. 러시아의 경우 90년대 초 체제 전환에 따른 극심한 경제, 정치적 혼란을 겪었으나 그간 우주개발 분야에서 쌓아왔던 모든 성과와 향후 발전 가능성을 고려할 때 바이코누르 우주기지는 위치와 인프라 면에서 대체재를 찾기 어려울 정도의 가치를 지닌 곳이었다. 그래서 카자흐스탄 정부와의 긴밀한 협력을 통해 지속적인 관리를 이어가는 것이 불가피하다고 판단한 것이다. 이처럼 바이코누르 우주기지는 카·러 양국 간 경제 및 정치 안보 교류의 매우 중요한 축을 차지하고 있는 전략적 협력의 상징물이며 향후에도 카·러 협력에 있어 최후의 보루가 될 것이라고 평가받을 만큼 양국 모두에 상당한 의미를 지닌 전략자산이라고 할 수 있다.

앞서 언급했듯이 카·러 양국 간에 체결된 바이코누르 우주기지 임대 계약에 따라 현재 바이코누르 우주기지는 러시아 정부가 관할하는 러시아 영토의 일부이다. 도시 내에서는 러시아어가 통용되고 통화도 러시아 루블이 사용된다. 바이코누르는 러시아 방위군의 보호를 받는 지역이다. 단, 바이코누르를 대표하는 시장의 경우 러시아와 카자흐스탄 양국 대통령이 함께 임명한다는 점이 상징적이다. 시장 외에도 바이코누르에는 카자흐스탄 대통령이 보낸 특사가 상주 근무하고 있다.

2. 우주 과학의 성지 바이코누르의 개발사

1955년 2월 12일 소련 지도부는 카자흐스탄 SSR 영토에 '5번 과학 시험장'을 만들기로 정하였고, 이로써 바이코누르 우주기지의 공식 역사가 시작되었다. 이후로 수십 년간, 지구 최초라는 타이틀을 단 수없이 많은 우주 발사가 바로 이곳 바이코누르에서 진행되었다. 최초의 인공위성 스푸트니크 Sputnik 1호, 우주로 간 최초의 생명체, 최초의 유인 우주선 유리 가가린을 태운 보스토크 1과 최초의 여성 우주인 등 바이코누르의 역사는 곧 인류가 써내려간 영광의 우주개발 역사라고 할 수 있을 것이다. 드넓은 카자흐스탄의 초원에서 인류 역사를 뒤흔들 만한 우주로의 여행이 시작된 것이다.

사실 세계 최초의 바이코누르 우주기지는 원래 R-7 대륙간탄도미사일 ICBM의 시험장으로 건설되었다. 냉전 시대였던 1954년 소련 지도부는 전략적 안보 문제를 최우선 과제로 삼아 매립지를 선택하는 주요 기준으로 인구가 희박하고 영토가 광대하며 담수 매장지가 가까이에 있고 근처에 철도기반시설(모스크바-타슈켄트 철도)이 가까운 곳을 물색했다. 크즐오르다의 경우 적도에 가장 가까이 위치하기 때문에 지구의 자전 속도를 사용하는 게 더 쉬울 것이라고 평가된 점이 선택의 가장 큰 부분을 차지했다.

애초에 주목적으로 삼았던 ICBM R-7 발사 프로젝트는 단 3회의 시도 끝에 성공적으로 이행되었다. 여기에 1957년 10월 4일, 동일한 R-7 로켓을 이용하여 세계 최초의 인공위성인 스푸트니크 1호를 지구 궤도로 발사하는 실험이 성공하는 쾌거를 이루게 된다. 스푸트니크 1호는 지구 근처에서 3개월을 보냈는데 지구 주위를 1440번 돌며 우주 연구의 신호탄이 되었음을 물론이고 상층 대기 연구에도 귀중한 공헌을 하였다.

소련의 스푸트니크 1호 발사 성공은 우주개발 분야의 선두주자로 여겨졌던 미국의 위상에 큰 타격을 주었고 이에 고무된 소련 당국은 1957년 자신의 우위에 쐐기를 박고자 실험 개 라이카를 태운 스푸트니크 2호를 우주로 발사하여 궤도에 진입시켰다. 라이카는 우주에 진입한 최초의 생명체가 되었으나 불행히도 테스트 비행 결과 지구로 생환하지는 못했다. 그러나 이러한 시도를 통해 생명체가 대기권 밖에서 생존할 수 있음이 경험적으로 입증되었고 이로써 소련은 향후 10년 동안 우주 분야에서 우위를 확보할 수 있었다. 참고로 미국이 발사한 최초의 위성은 1958년에야 궤도에 도달할 수 있었다. 우주 분야의 성공을 냉전 시대 체제 선전의 중요한 도구로 인식하게 된 소련 정부는 우주 분야에 막대한 투자와 지원을 지속하였다.

1960년 8월 19일 역사적인 강아지 벨카와 스트렐카를 태운 스푸트니크 5호가 바이코누르 우주기지에서 우주를 향해 쏘아 올려졌다. 비극적 운명을 맞이한 라이카와는 달리 이들은 25시간의 비행 후 성공적으로 지구에 복귀하였고 이는 우주개발 역사의 새로운 센세이션으로 기록되었다. 이로써 인간이 지구 주위를 도는 궤도 비행에 성공할 수 있다는 매우 정확한 예측이 가능해졌기 때문이었다.

결국, 1961년 4월 12일 인류 최초의 우주비행사 유리 가가린 소령은 바이코누르의 제1번 발사대에서 그 누구도 해보지 못한 인류 최초의 우주 비행을 시도하게 된다. 물론 그 과정에서 여러 번의 실패를 겪긴 했지만 결국 이러한 시도는 성공을 거두었고 임무는 완수되었으며 유리 알렉세예비치 소령은 소련의 영웅이자 인류의 우주개발 역사상 가장 위대한 이름 중 하나가 되었다. 유리 가가린이 탑승한 우주선 보스토크호는 제1번 발사대에서 발사되었는데 이후 이 역사적 사건을 기념하여 1번 발사대의 이름이 가가린 발사대로 변경

되었다. 1번 발사대는 건설 당시 몇 번의 시험 발사만 할 계획으로 개발되었으나 발사대의 기술적 완성도와 견고한 설계, 안정성으로 2019년까지 사용되었고 약 500회 이상의 우주 발사가 바로 이곳에서 이루어졌다.

하지만 바이코누르가 좋은 기록들만 갖고 있는 것은 아니다. 이 지역은 연구용 우주 발사뿐만 아니라 구소련의 핵무기 탑재용 장거리 발사 실험에도 사용되어 왔기 때문에 그동안 민간인의 접근이 철저히 제한되어 왔다. 그러던 중 1960년 10월 24일 대륙간탄도미사일 시험을 하다가 R-16 시범체가 공중 폭발함으로써 100명 이상의 관계자가 사망했으며, 그 후에도 피해지역의 생태계가 파괴됨은 물론이고 인근 주민들이 암과 희귀병 등으로 고통받았다.

이처럼 '우주 경쟁'의 첫 단계는 소련의 승리로 판명되었지만, 미국 NASA도 1960년대 말 인간의 달 착륙을 실현함으로써 소련에 커다란 한 방을 선사했다. 이를 계기로 태양 주위의 공간을 탐사하는 분야에서 미·소 간의 경쟁이 더욱 심화되었다. 우주 진입에서 더 나아가 우주 공간을 선점하기 위한 투쟁이 계속된 것이다.

1970년과 1974년 2대의 달 탐사선이 바이코누르에서 달로 발사되었다. 1960년대 이래로 많은 소련 과학자들이 태양계의 더 먼 곳을 탐험하려고 노력했다. 수많은 연구 모듈들이 바이코누르 우주기지에서 지구에 이웃한 금성으로 발사되었고 1975년에 베네라 9호가 사상 최초로 지구 외 다른 행성에서 지구로 행성 사진을 발송하는 데 성공했다. 이에 탄력을 받아 화성 탐사가 이어졌고 유인 궤도 정거장인 살류트도 발사되었다. 이렇듯 미·소 간의 우주 개발 경쟁은 일견 과열된 양상으로 이어져갔으나 그러한 가운데서 냉전을 허무는 화합과 국제협력의 플랫폼으로 사용되기도 했다.

1975년에 소유즈 19호가 발사되어 지구 궤도에 머물던 미국의 아폴로 우주선과 도킹하는 장면은 인류의 우주개발이 체제경쟁을 넘어선 순간이자 일명 '우주에서의 악수'로 사람들의 가슴속에 기록되었고, 이후에도 소유즈-아폴로 임무는 우주 탐사 분야에서 냉전의 두 축을 차지했던 소련과 미국 간의 평화로운 협력의 상징으로 홍보되었다. 물론 이것이 정치적 목적을 가진 협력이었다는 평가 역시 적지 않지만, 한편으로는 향후 바이코누르가 우주개발이라는 본연의 목적뿐만 아니라 국제사회의 긴장 완화와 실질적인 협력도모의 도구로서 중대한 역할을 할 수 있음을 기대하게 하는 일화이기도 하다.

1980년대에 들어 우주 분야는 여러 상황적인 요건으로 인해 70년대까지 이루어 왔던 만큼의 획기적인 성과는 거둘 수 없었다. 하지만 우주를 향한 인류의 도전은 계속되었다. 바이코누르에서 발사된 마지막 장기 프로젝트는 '미르' 우주정거장의 발사였다. 미르는 인류 역사상 최초의 다중 모듈 우주정거장이었으며 12개국에서 온 100명 이상의 우주비행사가 이곳을 방문하였다.

미르 우주정거장은 최초에 계획했던 5년을 훌쩍 넘긴 약 15년간 우주에 머물렀고 2001년에 지구로 귀환하였다. 80년대에 들어 우주개발의 가장 큰 이슈로 떠오른 것은 우주왕복선 개발 분야였다. 1981년 미국의 나사는 화물을 지구 저궤도에 운반하기 위한 목적으로 우주왕복선 '스페이스 셔틀'을 개발하였고 소련은 이에 대한 응답의 차원에서 '부란'의 개발에 박차를 가했다. 그러나 부란의 최초 발사는 1988년에야 이루어졌고, 이는 이미 미·소 간의 우주개발 격차가 상당한 정도로 벌어졌음을 인정하는 것으로 귀결되었다. 또한 부란 프로젝트는 단 한 차례의 성공적인 무인 발사 이후 프로젝트에 대한 자금 지원이 축소됨으로 인해 추가개발 지연이라는 문제를 안게 되었다. 그럼에도 부란의 개발은 바이코누르 우주기지의 새로운 발전을 위한 동력을 제공하였다. 부란의 착륙을 위해 바이코누르 우주기지 내에 현대적인 비행장이 건설되어 이 지역은 오늘날 모든 등급의 항공기를 수용할 수 있게 되었으며 이는 바이코누르시의 주거 개발이 확장되고 기반 시설이 개선되는 긍정적인 결과를 가져왔다.

1991년에 단행된 소련의 붕괴 및 사회주의 경제실험의 실패는 소련의 우주 과학 분야에도 크나큰 타격을 입혔다. 개발의 지속은 물론 우주개발 분야에 구축되어 온 기존의 성과를 보존하는 것 자체가 쉽지 않은 상황이었다. 1991년 우주개발의 하드웨어라 할 수 있는 우주 비행장과 레닌스크시(바이코누르시의 소련시대 명칭)는 카자흐스탄에 귀속되었으나 소프트웨어라 할 수 있는 전체 로켓 산업 기술은 러시아에 남아있었기 때문에 초반에는 바이코누르의 발사 횟수가 급격히 떨어졌다.

이렇게 우주 산업이 빠르게 파멸되는 것을 막기 위해 1994년 러시아와 카자흐스탄 양국은 20년간 러시아가 바이코누르 우주기지와 레닌스크시를 연간 1억 1,500만 달러에 임대하는 협정에 서명했다. 1995년 레닌스크시는 보리스 옐친에 의해 바이코누르시로 개명되었다. 원래의 바이코누르는 북동쪽으로 수백 km 떨어진 제즈카즈간 인근의 광산 마을이다. 발사기지에 이 이름을 붙인 것은 위치를 혼동케 하여 비밀을 유지하기 위해서였다. 1998년에 들어서자 바이코누르는 전설적인 프로젝트를 실현했던 과거의 모습을 되찾기 시작했다.

2000년대 초 포스트 소비에트 공간이 안정화되며 우주 분야 역시 새로운 목표 설정이 가능하게 되었다. 그중 하나는 우주 관광 시대의 개막이었다. 러시아는 바이코누르 우주기지를 활용하여 세계 최초로 우주 관광 비행을 추진한 국가가 되었다. 2001년 러시아 우주비행사 탈갓 무사바예프, 유리 바투린과 함께 미국 사업가 데니스 티토는 최초의 민간인 우주 관광객이 되어 바이코누르에서 우주정거장 ISS International Space Station로 비행하였다.

2001년에서 2009년까지 7명의 관광객이 추가로 소유즈호를 타고 ISS를 방문했다. 민간인의 우주 관광은 Roscosmos와 미국 회사 Space Adventures가 공동으로 조직했다. 우주 관광을 원하는 민간인은 6개월간의 압축적인 항공 장비 취급 훈련을 거치고 약 5천만 달러에 달하는 엄청난 금액을 지불해야 하지만, 그럼에도 우주를 향한 인간의 열망은 시간과 공간을 초월하는 가치로 이어지는 듯하다. 수없이 많은 세계의 억만장자들이 우주라는 미지의 공간을 탐험하기 위해 긴 대기 명단에 이름을 올렸기 때문이다.

3. 바이코누르의 현재

오늘날 바이코누르 우주기지에는 발사체를 발사하는 데 사용되는 9가지 유형의 발사대가 15개 설치되어 있다. 또한 복합 단지 내에는 2개의 비행장과 거의 500km에 달하는 철도, 1,200km가 넘는 자동차 도로와 수천 km의 송전 및 통신 라인이 설치되어 있다.

2004년 푸틴 대통령과 나자르바예프 대통령 간의 합의에 따라 러시아-카자흐스탄 신 우주협력 프로젝트의 일환으로 바이테렉 우주 로켓 발사대SRC 조성이 착수되었다. 그 주된 목표는 환경친화적인 방식으로 우주선을 궤도에 발사하겠다는 것이었다. 우주개발의 이면에 감춰져 왔던 헵틸 연료의 유해성이 수면 위로 드러나며 맹목적인 우주개발을 멈추고 환경친화적이고 지속 가능한 방식으로 우주개발을 지속하자는 것이었다.

지난 2021년 8월 바이코누르 우주기지에 대한 임대 계약 변경 사항이 발효되어 러시아 당국이 바이코누르 우주기지의 임대를 2050년까지 연장하는 것으로 최종 확정되었다. 이는 러시아와 카자흐스탄이 향후 최소 30년간은 공동우주 탐사를 계속해야 한다는 것을 의미한다. 논란이 많았던 임대료는 1억 1,500만 달러로 확정되었다. 이는 1994년 처음 계약을 체결했을 때 금액 그대로 임대료를 동결하는 데 합의한 것이다.

오늘날 러·카 양국은 우주개발 분야를 실용적으로 활용하고자 우주왕복선 발사 서비스 분야를 확대, 세계시장에 공동으로 진출하고 관련 장비 및 설계 분야에 공동으로 참여하고 있으며 특히 이 분야에서 카자흐스탄 출신 전문가를 양성하고 그들의 참여를 확대해 나가고 있다.

앞서 언급했듯이 러시아는 비록 임대를 통해 소유권을 확보한 상태이기는 하나 유일하게 자국 영토 밖에 있는 바이코누르 우주기지에 대한 의존도를 낮추려는 움직임을 보인다. 적어도 현재까지는 바이코누르 우주기지가 유인 비행이 가능한 러시아의 유일한 우주기지라는 점을 상기할 때 바이코누르 우주기지에 대한 관심과 지원을 포기할 수는 없을 것으로 판단된다. 유인 비행을 위해 필수적인 비상구조시스템SAS은 이륙 중 문제가 발생하면 우주비행사를 지구로 돌려보낼 수 있지만, 러시아 동쪽 시베리아에 위치하는 보스토치니Vostochniy 우주기지에서 이러한 상황이 발생하면 우주인들은 태평양 한가운데로 추락할 수 있기 때문이다.

카자흐스탄의 입장으로는 러시아가 바이코누르에 머무르는 동안 최대한 효율적으로 러시아와의 공동연구 및 인력양성에 나설 계획이다. 카자흐스탄이 판단하는 가장 유망한 우주 분야 협력 중 하나는 자체 위성의 설계 및 생산 작업을 시작하는 것과 바이코누르 우주기지 내 1번 발사대가가린 발사대의 현대화 및 추가 운영 분야, 소유즈 5호 및 소유즈 6호를 발사하기 위한 친환경 바이테렉 발사단지 개발 등을 들 수 있다.

또한 러시아를 필두로 한 유라시아 국가들은 2021년부터 2025년까지 유라시아 기술플랫폼 '우주와 지리정보 기술-제품의 글로벌 경쟁력' 사업의 일환인 원격탐사 데이터를 기반으로 한 우주 및 지리정보 서비스 제공 분야에서 유라시아 경제연합(EAEU, 러, 카, 벨, 키, 아르메니아 등 5개국) 국가들 간의 협력사업을 추진할 예정이다. 이는 2021년 12월 EAEU 비즈니스 포럼 '우주통합Space Integration'에서 발표된 Roscosmos의 유라시아 우주국 창설 제안에서도 확인할 수 있다.

이렇듯 러시아 당국은 바이코누르에 잔존할 것을 결정했지만 동시에 바스토치니 우주기지에 점차 더 많은 힘을 실어주고 있으며 바이코누르 내 일부

부지를 카자흐스탄에 넘김으로써 효율성을 챙기는 모습을 보여주고 있다.

카자흐스탄은 최근 바이코누르 우주기지의 일부 시설에 관한 사용권을 이양받았으며 가가린 발사대의 현대화 작업 관련하여 아랍 투자자와도 협상을 진행하고 있다. 러시아는 우주기지 전체를 유지할 수 없으며 불필요한 부분을 덜어 내고 싶어하고, 카자흐스탄은 운영에 관심이 있는 외부 기관이나 회사 및 국가와의 협력을 통해 우주개발 분야에 새로운 모멘텀을 창출하고자 한다.

이와 관련하여 선도적인 민간 기업 및 신생 기업을 적극 지원하는 방안이 요구된다. 다만 이 과정에서 카자흐스탄은 모든 새로운 기회에 대한 문을 열어야 하며, 국가적 규제 프레임워크를 세계적 추세에 맞게 조정해야 한다. 러시아처럼 '아무도 들여보내지 않고 모든 것을 금지하는' 국가가 독점을 유지할 수도 없고 그렇게 해서도 안 된다. 협력 공간과 탐색은 '핵심' 조직뿐만 아니라 모든 사람이 다룰 수 있고 다루어야 하기 때문이다.

오늘날은 과거와 달리 모든 유형의 네트워크 기술, 인터넷 기능 및 소프트웨어 제품을 자유롭게 사용할 수 있다. 우주 프로젝트를 수행하는 것은 뛰어난 5명만 모여도 충분하다는 말이 있다. 새로운 엔진이나 발사체를 만들라는 것이 아니라, 새로운 서비스를 개발하고, 기존의 여러 기술을 연결하여 유동적인 비즈니스 환경을 만들어 나가자는 이야기이다. 이를 달성하기 위해서는 카자흐스탄 특유의 지방주의를 극복하고 사회의 경직성과 보수적인 태도를 버려야 할 것이다. 기술은 새로운 아이디어에 열려 있을 때 자가증식하는 생명체이다.

카자흐스탄의 입장 (1): **협력 낙관론**

카자흐스탄 내에는 바이코누르의 미래와 러시아와의 우주 협력에 관한 찬반 여론이 모두 존재한다. 협력의 낙관론자들은 카자흐스탄의 우주 산업에는 러시아가 존재해야 미래가 있다는 시각을 가지고 바이코누르의 생존 가능성을 러시아와 연결시키려 한다. 이들은 카자흐스탄이 우주 산업을 발전시키려는 의지가 없으므로 러시아가 완전히 철수하면 카자흐스탄은 바이코누르를 제대로 관리할 수 없다고 보는 것이다. 설사 러시아를 대체할 만한 파트너를 찾게 된다고 해도 오랜 기간 러시아식으로 구축된 우주 기반 시설들을 그들이 제대로 활용하기는 어려울 것이라고 평가한다.

현재 카자흐스탄 내에는 러시아와의 협력을 통해 텔레비전 방송과 인터넷 액세스를 제공하는 2개의 통신 위성과 전리층을 탐사하는 2개의 지구 원격 감지ERS 위성 및 과학 위성을 개발·보유하였는데 이는 토지 연구 및 광물 탐사 등을 가능케 하는 중요한 시스템으로 작동한다. 그러나 문제는 아직 위성의 모든 기능을 완전히 사용하지 못하고 있으며 향후 이를 통해 얻은 데이터를 훨씬 더 광범위하고 집중적으로 사용해야 하기에 러시아와의 지속적인 협력은 필수적이라는 점이다.

실제로 카자흐스탄은 러시아의 지원 아래 자국의 우주비행사를 우주로 보내왔다. 이 과정에서 카자흐스탄은 러시아 측에 2천만 달러를 지불하였는데 이 역시 바이코누르 우주기지 임대료에서 상계되었다. 민간 계약에 의한 우주인 1인의 발사비용이 5천만 달러인 것에 비하면 아주 유리한 조건으로 우주인 훈련 및 발사가 가능했던 것이다.

카자흐스탄은 자국의 우주인 배출을 통해 여러 가지 관련 실험을 성공적으로 진행하였는데 천연자원 및 지구물리학 모니터링을 포함하여, 카자흐스탄의 환경관리 분야의 핵심적인 영역(아랄해 탐사, 아랄해 지역의 먼지 폭풍 모니터링, 카스피해의 기름 유출 등)에 대한 조사가 수행되었다. 이뿐만 아니라 뇌우 활동이 있는 지역의 상층 대기 상태와 과정을 연구하여 환경오염으로 인한 경제적, 환경적 피해 평가, 카자흐스탄 생태 위기 지역의 기후변화 평가, 비상상황 발생 가능성 평가 등을 수행할 수 있었다. 이는 카자흐스탄으로서는 상당한 기술적 진보라고 할 수 있다.

카자흐스탄은 러시아와 떼려야 뗄 수 없는 우주 분야의 역사적 운명공동체가 되었다. 이러한 장점을 최대한 살려서 이 분야의 전문가를 훈련 및 양성하고 관련 기업을 지원해 나가야 할 것이다. 이제는 단순히 우주 과학이라는 워딩 자체에 흥분하는 시대는 지나갔다. 자국이 가진 능력을 현실적으로 계산해 보고 더욱 실용적으로 이 분야에 접근하려는 시도가 진행되어야 할 것이다. 과거의 우주 탐사는 누가 더 많은 우주 업적을 달성했는지 또는 누가 더 멋진 성과를 거두었는지 보여주는 쇼와 같은 것이어서 그 이면에는 절대적으로 필요한 많은 실제적인 목표들이 사라지기 시작했다.

그러나 이제는 다르다. 유럽의 경우 자체 유인 우주선을 만들 수 있다고 해도 계산기를 두드려 봐서 수익이 없다는 판단을 하여 러시아 또는 미국장치를 대여해 비행할 계획을 한다. 유럽인들은 대신 위성통신, 항법(도시 탐색, 교통수단으로 이동), 고객에 필요한 정보를 맞춤형으로 제공하는 원격감지 시스템과 같은 응용 분야에 모든 노력을 기울였다. 이러한 실용적인 기술개발이 우주 공간 활용에 필요한 시대라는 것이다.

반면 우주개발은 막대한 초기자금이 필요하므로 단기간에 수익을 창출할 수 있는 사업이 아니다. 하지만 그렇다고 해서 수익만을 바라보고 접근한다면 예를 들어 대중교통이 수익성이 없다고 해서 거부하는 지경으로 빠질 수 있다. 그러나 대중교통이 없는 도시, 지역, 국가 전체의 삶을 상상할 수 없듯이 카자흐스탄 정부 역시 단기적 이익에 연연하지 않고 장기적 안목으로 우주개발 분야의 방향성을 치열하게 고민해 나가야 할 것이다.

카자흐스탄의 입장 (2): 협력 비관론

2004년 카·러 양국은 바이코누르 발사 로켓에 사용된 연료 성분의 독성 문제를 해결하기 위해 바이코누르 우주기지 내에 무독성 연료를 사용하는 새로운 로켓 발사장을 설치하기로 합의하였다. 이것이 바로 앞서 언급한 바이테렉 공동 프로젝트이다.

그러나 이후에도 몇 차례 환경 관련 분쟁이 지속되었고 특히 2013년 프로톤 발사체가 발사 직후 바이코누르시 근방에 추락하는 대형 사건이 발생했는데 문제는 여기에 약 600톤가량의 독성이 강한 헵틸이 실려 있었다는 것이다. 이는 카자흐스탄 사람들에게 러시아가 자신의 잘못에 대한 도덕적, 물질적 보상을 거부한 것으로 받아들여졌고, 러시아와의 우주 협력을 비관적으로 바라보게 하는 데 일조했다. 그러나 공동개발이라는 미명하에 결국 로켓에 대한 모든 기술적 부분은 러시아가 쥐고 있고 카자흐스탄은 지상 작업만 담당하고 있다는 점 역시 향후 우주 협력을 비관적으로 바라보게 한다. 따라서 카자흐스탄에서는 점차 우주 협력 분야에서 러시아의 의존성을 줄이고 이집트가 수에즈 운하를 이용하는 것과 같은 방식으로 바이코누르를 개방된 국제 투자지역으로서 개발해야 한다는 의견이 등장하고 있다.

러시아의 입장

러시아 내에서도 바이코누르 향후 사용에 대한 찬반논의가 있다. 러시아는 실제로 극동에 새로운 우주 비행장을 건설하였으며 바이코누르 내 발사대의 일부를 상트페테르부르크 북쪽의 플레세츠크Plesetsk와 동쪽 시베리아에 있는 보스토치니 우주기지로 이전하고 있다. 하지만 동시에 러시아 지도부는 외부를 향해 러시아는 향후 바이코누르 우주기지를 떠나지 않을 것이라고 분명히 선언한 바도 있다.

바이코누르 유지에 찬성하는 사람들은 러시아의 다른 우주기지, 예를 들어 플레세츠크 우주기지의 경우 지리적 위치가 좋지 않고 보스토치니 우주기지의 경우 동일한 유형의 추가 발사대 부족과 같은 기술적 어려움과 남쪽 경로에서 발사 시 일본, 한국 및 북한과 의무적 조정이 필요하므로 유인 우주 비행에 적합하지 않다는 점을 들어 몇 가지 성가신 사항에도 불구하고 바이코누르 우주기지의 사용은 불가피하다는 점을 내세운다. 또한 모스크바 당국에게 있어 바이코누르는 수익성 있는 사업이기도 하다.

5. 바이코누르에서 본 한국과 카자흐스탄의 우주개발 협력 가능성

━━━

카자흐스탄은 바이코누르 우주기지 덕분에 우주 과학 분야에서 세계적인 이름을 얻게 되었다. 2014년에 '아랍에미리트 우주청'을 설립하면서 우주개발 분야에 진출한 아랍에미리트는 2020년 7월에 국가 최초의 화성 탐사 임무를 성공적으로 수행하는 것으로 국제사회를 깜짝 놀라게 했다. 이러한 성과를 토대로 아랍에미리트 우주청은 지구 궤도에 인공위성을 발사하거나, 달 탐사 임무를 추진하는 등의 다양한 우주개발 프로젝트를 진행하고 있다.

이처럼 카자흐스탄도 국가 경제의 다각화와 더불어 과학 기술 분야에서의 발전을 목표로 적극적인 우주개발 역량 강화 프로젝트를 진행해 보는 것은 어떨까? 그렇게 함으로써 국가 안보는 물론 전 국민의 에너지를 결집하여 새로운 카자흐스탄으로 도약하는 동력이 마련될 것이다.

여기에 우주산업계 역시 비즈니스모델이나 타 산업의 기술과 협력 프로세스를 활용한 ICT 산업과의 공생 협력이 점차 중요해지고 있다. 따라서 IT 강국 한국 역시 유망한 협력 파트너로 떠오르게 되었다. 왜냐하면 한국은 발사체와 위성이라는 기술을 어느 정도 확보했을 뿐만 아니라 이를 우리의 최대 강점인 ICT 등과 연결할 수 있는 몇 안 되는 국가이기 때문이다.

'바이코누르'는 앞으로 한국의 우주 과학 기술 발전에 큰 도움을 줄 귀중한 협력 파트너가 될 수 있다. 한국은 국토 면적이 작고 위도상으로 굉장히 불리한 위치에 자리하기 때문에 저궤도 위성의 경우 우주 발사체를 상업적으로 발사하기에 굉장히 불리한 위치에 있다. 따라서 이 난점을 극복하기 위한 국외

바이코누르 우주 발사기지 ⓒ카자흐스탄 관광청(kazakhstan.travel)

발사장 확보 차원에서 보면 우주 외교의 대상으로 바이코누르가 최적지이다.

2013년 러시아의 엔진 기술로 만든 한국 최초의 우주 발사체 나로호 발사 당시 한국의 독자적 우주 발사 기술은 꿈에서나 가능한 이야기였다. 그러나 2022년 역사적인 누리호의 시험 발사가 성공리에 진행되었고 이와 관련하여 CNN은 "1톤 이상의 위성 로켓으로 인공위성을 궤도에 성공적으로 발사한 나라는 러시아, 미국, 중국, 일본, 인도, 그리고 유럽연합밖에 없다."라고 보도하였다.

또한 한국이 여기에 포함된 7번째 국가가 될 수 있으며, 현재 한국의 우주 산업이 급성장하고 있음을 중점 보도하면서 2030년까지 달 탐사선을 보낼 것을 목표로 하고 있다고 언급했다. 드디어 2023년 5월 25일 한국은 1톤급 인공위성 누리호 3차를 자력으로 발사할 수 있는 7개국에 당당히 합류하였다.

2021년 8월 카자흐스탄 카심 토카예프 대통령 방한 시 공동성명에서 양측은 2019년 4월 대한민국 과학기술정보통신부와 카자흐스탄 공화국 디지털개발혁신 항공우주산업부 간에 체결된 평화적 목적을 위한 우주 탐사와 이용 협력에 관한 MOU를 바탕으로 우주 산업 협력을 더욱 강화하고 카자흐스탄의 지구원격탐사 위성군 추가개발에 대한 한국기업의 참여 등 호혜적인 프로젝트를 추진하기 위해 공동으로 노력해 나가기로 합의하였다. 따라서 한국의 미래 우주 산업에서 바이코누르는 커다란 가능성을 지닌 기회의 땅이라고 생각한다.

특히 Old Space(과거의 우주개발)와 New Space(미래의 우주개발)를 비교할 때, 우주 분야는 과거 정부 예산에 의존한 정부 주도 사업에서 점차 민간 투자나 민관협력인 민간주도형 사업으로 형태가 변화하고 있다. 항공우주산업을 언급하면 가장 먼저 우주에 인공위성을 쏘아 올리는 스페이스 X를 만든 일론 머스크가 떠오른다. 세계적인 우주 기술의 산업화 방향을 보면 규모의 경제 때문에 중소 벤처기업들이 큰 회사로 합병이 되고, PPP 민관협력으로 정부는 예산을 줄이고, 민간은 재무 리스크를 줄이는 방향으로 진행되고 있다.

이제는 위성 자체의 산업보다는 통신, 환경, 농업, 외환, 투자 담보 등을 하나로 묶을 수 있는 것이 필요하다고 본다. 오늘날 우주개발 및 통신 분야에서 활동하는 민간 우주 기업인 스페이스X가 운용하는 우주 인터넷 위성인 스타링크가 최대 42,000개 정도가 올라가 전 지구가 위성으로 덮이는 날이 오고 있다. 한국 역시 민간 우주 산업을 2040년까지 약 10%까지 점유율을 늘리겠다고 발표한 만큼 향후 바이코누르와의 국제협력을 강화해야 함은 자명하다.

제4절_ 시르다리야강을 따라서 바이코누르 관련 볼거리

1. 카자흐스탄, 2014년부터 로켓발사대 관광 실시

필자는 2012년 12월 19일 바이코누르시를 공식 방문했다. 우리 방문단은 바이코누르시의 구석구석을 돌아보았지만, 특히 저녁 6시 12분 근거리에서 우주선 발사현장을 함께한 것은 평생 잊지 못할 추억으로 남는다. 러시아인 이었던 바이코누르시 직원은 당시 38개국 전문가들이 모여 우주 비행 관련 연구를 진행 중이라고 안내했다.

한국 최초의 우주인 이소연과 고려인 출신 세르게이 리빈이 발사 직전 기록한 친필 사인을 확인 후 바라보는 발사 장면은 더욱 감동적이었다. 하지만 그날 영하 40도까지 떨어진 기온 탓에 카메라 플래시가 작동하지 않아 카운트다운 순간을 제대로 찍지 못한 것은 지금 생각해도 아쉽다. 우주선이 발사되어 창공을 가르는 모습 역시 손가락이 얼어서 겨우 셔터를 누를 수 있는 정도였으니 말이다.

카자흐스탄은 2014년부터 세계 최초로 우주선 발사기지인 바이코누르 기지의 관광사업을 시작하였다. 세계 최대 규모의 우주센터 바이코누르는 전 세계의 관광객들이 찾아오는 크즐오르다 지역의 주요 관광명소 중 하나이다. 여기서 관광객들은 일정 장소에서 로켓 발사를 관측할 수 있으며, 우주박물관뿐만 아니라 유리 가가린, 세르게이 코롤료프의 생가도 방문할 수 있다. 바이코누르 관련 조사에서 떠오르는 것은 '비밀기지'라는 흥미로운 이야기와

'세계 최초'라는 키워드였다. 바이코누르는 오래된 만큼 많은 역사가 담겨있다. 미국과 소련의 냉전체제일 때, 두 경쟁자의 보이지 않는 신경전이 결국 미국뿐만 아니라 바이코누르의 우주 과학 기술을 발전시켰고, 바이코누르는 세계 최초라는 타이틀을 차지하게 되어 미국을 완벽하게 이겼다.

세계 최대규모의 우주센터 '바이코누르', 세계 최초의 인공위성 '스푸트니크 1호', 우주로 간 최초의 생명체가 탄 로켓 '스푸트니크 2호', 세계 최초의 인류가 타고 간 '보스토크 1호', 세계 최초의 인류 '유리 알렉세예비치 가가린' 등. 이처럼 세계 최초라는 타이틀은 매우 값진 것이며 전 세계 관광객들의 이목을 끌기에 충분하다. 오늘날에도 전 세계 수많은 관광객이 바로 이 '세계 최초'를 감상하기 위해 바이코누르를 찾고 있다.

러시아에서 관리하는 폐쇄도시가 3곳이 존재하는데, 첫 번째가 바이코누르, 두 번째가 세미팔라틴스크 핵 실험장, 세 번째가 사라샤간 ABM 실험장이 있는 프리오조로스크이다. 소련 시대부터 우주 과학 기술의 번영을 누리게 했던 바이코누르의 거대한 비밀을 감추기 위해 국가는 어떤 일들을 했는지에 대해 많은 호기심을 자아낸다.

바이코누르는 우주기지의 이름뿐만 아니라, 건설 사실 자체가 비밀리에 부쳐졌다. 우주기지를 위한 건축자재는 전량 일반 여객차량에 실려 튜라탐 역에 도착했다. 그리고 밤에만 하역작업에 동원된 노동자들조차 자신의 손을 거쳐 간 건축재가 어떤 어마어마한 프로젝트에 사용될지 모르고 있었으며 마지막까지 그들은 저 너머 초원에 운동경기장을 짓고 있는 것이라고만 생각했다고 한다. 하지만 사람이라고는 그림자도 찾아볼 수 없는 카자흐스탄 초원에 왜 경기장을 세우는지 묻는 일은 금기 사항이었다. 바이코누르는 냉전이 끝나기 전까지 소련에서 극비 중의 극비였던 기지였다. 그만큼 바이코누르는 비밀을 간직한 우주기지였으며, 우주 과학의 성지라고 할 수 있다. 유리 가가린, 세르게이 코롤료프 생가를 직접 찾아 현장을 확인함으로써 몇십 년 전, 소련이 그토록 꽁꽁 숨겨왔던 비밀기지 바이코누르에 대해 많은 상상력을 발휘할 수 있을 것이다.

2. 황무지였던 곳이 '풍요로운 계곡'이 되어
우주 과학 기술의 발전을 이끌다

세계 최초이자 최대 규모의 우주발사장 바이코누르는 카자흐어로 '풍요로운 계곡'이라는 뜻이지만, 인공위성 사진을 보면 넓은 황무지에 큰 건물들이 늘어서 있는 다소 쓸쓸한 느낌이 들어 이름과 매칭이 되지 않는 것이 아이러니하다. 이곳에서 살고 있던 유목민들 사이에는 수 세기 전부터 검은 목동에 관한 전설이 내려온다.

이야기는 이렇다. 옛날 옛적 검은 목동이 송아지 가죽으로 거대한 투석기를 만들어 지평선에 적이 나타나면 뜨겁게 달궈진 돌들을 하늘로 쏘았다고 한다. 하늘에서 떨어지는 뜨거운 돌에 놀란 적들은 혼비백산해서 도망갔다. 한편 돌들이 떨어진 곳은 풀 한 포기 자라나지 않고 짐승들도 모두 죽어버렸으며 그을린 흔적 역시 오랫동안 사라지지 않았다고 한다. 이 이야기에 얼마만큼의 사실이 숨어있는지는 모르지만, 오늘날 역시 이곳에서는 이 전설 속의 이야기와 비슷한 광경이 벌어진다. 우주기지의 거대한 '투석기'가 하늘을 향해 끊임없이 불타는 로켓을 쏘아 보내고 있으니 말이다.

바이코누르 건설 장소에 관한 전설이 하나 더 있다. 가가린 발사장을 짓기 위해 구덩이를 파기 시작했을 때, 깊이 35m 지점에서 고대의 화로터가 발견됐다. 고고학자들은 화로터가 기원전 1만~3만 5천 년 전 것으로 추정했다. 수석설계자 세르게이 코롤료프는 이 발굴을 행운의 징표로 여겼다. 코롤료프는 "우리는 생의 경계에서 건설작업을 하고 있다. 만약 우리 이전에 이곳에 생명이 살았다면, 우리에게도 이곳은 행운의 장소가 될 것"이라는 말을 남겼다고 하는데 이는 여러 버전으로 각색되어 후대에 전해지고 있다. 코롤료프는 고대의 화로터에서 발견한 석탄 조각을 기념으로 주워 성냥갑에 넣어서 가지고 다녔다고 한다.

1955년 1월, 소련의 5번 과학연구지구로 지정된 후, 이곳은 로켓 발사를 위한 가장 이상적인 지역으로 평가받았다. 겉으로 볼 때 황무지에 불과한 이 지역에서 엄청난 규모의 대형로켓이 안전하게 우주로 발사되는 데에는 이유가 있다. 로켓 발사는 저위도일수록 유리한데, 앞서 언급했듯 바이코누르는 소련의 우주기지 중에서 가장 저위도에 위치하기 때문에 우주로의 진입이 유리하다. 건조 지역으로 구름이 없고 산악이 없는 평원지대에 위치한다는 것, 사람이 거의 살지 않는 황무지였다는 점 역시 우주 발사기지로는 최적의 조건이라 할 수 있다.

우주인 귀환 시 귀환 지점의 오차가 당초 예상보다 200~300km까지 벌어질 수 있는데, 서울 면적의 11배에 이를 만큼 넓은 평원은 이러한 위험성을 상쇄해 주었다. 즉 이곳은 우주 로켓 발사와 착륙을 담당할 최적의 장소인 셈이다. 참고로 우주개발 초창기에 미국은 우주인들을 바다에 착륙시키는 것을, 옛 소련은 지상에 착륙시키는 것을 선호했다.

형제국가
카자흐스탄

실크로드
오아시스의 길
카라반 쉼터
타라즈와 쉼켄트

05

제1절_ 타라즈가 고선지 장군의 탈라스?

- 〈실크로드의 왕 고선지 장군〉 초연 관람 후 소회 -

타라즈는 7세기경 부흥했던 역사적인 도시로서 이름의 뜻이 '저울'을 의미한 데서 알 수 있듯이 실크로드 선상의 고대 무역중심지이다. 알마티에서 타라즈로 향하는 양 길가에 5월이면 온 산이 붉게 타오르듯 피는 꽃이 있다. 바로 양귀비다. 문득 이곳에서 벌어졌을 탈라스 전투를 떠올려 보니, 고구려 유민 고선지 장군을 흠모했던 양귀비가 붉디붉은 꽃이 되어 봄마다 정열을 불태우는 것만 같다.

연극 〈실크로드의 왕 고선지 장군〉은 실은 필자가 고려인 이주 150주년을 기념해 한국과 카자흐스탄 문화 교류 사업의 일환으로 최지영 카자흐스탄국립대 교수에게 대본을 부탁함으로써 시작되었다. 이후 카자흐스탄 역사교과

들판에 가득한 양귀비 꽃

서를 집필한 강게오르기 역사학 박사가 대본 감수에 참여하는 등 여러 손길
의 정성이 모아져 기획된 작품이 드디어 초연되던 날이 떠오른다.

처음에는 카자흐스탄을 침략한 당나라 장군 고선지를 주인공으로 내세운
작품을 다름 아닌 카자흐스탄에서 선보이는 것이 괜찮을지 망설였다. 하지만
그를 '카자흐스탄의 술탄 바이바르스Beibarsa'라고 비유적으로 소개하면서 관
객들의 거부감을 없애고 더 친근감 있게 다가갈 수 있었다. 술탄 바이바르스
는 킵차크 출신의 카자흐스탄 사람으로서 고선지 장군과 비슷한 처지에서 이
집트 맘룩왕조의 술탄 자리에 올랐다. 프랑스 루이 9세를 포로로 잡고, 중동
의 이슬람 세계를 십자군과 무적의 몽골군으로부터 지킨 영웅이었다.

알마티 소재 고려극장에서 상연된 작품을 감상하며 극 중 인물들의 실감나

는 연기 덕에 필자는 점점 상상의 나라로 빠져들었다. 빨간 비단에 손수 수놓은 주머니를 건네던 천하절색 양귀비의 구애도 흔들지 못한 고선지 장군의 마음을 항상 무겁게 짓눌렀던 것은 바로 고구려의 피를 받고 태어났으나, 고구려 땅을 알지 못한 채 정처 없이 살아온 자신의 삶이었다. 그는 "우리의 핏속에는 광개토대왕의 피가 흐르고 있다. 그러니 내 뼈를 평양성에 묻어다오."라는 아버지 고사배 장군의 유언을 한시도 잊어버릴 수 없었다.

어느 곳에도 뿌리내리지 못하는 나무처럼 살아왔기 때문이었을까? 그렇다. 그는 공포와 존경과 신뢰의 대상으로 이름 날리던 고구려 황족의 후손인 동시에, 고구려 땅에도 중국 땅에도 그 어디에도 뿌리내리지 못하고 떠돌았던 이방인이었기 때문이다.

파미르 고원을 넘은 고선지 장군의 승리로 당나라에 바쳐진 72개국 가운데는 아랍은 물론이고 동로마 제국도 포함되어 있었다고 한다. 서양인 최초의 탐험가 영국의 오렐 쉬타인 박사는 해발 4,574m 다르코트 고개를 넘어선 고선지 장군의 토번 정벌을 한니발이나 나폴레옹보다 위대한 원정이라고 평가했다. 프랑스의 역사학자 르네 그루세는 중앙아시아를 호령하던 총독이라고 칭하였을 정도로 고선지 장군에 대한 서양에서의 평가는 우리가 상상하는 그 이상이다. 이처럼 서역 전쟁을 승리로 이끌었던 원동력은 고선지 개인의 탁월한 능력도 있었지만, 그의 지지 기반이었던 고구려 유민세력인 별동대의 힘이라 할 수 있었다.

실크로드는 고선지가 지배자로 등장하면서부터 최전성기를 맞이했다. 비단을 매개로 한 교역으로 동서가 함께 풍요를 누리는 황금기가 시작되었던

탈라스 전투 상상도

것이다. 시성 두보가 "안서도호부의 푸른 한혈마汗血馬, 주인과 한 몸으로 큰 공 이루었네."라고, 예찬해 마지않았을 정도였으니 말이다. 이처럼 실크로드의 왕이었던 고선지는 어처구니없게도 당을 위해 공을 세우고도 모함으로 죽임을 당한 비운의 명장으로 생을 마감하게 되었다.

탈라스 전투는 세계사에서 동양과 서양이 최초로 벌인 군사적 충돌로서 기록되는 등 커다란 획을 그었다. 탈라스 전투에서 패한 당의 병사 중 일부는 사라센의 포로가 되어 사마르칸트로 끌려갔다. 포로 가운데는 제지술 등 기술자가 다수 포함되어 있었다. 이와 같은 나침반과 제지술의 위력이 서양의 지식산업을 일으켰을 뿐만 아니라 유럽을 신문명 사회로 이끄는 역동적 에너지를 제공했다. 결과적으로 고선지의 탈라스 전투는 서양문물의 발전을 넘어

인류 문명의 발전에 지대한 공헌을 하는 역사적 사건이었던 것이다.

고선지 장군의 지지 기반이었던 고구려 유민세력 별동대의 힘도 함께 상상해 본다. 고구려는 수나라 100만 대군의 침입에서부터 당 고종까지 중국과 4번 싸워 3번을 이겼지만 단 1번의 패배로 인해 역사 속으로 사라졌다. 『삼국사기』에 의하면 보장왕 등 20만 명이 당나라로 끌려갔다고 한다. 이 망국의 한을 품고 한반도 서쪽으로 강제 이송된 고구려 유민들의 모습이 강제이주의 설움을 겪은 고려인들의 모습과 오버랩되었다. 고려인들도 고구려 유민들처럼 실크로드의 대상들이 지나다니던 낯선 환경에 적응하고 사막 지역 오아시스를 중심으로 새로운 삶을 개척했기 때문이다.

고구려 유민들은 돌궐과는 과거에 형제지국의 관계를 유지했던 만큼 중앙아시아에 남기를 희망하였을 것이며, 중국에 돌아가는 것보다 이곳에서 마음 편히 역량을 펼치지 않았을까? 비록 고선지 장군의 꿈은 좌절됐어도 그가 닦아 놓은 실크로드를 통해 그 후손들은 마음껏 날개를 폈으리라 상상해 본다. 김지하 시인은 "고려인들을 돕는 일은 민족 역사를 살리는 일임은 물론이고, 볼셰비키 이후 새로운 삶의 길에 나선 중앙아시아의 형제민족들과 손을 잡는 일이니 1만 4천 년 전 머언 파미르로부터 시작된 마고麻姑의 근본을 살리는 길이기도 하다."라고 말했다. 고선지 장군과 고구려 후예들처럼 1937년 연해주에서 중앙아시아로 강제이주 당한 고려인들의 삶도 여전히 이방인으로서 경계인으로 살아왔다는 점에서 궤를 같이한다.

그렇게 군사를 이끌고 서역으로 향하던 고선지 장군의 군대는 현재 키르기스스탄 탈라스 지역과 카자흐스탄 타라즈 지역의 중앙에 있는 탈라스 평원에서 대규모 전투를 펼치게 된다. 752년 당과 아랍이 대치하고 있을 때 당에게 멸망한 돌궐족의 일족인 카를룩과 아랍인의 연합군에게 고선지 장군이 최초로 쓰디쓴 패배를 맛보게 되고 대부분의 군사를 포로로 빼앗기게 된다. 그 계기로 카를룩 부족은 모두 이슬람으로 개종했고, 고선지로 인해 결국 이슬람 문화권이 여기까지 확장되었다.

돌궐계 부족들이 이슬람교로 개종하기 시작한 것은 실크로드 무역을 담당하던 소그드인들이 처음이었다. 2단계로는 페르시아 무슬림 왕자가 부귀영화를 버리고 중앙아시아 스텝을 누비면서 정착화가 시작되었다. 그러나 이렇게 투르크족들이 대대적으로 이슬람화되는 결정적인 계기는 탈라스 전쟁이었다. 이 전쟁에서 쿠라산의 압바스 지배자 아부 무슬림은 고선지 장군의 군대를 패퇴시키고 중국의 영향력을 제거함으로써 지역주민들은 그들의 종교였던 샤머니즘을 버리고 일시에 알라를 믿는 무슬림이 되었다.[1]

그러나 이러한 결과는 아이러니하게도 제지술이 서양에 전파되는 것을 촉진하게 된다. "대부분의 군사를 포로로 빼앗기게 된다."라는 구절에 답이 있다. 이렇게 포로로 끌려간 군사 중에 기술직에 종사하던 사람들이 다수 있었던 것이다. 지금 같으면 반도체 기술자가 잡혀가 버린 형국이다. 그때까지 파피루스나 양가죽에 글을 쓰다가 종이가 나온 것이다. 끌려간 포로들은 사마르칸트에서 제지소를 만들었고 이후 사마르칸트지로 불리며 서방에 제지술이 널리 퍼졌다고 한다. 더욱이 이 시기 아랍 세력이 중동 지역을 넘어 아프리카 북부와 스페인, 포르투갈을 장악하고 있어 제지술의 유럽 전파에 더욱 박차를 가할 수 있었다. 이 결과로 동서의 문헌들이 대량 번역되었고 구텐베르크에 의해 인쇄술이 발전하면서 인류에 엄청난 결과를 가져오게 된다.

비록 전투에서 쓴 패배를 맛보았지만, 결론적으로 역사에 영향을 미친 고선지 장군에 대한 평가는 동양과 서양, 그리고 우리나라에서 서로 엇갈리게 된다. 고선지 장군이 활약했던 중국에서는 탈라스 전투에서의 패배로 당나라가 쇠퇴하는 계기가 되었으며 중앙아시아 지역이 중국의 영향력에서 벗어나 서서히 아랍권 문화에 흡수되게 만든 장본인으로 평가하고 있다.

우리나라에서는 중국 사서에 입적한 뛰어난 인재라고만 서술할 뿐 자세한 서술은 이루어지지 않았다. 단지 필자가 리야드 근무 시 아랍군에 붙잡힌 윤씨 성의 고구려 병사가 바레인을 거쳐 사우디아라비아에 정착하여 그 후손들이 살고 있다는 얘기를 들은 기억이 난다. 하지만 서양에서는 정반대의 평가가 이어지고 있다. 역사상 없었던 파미르 고원을 넘어 서역을 정벌한 장군이라 평가하고 있으며 탈라스 전투를 통해 종이 만드는 기술이 서양까지 전파되도록 만든 인물이라고 높이 평가하고 있다. 그래서 유럽 문명의 아버지라고도 한다. 이렇게 볼 때 오늘날까지 우리 민족이 세계 무대 어디서든 최고의 기량을 뽐어내는 것이 결코 우연이 아니라는 점을 알 수 있다.

또한 한반도에만 국한되어 있을 것이라고 생각하던 우리의 역사가 한반도를 벗어나 멀리 중앙아시아 땅에서도 펼쳐졌다는 사실이 우리의 마음을 뭉클하게 한다. 특히, 그의 활약이 다름 아닌 카자흐스탄 타라즈 지역에서 펼쳐졌다는 사실은 카자흐스탄을 한층 더 가깝게 느껴지게 만든다.

제2절_ 낙타행렬의 실크로드가 철길·도로 및 디지털로 부활하다

카자흐스탄 남쪽의 바이코누르 오른편에는 타라즈라는 도시가 자리잡고 있다. 현재 이곳은 아스타나 다음으로 빠른 속도로 발전하고 있는 도시 중 하나이다. 이 도시는 실크로드의 통과도시로서 문명 교류의 가교역할을 한 것으로 유명하다. 시장에 가면 세계 각국의 다양한 언어를 들을 수 있고, 없는 물건을 찾는 것이 빠르다고 할 정도로 활기를 띠는 곳이었다. 비잔틴 제국의 화폐가 이곳에서 발굴이 되었다는 사실은 타라즈가 비단 중앙아시아 지역의 중심이 아닌 서양과 동양을 이어주는 중심이었다는 것을 말해주고 있다.

그런데 타라즈에 대해 알아보기에 앞서 교류의 매개체로서 실크로드에 대한 이해가 필요하다. 먼저 실크로드 전반에 대해 간단하게 나누고자 한다. 전통적 실크로드로는 전기(BC8C~18C) 2500년 동안에 청동기의 동전東傳으로 아시아인들의 문명전환을 촉진한 유목민의 초원로가 있었으며, 이어서 고선지 장군의 제지법의 서전西傳으로 유럽의 계화를 개도한 비단길이 있었다. 후기(19C~오늘날) 300년 동안에는 현대적 신 실크로드로서 근대적인 교통수단의 등장으로 동전東傳을 하는 일대 변신을 하게 된다.

새로운 길이 열리면 시대가 열린다고 하는데, 그러면 과연 디지털 로드나 북극항로 등 새로운 길이 열렸을 때 신문명의 산파역할을 하며 다시 서전西傳하는 디지털 노마드 시대를 열 수 있을 것인가 궁금해진다.

일단 전통적 실크로드는 3개의 노선으로 크게 나누어졌는데 초원길, 오아시스길, 그리고 바닷길이 그것이다. 경제 문화적인 교류를 통해 동양과 서양을 이어지게 만들었던 노선이다. 일단 초원길은 중국 한나라 이전의 문명 교류의 주된 통로로 사용되었으며, 유라시아 북방 초원지대를 동서로 횡단하였던 길이다.

서쪽의 끝인 발트해 남단으로부터 흑해의 동북 편과 카스피해와 아랄해 연안을 지나 카자흐스탄과 알타이산맥 이남의 중가리아 분지를 거쳐 몽골 고비 사막의 북단 오르혼강 연안으로 이어진다. 이후 이 길을 연장하여 한반도까지 연결되었다고도 한다. 일본사학계의 기마민족설에서 말하는 고분문화기의 기마문화도 초원로를 통하여 전달되었다고 여겨진다.

다음으로 오아시스길 역시 실크로드로 사용되었는데, 이는 중앙아시아의 건조지대(사막)와 반사막에 점재하는 오아시스를 연결하여 동서로 뻗은 길을 일컫는다. 오아시스길이 생기면서 초원길의 이용량은 줄어들게 되었다. 이 길 가운데에는 파미르 고원(6,100m 이상)이라는 큰 장애물이 있었는데, 기원전 2세기에 살았던 전한의 장건(~BC114)이 길을 개척하여 오아시스길을 완성하였다.

여기서 전한의 무제는 장건의 보고서를 읽고서 한혈마를 보길 원했다고 한다. 흉노족 토벌을 위해 서역과 손을 잡고자 하였던 것이다. 즉 초창기의 교류는 정치적, 군사적인 목적에서 실행되었다. 명령을 받은 장건은 서역으로 길을 떠나는 수밖에 없었다. 도중에 노예로 붙들리는 일이 없도록 황금과 실크 등 귀한 선물을 실어 보냈는데 장건 일행은 무사히 대원국에 도착하여 이 선물들을 한혈마와 교환할 수 있었다. 그런데 이 실크는 거기서는 필요가 없었

오아시스길

고 결국 페르시아를 거쳐 인구가 많은 로마까지 가게 되었다.

한편, 수십 필의 한혈마를 눈앞에 둔 한 무제는 크게 기뻐하며 그 말들을 천마天馬라 명명했다. 핏빛 땀을 흘린다는 뜻의 한혈마가 하늘의 선택을 받았다는 뜻을 가진 천마로 거듭난 것이다. 천마는 훗날 천리마로도 불려졌다. 하루에 천 리 이상을 빠른 속도로 달릴 수 있을 만큼 체력이 강해서 유목민인 흉노의 말보다도 뛰어났기 때문이다.

흉노의 위협에서 벗어나고 싶었던 한 무제에게 이것은 기회였다. 여담이지만 한 무제의 흉노에 대한 대응방식은 사마천의 『사기』 집필과도 관련이 있다. 흉노족 토벌에 출전하였던 이릉 장군의 항복에 관하여 사마천만이 그에게 잘못이 없다고 변호하였다. 성격이 급한 한 무제는 이에 격분하여 그에게 사형과 궁형 중에서 선택하라는 명을 내렸다. 사마천은 극한의 치욕과 모멸감을 일관된 역사의식으로 승화하며 평범한 관료로서 130권의 방대한 『사기』를 남겼다.

한편, 서쪽으로부터의 길 개척을 보면 기원전 334년 마케도니아의 알렉산더 대왕의 아시아 정복은 당대 최대 군주를 탄생시키고, 유럽 및 아시아 지도를 새로 만들었을 뿐만 아니라 세계사의 판도 자체를 변화시켰다. 그리스의 외쿠메네oikumene는 동양의 것과 만나면서 무역 길 소통을 위한 동맥 역할을 했다. 이 길은 상품뿐만 아니라 문화, 과학, 기술과 종교를 서로 이어주었다.

중국의 각급 교과서나 사서에는 실크로드가 한나라의 무제 때 장건을 서역에 파견해 개척한 것으로 기록되어 있다. 그러나 이민화 카이스트 교수는 이것이 사실과 전혀 다르다고 주장한다. 즉 한 무제와 장건은 이 지역에서 활동하던 몽골리안들이 열심히 닦아 놓은 무역로를 장악하려 했던 것에 지나지 않는다는 것이다. 교역의 통로였던 이 실크로드는 기원전 3세기에 등장해 기원후 16세기까지 존재했다는 것이 일반론이다. 실크로드를 따라 존재했던 많은 고대 교역 도시들은 수차례에 걸친 파괴적인 전쟁, 멸망, 화재, 기근과 역병을 지켜보았다.

마지막으로 바닷길이 있는데, 바닷길은 기원후 후한이 서아시아와의 교류에 관심을 가짐으로써 시작되었으며, 로마 제국 전성기 시절 남해를 통한 도서 교역에 적극성을 보이기 시작하였다. 3세기 중엽, 중국 광동 지역에 로마 배가 발견되었다고 한다.

그런데 아이러니하게도 'the Great Silk Road'라는 말이 생긴 건 19세기였다. 이 이름은 독일 지리학자인 퍼디난드 본 리히트호펜(1833~1905)에 의해서 지어졌다. 그리고 세계인들에게 다시 주목받은 것은 유네스코가 'The Great Silk Road'라는 '대화, 상호이해 및 문화의 상호작용 방법'이라는 국제 프로그램을 채택하면서 시작되었다. 동쪽으로는 중국 및 인도와 만나고, 서쪽으로는 유럽 세계와 닿으며, 북쪽으로는 볼가Volga 및 시베리아와 만나며, 남쪽으로는 페르시아와 아라비아를 접한 중앙아시아는 거의 2천 년 동안 세계 문명과 문화, 상품이 교류되는 실크로드의 교차로로서 존재했다.

중앙아시아와 카자흐스탄을 지나는 실크로드의 최전성기는 8~12세기였다. 특히 아랍 제국 시대인 9~10세기 카라반 무역은 전례가 없는 성장을 이뤘다. 예를 들어 중앙아시아의 광산에서 나오는 보석과 광석은 최고 품질로 유명했으며, 타라즈, 사이람, 투르케스탄, 오트라르, 시그낙 등의 도시에서 주조된 디르헴(8세기 이래 이슬람의 여러 나라에서 발행된 각종 소액 은화)이 방출되어 시장에 나왔다. 이처럼 밤낮없이 대상들의 낙타행렬이 이어지던 이 실크로드는 새로 열린 바닷길과 냉전으로 쇠락했고 카자흐스탄의 초원길 역시 역사의 뒤안길로 사라졌다.

그러나 검은 황금으로 불리는 석유 개발이 본격화되며 이제 카자흐스탄의 옛 초원길과 오아시스길은 21세기 새로운 오일 로드, 철도·도로 및 디지털 실크로드 등으로 다시 태어나고 있다. 최근에 이 실크로드를 사용하여 송유관 및 유럽과 아시아를 잇는 육로가 만들어졌다. 이 고속도로는 중국 서부와 카자흐스탄 동부의 국경지대인 하르고스Khorgos 지역을 통과하여 알마티를 경유, 남부 침켄트와 크즐오르다 북서부에 위치한 악토베를 경유하여 러시아

남부로 이어진다. 이로써 카자흐스탄은 물류의 중심지로 다시 부상할 것으로 기대되며, 수에즈 운하를 경유하는 것에 비해 물류 운송이 대략 10일 정도 단축될 것으로 예상된다.

침켄트부터 알마티, 우루무치까지 이어진 도로 건설사업에 한국기업이 참여한 적이 있었는데, 필자는 현장을 방문하여 다른 나라의 건설구간과 비교할 때 한국기술이 가진 우수성을 확인할 수 있었다. 또한 21세기 들어 실크로드 부활의 원동력은 바로 철도다. 중국에서 유럽까지 연결하는 철도 수송로가 적극적으로 개발되면서 실크로드는 다시 세계 무역의 중심 루트로 주목을 받고 있다. 다만 넓은 철도를 쓰는 구소련 경내와 달리 중국과 유럽은 국제표준을 따르기 때문에 철도가 좁아 화물을 옮겨 실어야 하는 문제는 해결과제로 남아있다.

이처럼 실크로드는 초원로에서 오아시스의 길을 걸쳐 18세기에 바닷길로 나가더니, 이제는 이의 연장 선상인 오일 로드, 철도, 도로를 주축으로 제2의 육상 실크로드의 시대라고 할 수 있다. 그러나 앞으로는 달라질 것이 분명하다. 그동안의 모든 실크로드를 다 합쳐도 상대가 안 될 디지털 실크로드 세상이 도래할 것이기 때문이다.

인터넷 공간은 21세기의 신대륙으로서 그 공간에 누가 먼저 가느냐가 중요하다. 이제는 말과 유목민의 땅의 시대, 삼각돛의 발명으로 인한 바다의 시대를 거쳐 인터넷 진입이 쉬운 문자와 정치체계를 갖추는 나라가 선도하는 시대의 차례가 올 것이다. 따라서 그것은 결코 복고풍의 오프라인 네트워크가 아닌 오프라인과 온라인 네트워크가 결합된 이른바 디지털 노마드 실크로드가 될 수밖에 없을 것이다.

실크로드가 대단한 것은 아크리타스나 아이샤 비비와 같은 많은 놀라운 유적을 품고 있다는 점 때문이기도 하다. 허나 가장 놀라운 것은 실크로드 그 자체이다. 수백 년의 역사를 가진 실크로드 길은 잘 정비되어 있는데, 모든 도로가 일렬로 말이 8마리에서 많게는 12마리까지도 지날 수 있도록 잘 다져져 있었다고 한다. 많은 카라반이 각각 3,000마리나 되는 낙타를 데리고 다녔고, 값비싼 상품을 지키기 위해 호위병들도 구성되어 있다. 이런 카라반 인력에 숙박을 제공하고 동물들을 들여 물과 음식을 제공하는 일은 쉬운 일이 아니었고, 특히 겨울에는 더 어려웠다. 그래서 발전된 농경 시스템을 갖춘 거대한 오아시스가 카라반 길 주변에 생겨나게 되었다.

이처럼 실크로드 교역은 고수익 고위험 사업이었다. 그리고 일단 수익성과 타당성이 평가되면 여행경비 조달을 위한 금융업의 발달도 가져왔다. 또한 그 지역 관할 관청은 수비대 운영비용과 통과료 등 재정 수입의 증대를 도모했다.

타라즈의 시장Bazaar은 생활의 중심으로, 바로 이 시장으로 인해 마을에 성곽과 모스크, 수공예 장인들의 작업장 등이 생겨났다. 이곳에서는 각 처에서 모인 사람들로 북적이고 각종 물건을 사고팔 수 있었다. 당시에는 과연 어떤 상품이 인기가 있었고, 거래가 되었을까? 특히 몽골 시대 이전에는 주요 무역 교역자 중 하나가 러시아인들이었다. 그들은 시장에서 흑담비의 털, 아침 눈과 같이 푸르른 북극여우, 비버, 사향쥐 모피, 다람쥐 등을 공급했다.

인도 상인들은 교환수단으로 다양한 종류의 산호를 사용하며, 그들이 사용하는 상아는 금에 준하는 가치가 있었다. 시장에는 실물의 코끼리, 원숭이, 무지갯빛 긴 꼬리를 가진 이국적인 새, 피리 소리에 맞춰 춤추는 뱀도 있었다. 시장은 경이로움으로 가득 차 있었고 이곳을 본 고대인들은 "타라즈의 시장은 세계의 거울이다."라고 말했다.

중국 상인의 진열대에는 상당히 다양한 상품이 놓여있다. 첫 줄에는 도자기를 비롯해 여러 가지 품목들이 있는데, 이것들은 고령토로 매혹적인 흰 그릇, 우아한 장식품들로 꾸며진 꽃병들을 만든 것이며 만리장성의 위대함을 방불케 한다. 비잔틴 진열대에서는 다양한 색상의 값비싼 벨벳, 투명한 면사포, 금과 은으로 구성된 직물들을 볼 수 있었다. 하지만 무명천의 최대생산량과 다양성을 자랑하는 것은 타라즈 바자르이며, 그 품질은 아주 뛰어났다.

투르크인들은 여우와 흰담비 줄 장식이 있는 담요, 얇은 천, 면, 의약품, 린넨, 선철, 철이 함유되지 않은 잉곳 등을 팔았다. 동물 판매를 위해 특별히 할당된 장소도 있었다. 이곳에서는 하루에 500마리가량의 낙타와 수많은 말들이 거래됐다고 알려져 있다. 특히 순종 말의 수요가 높았다.

타라즈 시장에서 가장 인기가 있던 품목은 양이었는데, 유목민 투르크인들에게 양은 보물이었다. '대초원Steppe을 가진 자는 제일가는 부자와 다름없다'라는 격언이 있다. 그도 그럴 것이 양은 부드러운 양고기와 치료용 양의 지방, 갈증 해소하는 양젖과 브린자 치즈를 제공했고, 배배 꼬인 양피는 의류, 신발 및 각종 용품을 만들기에 제격이었기 때문이다. 심지어 힘줄조차 버려지지 않아, 이것은 돔브라Dombra라는 현악기의 현으로 사용되었다. 돔브라는 항상 유목민들을 즐겁게 해주었고 세상을 살아가는 힘이었다.

제3절_ 역사를 품은 도시, 타라즈 일대 여행하기

1. 비밀도시 아크리타스

타라즈는 남부 좌블주의 중심도시이자 역사적인 도시로서 8~9세기에는 아랍인들의 지배를 받았으며 10~12세기 동안에는 카라한조의 중심도시가 되었다. 원래 타라즈는 칭기즈칸의 큰아들 주치(킵차크 한)에게 공략을 명했으나 너무 아름다워 차마 침입을 못하고 3개월이나 기다리다가 충실한 개라고 일컬어진 신하에게 함락당하였다.

그 후 150년 동안 이름조차 없어졌으며 나중에 야미로 불렸고, 마지막에는 우즈벡 부족이 들어와 살며 17~18세기에는 아울리에 아타로 불렸다. 한동안 카자흐의 시인 좀블 자바예프의 이름을 따서 '좀블'로 불리다가 1997년 '타라즈'라는 원래의 이름을 되찾았다.

지난 2001년 타라즈는 도시형성 2000주년을 맞이한 바 있다. 카자흐스탄 국토에서 가장 오래된 도시로 이야기될 정도로 역사가 오래된 곳이다. 타라즈 인근 카라사이 동굴에서는 청동기시대 조성된 동굴 벽화도 발굴되었다. 사키 부족의 쿠르간이 보이고, 비잔틴의 황금 동전도 타라즈에서 발견되었다. 아수와리(토기관)에서는 사후 새가 먹도록 산에 두었다가 뼈만 넣은 옹관도 있었다.

타라즈로부터 알마티 쪽으로 45km 가면 버뮤다처럼 신비에 쌓인 비밀도시로 알려진 아크리타스가 나온다. 이 도시는 개발 도중에 사람들이 사라져

도시터만 남은 것으로 지질학자 쉬크야빈 겔멘토프에 의해 발견된 실크로드의 고대도시이다. 3가지 중점적인 도시의 특징으로는 첫째, 공중목욕탕이 있는 것으로 보아 도시가 상당히 중심적인 역할을 했다는 사실을 알 수 있고, 둘째로 도시의 성벽은 지킬 것이 있었다는 증거이며, 셋째로 상하수도의 흔적은 상업시설도 있었다는 것을 말해준다.

아크리타스라는 이름에서 '아크리'는 '소리치다'라는 뜻이고, '타스'는 '돌'이란 뜻이다. 오늘날에는 낮에는 일반 관광객들이, 밤에는 기 치료사들이 즐겨 찾는다고 한다. 아크리타스의 왕궁은 쌍봉낙타 모양이며, 물을 구하기가 힘든 지역으로 사람이 산 흔적이 없는 것으로 보아 아마도 짓는 도중에 외부의 공격으로 도망간 것이 아닌가 추정된다. 혹은 어느 왕이 왕궁으로 지었으나 짓던 신하가 죽음으로써 폐가처럼 방치되었을 것이라는 등 다양한 속설도 존재한다. 아름다운 아가씨의 마음을 얻고자 어느 바트르(장군)가 옆 산의 돌을 옮겨서 성을 쌓았다는 설도 있다.

아크리타스는 7개의 쿠르간이 감싸고 있는데 이는 멀리서 보면 곰의 별자리 모양이다. 그리고 아크리타스에서 타라즈 근교 텍투르마스까지 지하통로로 연결되어 있는데 이것은 지질학자가 가스전 개발과정에서 비어있는 공간을 보고 발견했다고 한다. 이는 7km에 달하는, 우주에서도 보이는 땅굴로서 혹자는 이 통로를 통해 아크리타스를 건설할 돌을 운반했을 것이라고 추정한다. 칭기즈칸 군대가 동에 번쩍 서에 번쩍 갑자기 나타났다가 사라졌다는 이유를 이것으로 설명하기도 한다. 버뮤다 삼각지대처럼 비밀스러운 점은 밤이 되면 이곳에서 신비한 빛이 나오고 있어, 혹자는 캡슐이 묻혀있다고도 믿고 있다.

한편, 내부에는 샤머니즘적인 흔적들이 많다. 이곳을 방문한 사람들은 각자 자기 돌을 찾아 소원을 비는데 만져서 따뜻하게 느껴지면 자기의 돌이라고 여긴다고 한다. 그리고 의자처럼 되어 있는 어떤 돌 옆에는 많은 손수건 조각들이 나무에 매여 있었는데 가이드의 말로는 이곳에 자신의 소유물을 놓고 가면 자신의 우환과 병을 놓고 가는 것과 같다는 일종의 믿음이라고 한다. 또한 어느 암 환자가 병 치료를 위해 그 장소 안에 집을 짓고 살다가 병을 완치하였고, 그 이후에도 거기 눌러앉았는데, 어느 날 늑대에게 결국 잡아 먹혔다는 이야기도 있다. 후대의 사람들이 그가 늘 앉아 있던 곳을 사당처럼 꾸며 놓고 성자로 모시고 있다고도 한다.

무슬림은 7개의 돌을 놓고 소원을 비는 전통도 있는데, 어떤 부엉이처럼 생긴 돌에는 눈에 안구 모양이 많이 새겨져 있어서인지 눈이 나쁜 사람이 만

샤머니즘의 흔적

지면 낫는다는 돌도 있다고 한다. 이 아크리타스를 누가 만들었는지는 아직 합의된 결론이 없으나, 아랍장군인 쿠체이바가 7세기에 세웠다는 설이 가장 유력하며, 어떤 학자는 4세기경 알렉산더 대왕이 침범했을 때라고 주장하기도 한다. 또한 기독교의 일파가 만든 요새라는 설도 있으며, 19세기 말 러시아 군대가 와서 중앙아시아를 합병한 뒤 이바노프 장군(화가이기도 함)을 보내 조사했으나 아직 많은 의문점이 풀리지 않은 상태로 남아있다. 비록 이곳이 건설 중에 파괴된 도시이지만 이러한 거대한 도시가 들어설 정도로 노른자 같은 땅이란 것은 그 누구도 부정할 수 없는 사실이다.

2. 아이샤 비비의 전설

———

유럽에 로미오와 줄리엣이 있다면 타라즈에는 아이샤 비비가 있다. 앞서 다루었던 엔릭과 케벡 이야기에 버금가는 아이샤 비비의 전설도 셰익스피어의 로미오와 줄리엣만큼이나 슬픈 사랑 이야기를 가지고 있다.

서투르키스탄의 영주 카라한은 1050년 어느 날 사마르칸트를 방문하게 되는데, 당시 카라한은 사마르칸트까지 용맹하다고 이름이 나 있었고 그러한 카라한을 보기 위해 많은 사람이 몰려들었다고 한다. 몰려든 사람 중에는 사마르칸트 영주의 딸 아이샤도 있었다. 카라한은 아이샤의 아름다움에 한눈에 반하게 되고 둘은 누가 먼저랄 것도 없이 사랑에 빠지게 된다. 그렇게 두 사람은 사마르칸트에서 뜨거운 사랑을 하지만 그 사랑이 제대로 피어오르기도

아이샤 비비의 영묘 ⓒ카자흐스탄 관광청(Kazakhstan.travel)

전 타라즈에 적들이 쳐들어온다는 소식을 접하게 되고 조국인 서투르키스탄을 지키기 위해 카라한은 사마르칸트를 떠나기로 결심한다.

자신의 조국을 지키기 위함이었지만 사랑하는 아이샤를 두고 떠날 수 없어 사마르칸트의 영주에게 찾아가 아이샤를 향한 마음을 전한다. 이때 당시 사마르칸트는 전통적인 실크로드의 맹주로서 최고의 부를 자랑하고 있었다. 따라서 사마르칸트의 영주는 실크로드에서 이제 막 빛을 보기 시작한 타라즈는 눈에 차지도 않았던 것이다. 그래서 사마르칸트 영주는 단호하게 카라한의 청혼을 거절하게 된다.

그렇게 두 사람은 슬픈 이별을 맞이하게 된다. 카라한이 사마르칸트를 떠난 이후에도 아이샤는 카라한을 잊지 못한다. 매일 카라한을 그리워하던 중 용기를 내어 카라한을 향한 자신의 진심을 아버지인 영주에게 이야기하게 된다. 이러한 진심을 담은 고백에도 불구하고 사마르칸트 영주는 그와 결혼을 반대하며 오히려 무척 화를 내게 된다. 하지만 이를 지켜보던 사마르칸트 영주의 부인이자 아이샤의 어머니는 자신의 딸을 딱하게 생각했다. 그래서 아이샤가 카라한에게 갈 수 있도록 도움을 주게 된다. 아이샤에게 남자 옷을 가져다줘 남장을 시키고 말을 내주어 타라즈까지 도망갈 수 있게 해준다. 이와 함께 타라즈까지 아이샤를 지켜줄 늙은 유모 바바자 카툰도 함께 동행시킨다.

이렇게 아이샤와 늙은 유모 바바자 카툰은 사마르칸트를 떠나 기쁜 마음으로 타라즈를 향한다. 타라즈에 다가왔을 즈음 카라한을 만나기 위해 아이샤는 남자 옷을 벗고 타사리크강에서 목욕을 하게 된다. 목욕을 마친 아이샤가 자신이 직접 지은 옷으로 갈아입고 머리장식인 샤우켈레를 쓸려고 하는 순간에 독사가 아이샤의 뺨을 물게 된다.

아이샤는 당황하지 않고 자신의 유모를 시켜 카라한에게 이 사실을 알리게 하였다. 늙은 유모가 카라한에게 이 사실을 알리고 이슬람 성직자를 데려왔으나 이미 아이샤는 가쁜 숨을 몰아쉬고 있었다. 너무 늦어버려 자신이 아무것도 해줄 수 없음을 알게 된 카라한은 절망한다. 하지만 아이샤와 카라한은 이슬람 성직자에게 결혼 서약을 부탁하고 아이샤가 죽어가는 상황에서 두 사람은 부부로서 사랑을 맹세하게 된다. 아이샤는 카라한에 대한 사랑을 맹세하고 바로 숨을 거두게 된다.

여기서부터 아이샤는 아이샤 비비로 불리게 되는데 그 이유는 '비비'라는 명칭이 '부인'이라는 뜻을 품고 있기 때문이다. 진심으로 아이샤 비비를 사랑한 카라한은 이후 자신이 죽는 날까지 그 누구도 사랑하지 않았고 결혼도 하지 않았다고 한다. 또한 100세까지 현명하게 나라를 다스렸다고 한다. 그래서 훗날 카라한은 '아울리에 아타' 즉, 정의로운 아버지라는 칭호로 평가받았다고 한다.

오늘날 타라즈에서 18km 떨어진 곳에서 아이샤 비비의 영묘를 찾아볼 수 있다. 아이샤 비비가 죽은 바로 그 자리에 카라한은 아이샤 비비에 걸맞는 아름다운 묘를 세울 것을 명령했고 그 옆에 타라즈까지의 여정을 함께한 늙은 유모 바바자 카툰의 묘도 함께 지어 영원히 아이샤를 지켜 주기를 바랐다.

아이샤 비비의 영묘는 오랜 세월 동안 그 자리를 지켰지만 타라즈 지역의 황량한 자연환경과 무상한 세월의 흐름은 아이샤 비비의 영묘를 카라한이 사랑한 모습 그대로 지켜주지 못했다. 현재 남겨져 있는 아이샤 비비의 영묘가 다소 훼손되고 낡은 모습인 이유가 바로 그것이다. 그럼에도 아이샤 비비의 영원불멸한 사랑의 가치는 사라지지는 않았기에 오늘날 아이샤 비비의 묘는 일부 복원되어 유네스코에 등재되어 있다.

이 영묘는 다양한 구성의 조화로운 묘의 장식이 기하학적 문양으로 이루어져 있고, 십자가, 별, 다각형의 조직, 꽃과 줄기와 같은 식물을 모티브로 문양을 새긴 네모의 연와판으로 덮여있다. 기둥머리와 기둥은 민족의 장식을 대표할 만한 화려한 컬렉션과 섬세한 문양의 테라 코타 블록들로 덮여있다. 이로써 아이샤 비비의 묘는 오늘날 연인 간의 사랑과 신의를 상징하는 장소가 되었고 행복한 가정을 꾸리고 아이를 소망하는 이들이 찾아오는 순례지가 되었다고 한다.

좔블광장

3. 카자흐스탄 전설의 가수 아킨 좔블 자바예프

타라즈의 또 다른 역사의 획을 그은 사람은 바로 카자흐스탄 전설의 가수 좔블 자바예프다. 좔블 자바예프는 러시아 제국 말부터 소비에트 연방 시기까지 활동했던 카자흐스탄 가수이다. 유목민 가족 사이에서 태어난 그는 좔블산 옆에서 태어났다고 한다. 그래서 좔블의 아버지인 자바이가 아들의 이름을 좔블로 지었다는 이야기가 내려오고 있다.

어렸을 적부터 카자흐스탄의 전통악기인 돔브라를 연주했고 아킨이 되기 위해 일찍이 집에서 독립한다. 여기서 아킨이란 중앙아시아 지역의 음유시인을 말한다. 아킨은 시인이자 작곡가이고 또 가수이기도 하다. 오늘날로 말하면 장르는 매우 다르지만 싱어송라이터라고 할 수 있다. 좀블은 특별한 교육을 받지 않았지만 자신의 생각을 시적인 형태로 표현할 수 있는 재능을 가지고 있었다. 그래서 16세라는 지금으로 생각하면 매우 어린 나이에도 불구하고 이미 카자흐스탄 지역에서 유명세를 타게 된다.

이와 동시에 최고의 아킨들이 서로의 실력을 겨루는 경연대회에 꾸준히 참가하고 주옥같은 작품들이 이곳에서 탄생하게 된다. 이 경연대회는 두 사람이 서로 가락을 주고받으며 자신의 즉흥적인 생각을 노래하는 방식이다. 오늘날의 랩 배틀과 비슷한 방식이라고 할 수 있다. 이곳에서 좀블은 민중들을 위해 노래했고 폭력적이고 억압적인 권력을 비판했다. 그 결과 민중들의 사랑을 받았고 인기는 나날이 높아져 갔다. 안타깝게도 그 당시 좀블의 작품들은 문서로 기록되지 않고 구전으로 이어졌기에 오늘날에는 극히 일부만이 전해지고 있다고 한다.

러시아 제국 말기의 어지러운 상황을 노래하면서 새로운 세상을 꿈꾸던 좀블은 1917년 발생한 러시아의 10월 혁명을 열렬히 환영하게 된다. 그때 당시 그는 70세를 넘긴 노인이었다. 하지만 새로운 세상과 민족의 번영에 대한 열망은 여전히 그대로였다.

10월 혁명 이후 그는 소비에트 연방 체제하에서 자신이 할 수 있는 활동에 활발히 참여했다. 여러 행사에 참석하여 자신의 존재를 알리고 작품에 대한 인정을 받기 시작한다. 당시 소련 체제에서 많은 예술가들이 정치적 선전의 도구로 전락하여 모든 예술이 사회주의로 집중되고 있었다. 비록 좀블의 작품도 소비에트 연방 체제를 선전하는 노래가 주류를 이루기는 했지만, 그가 느낀 소련의 생활은 지난 러시아 제국과는 전혀 다른 새로운 세상이었기에 진심을 담을 수 있었다.

세계 2차 대전이 발발했을 때 쫌블은 많은 젊은이들이 조국을 위해 싸울 것을 노래하였고 전방에 있는 군인들과 더불어 후방에서 이들을 지원하는 근로자들까지 소련이라는 자신의 조국을 위해 한마음으로 뭉칠 수 있도록 큰 공헌을 했다고 한다. 그렇게 거의 100년의 세월 동안 민족 번영이란 주제 아래 평생을 노래했다.

현재 카자흐스탄을 비롯한 CIS권 국가의 많은 도시에 그의 이름을 딴 거리, 골목이 존재하고 그를 기념하는 동상까지도 서 있다고 한다. 러시아의 상트페테르부르크, 니즈니노브고로드, 노보시비리스크, 이르쿠츠크, 우크라이나 키예프 등 쫌블의 이름이 붙은 골목 거리가 실제로 존재한다. 카자흐스탄의 옛 수도 알마티에도 쫌블 거리가 있고 거리 끝에 쫌블 동상이 거리를 더욱 빛나게 하고 있다.

쫌블의 생가는 알마티주에 위치하고 있고 현재는 쫌블 문학 기념관으로 바뀌어 일반인에게 개방되고 있다. 쫌블은 그가 생전 가꾸던 정원 깊숙한 곳에 잠들어 있고 그의 묘 옆에는 카자흐스탄의 또 다른 민족 예술가인 누르기사 틀렌지예프가 곁에 묻혀 있다. 누르기사 틀렌지예프는 자신이 죽으면 쫌블 옆에 묻어 달라고 유언을 남겼다고 한다. 그만큼 쫌블은 카자흐스탄에서 예술가이자 가장 존경받는 음악가였던 것이다.

제4절_ 잠시 쉬었다 가실래요? 쉼켄트에서

카자흐스탄의 도시를 나열해 보라고 하면 옛 수도 알마티와 새로운 수도 아스타나만을 떠올리기 쉽다. 하지만 이 두 도시에 버금가는 도시가 있다. 바로 제3의 도시 쉼켄트다.

쉼켄트는 일찍이 동서 무역의 실크로드가 탄생시킨 오래되고 아름다운 도시이다. 2차 세계 대전 중 소련의 공장들이 이곳으로 후방 배치되었고 그러한 흐름이 이어져 아직도 산업이 발달하고 공장들이 많이 들어서 있다고 한다. 그리고 카자흐스탄 중소기업 발전의 대표적인 도시라고도 할 수 있는데 특히 제약 관련 회사들이 많다고 한다. 그래서 쉼켄트에는 카자흐스탄에서 유일하게 중소기업을 지원해 주는 '기업인 지원 센터'가 설립되어 많은 기업을 돕고 있으며 다양한 분야의 기업들이 쉼켄트를 중심으로 성장하고 있다.

쉼켄트는 '초원, 풀'을 의미하는 쉼과 '도시'를 뜻하는 켄트가 합쳐져 만들어진 이름이다. 소련 시절에는 러시아어 표기 문제로 인해 침켄트가 공식적으로 사용되었으나 소련으로부터 독립 직후 1993년 카자흐어 사용 정책에 따라 원래의 이름인 쉼켄트로 변경되었다.

이름을 통해 이 지역이 과거 초원지대였음을 유추할 수 있다. 초원지대는 이동이 훨씬 수월한 지형이다. 특히 많은 짐을 가지고 있다면 더욱 그러하다. 그래서 쉼켄트 지역은 옛 실크로드의 한복판에 자리 잡고 있었고, 그 흔적들이 아직도 남아있다.

이렇듯 실크로드 역사에서 아주 중요한 역할을 한 쉼켄트가 도시로 형성되

쉼켄트 주변마을

기 시작한 것은 12세기이다. 하지만 이 지역에서 발굴되는 유물과 실크로드
가 남카자흐스탄을 경유하는 길이 6~7세기에도 존재했다는 기록들로 볼 때
훨씬 더 이전부터 쉼켄트가 존재했음을 짐작해 볼 수 있다.

　12세기부터 쉼켄트가 본격적으로 역사에 드러나기 시작한 이유는 이곳에
'카라반 사라이'가 있었기 때문이다. 카라반 사라이는 당시 실크로드에 있었
던 여관을 말한다. 중국에서 유럽까지의 긴 여정에서 제대로 된 잠을 잘 수
없었던 여행자들의 쉼터 역할을 한 것이다. 쉼켄트는 중요한 위치적 이점들
로 인해 나날이 번창해 갔는데 이 때문이었는지 쉼켄트도 여러 번의 외부 공
격을 받아 파괴되고 재건되기를 반복하였다. 이렇듯 쉼켄트는 수 세기 동안
여러 번 주인이 바뀔 만큼 실크로드의 중요한 위치를 차지하고 있었다고 할

수 있다. 그리고 그런 쉼켄트를 지배하는 자는 천하에 위세를 떨칠 수 있었다. 오늘날에도 쉼켄트는 중요한 지정학적 위치에 있으며 옛 실크로드가 서서히 다시 주목을 받으며 새로운 부활을 꿈꾸고 있다. 별다른 육상 교통수단이 발달하지 못했던 과거, 해양 무역로의 발견으로 인해 자연스레 실크로드는 잊혀지게 된다. 더 이상 그 머나먼 길을 걸어갈 필요가 없어진 것이다.

하지만 고속 열차가 시속 500km를 넘는 지금은 그 당시와는 상황이 많이 바뀌었다. 해상으로 운송되는 속도보다 고속 열차를 통해 옛 실크로드를 거쳐 가는 것이 더 빠를 수 있게 된 것이다. 실제로 현재 단일 노선도 아니고 몇 차례 화물을 옮기는 수고를 들여야 하는 상황에서도 육상 운송이 해상 운송보다 약 2주 빠르다고 한다. 항공 운송보다 가격이 저렴하고 해상 운송보다 더 빠른 철도 운송이 각광을 받게 되면서 이 지역에도 신 실크로드가 펼쳐지고 있다.

특히 우즈베키스탄이나 키르기스스탄과 가까우며 수많은 공장지대와 중소기업이 몰려있는 쉼켄트가 그 선봉에 서게 될 것이다. 따라서 이러한 신 실크로드는 단지 카자흐스탄에 유리한 것이 아니라 아시아 동쪽에 위치한 한국에게도 유럽으로 가는 최단 경로가 생기게 되어 경제에 긍정적인 효과를 기대할 수 있을 것이다.

실크로드의 영광은 쉼켄트에서 끝나지 않는다. 쉼켄트에서 멀지 않은 곳에 사이람이 있다. 사이람 또한 실크로드의 한복판에서 부를 누리던 도시이다. 사이람에는 동, 서, 남, 북 사방으로 길이 나 있어 실크로드의 환승역 같은 역할을 하였고 그와 동시에 이슬람의 전초기지 역할을 하던 곳이 바로 이곳이다. 특히 지금의 타슈켄트에서 출발한 상인들이 쉼켄트로 가기 위해 반드시 거쳐야 하는 곳 중 하나였다.

사이람은 9~12세기에는 이스피잡이라는 이름으로 불렸고 13세기에 이르러 중국 승려의 견문록을 통해 사이람이란 이름으로 다시 등장하게 된다. 사이람의 중앙에 사이람-수라는 강이 흐르고 있다. 이 지역에서 발굴된 10세기 주화에 새겨져 있는 사이람 궁전은 당시 사이람이 정치, 경제, 종교의 중심이었음을 잘 나타내 주고 있다고 한다.

이스피잡으로 불리던 사이람은 실크로드에서 번영을 누리던 도시일 뿐 아니라 이슬람의 순례지로 손꼽히는 장소이다. 이슬람 수피즘의 아버지인 코자 아흐메드 야사위가 태어난 곳이기도 하다. 코자 아흐메드 야사위의 영묘는 현재 투르키스탄에 있지만, 그의 부모님의 묘가 사이람에 있다. 물론 코자 아흐메드 야사위를 낳은 성인이기에 그를 기념하는 묘가 생겼다 생각할 수 있지만, 아버지 또한 이슬람에서 존경을 받던 현인으로 꼽히는 사람이다. 같은 시대를 살았던 사람들이 야사위의 아버지를 '예언자가 준 선물'이라고 불렀는데, 이를 통해서 아버지 역시 이슬람에 큰 영향을 끼친 사람이란 것을 알 수 있다.

코자 아흐메드 야사위의 어머니 묘인 카라샤시 아나 영묘는 사이람 도시 한복판에 있다. 야사위의 어머니는 매우 교양이 있고 똑똑한 여인이었다고 한다. 야사위의 어머니는 지금도 코자 아흐메드 야사위를 이슬람 역사의 한 획을 그을 수 있도록 길러낸 참된 모성애의 상징으로 여겨지고 있다.

카라샤시 아나 영묘와 이브라김 아타 영묘는 모두 적갈색 벽돌로 지어져

카라샤시 아나 영묘 ⓒ카자흐스탄 관광청(Kazakhstan.travel)

있으며 어디 하나 화려하거나 사치스러운 곳을 찾아볼 수 없다. 건물 전체가 자연에서 흔히 볼 수 있는 재료로 지어져 화려하진 않지만 소박한 매력을 느낄 수 있다. 이것을 통해 단순히 그들이 이슬람을 믿은 것이 아니라, 꾸밈없이 진실된 믿음으로 이슬람을 받들어 사람들에게 존경을 받은 것을 알 수 있다. 비록 화려하고 눈에 띄는 외관을 갖고 있진 않지만, 아직도 매년 1,000명이 넘는 사람들이 이곳으로 순례를 오는 것을 통해 사이람이 얼마나 이슬람 문화에서 중요한 위치에 있는지 알 수 있다.

남부 카자흐스탄의 중심도시 쉼켄트에는 실크로드의 영광만 존재하는 것은 아니다. 현재 카자흐스탄의 국가로 불리고 있는 〈나의 카자흐스탄〉을 작곡한 칼다야코프가 바로 쉼켄트에서 얼마 떨어지지 않은 테미를라노프카라는 마을에서 태어났기 때문이다. 칼다야코프는 민족적 정서를 반영한 노래들을 작곡하였고 열정과 높은 예술성이 담긴 300곡 이상의 명곡을 작곡했다.

칼다야코프의 아버지는 대장장이였지만 돔브라 연주를 잘해 아킨으로 유명했다고 한다. 그리고 칼다야코프의 어머니 또한 노래를 무척 잘해 칼다야코프는 생활 속에서 음악을 쉽게 만날 수 있었다고 한다.

칼다야코프 역시 부모님의 음악적인 재능을 물려받아 어릴 때부터 음악적으로 뛰어난 재능을 보였다. 그의 음악은 카자흐의 전통적인 요소를 현대음악으로 표현했다는 평가를 받는다. 그는 근대적인 음악에 전통적인 요소를 녹여내며 카자흐민족의 크나큰 사랑을 받았다. 그리고 무겁고 우울한 내용의 노래보다는 삶의 기쁨, 미래에 대한 안녕과 평화와 같은 희망찬 노래를 작곡하여 힘들었던 시기의 민중들에게 희망을 주었다.

다양한 세대와 직업, 민족에게 널리 사랑을 받았던 그였지만, 특히 당시 젊은이들의 사랑을 한 몸에 받았다고 한다. 60~70년대의 카자흐의 젊은이들은 해외의 유명가수 못지않게 칼다야코프의 노래에 열광했다고 한다. 그렇게 칼다야코프의 음악은 카자흐인들에게 큰 공감을 불러일으켰다. 그의 음악 중에서도 특히 〈나의 카자흐스탄〉은 가사를 조금 바꾼 버전이 카자흐스탄의 국가로 사용되고 있을 정도로 그의 작품 중에서도 최고봉이라 평가받는다.

1986년 소련은 22년간 카자흐스탄 자치 공화국의 제1 서기장을 지낸 카자흐인 쿠나예프를 몰아내고 러시아인을 제1 서기장으로 앉히려는 시도를 하게 되고, 이는 카자흐인들이 분노를 일으키게 된다. 왜냐하면 소연방 내에서는 해당 국가의 민족 출신을 서기장으로 세우는 암묵적인 전통이 이어져 왔기 때문이다. 그런데 카자흐 공화국의 리더를 러시아인으로 교체하려는 시도는 카자흐민족의 자존심을 짓밟고 이들을 중앙정부의 통제하에 두려는 것이었다.

이를 계기로 대규모 시위가 발발했는데 이것이 바로 젤톡산 운동이다. 이 시위가 12월에 일어났기 때문에 카자흐어로 12월을 의미하는 '젤톡산'으로 명명되었다. 이 혼란한 시기, 칼다야코프는 민족성과 애국심을 자극하는 〈나의 카자흐스탄〉을 시위대와 함께 부르며 민족운동가로서 앞장섰다. 과거 애국가가 일제 강점기 한민족의 정서를 담은 노래였던 것처럼 〈나의 카자흐스탄〉도 소련 지배 아래 카자흐민족의 정서를 대변해 주었던 것이다.

쉼켄트를 대표하는 인물로 칼다야코프만 있는 것은 아니다. 소련의 체조 선수 넬리 킴이 있다. 이름에서 알 수 있듯이 넬리 킴은 고려인이다. 고려인 2세인 아버지와 타타르인 어머니 사이에서 태어난 넬리 킴은 한국 이름으로 김경숙이라 불린다. 타지키스탄 공화국에서 태어난 그녀는 어린 나이에 부모님을 따라 남카자흐스탄 쉼켄트로 이주한 뒤 이곳에서 체조학교를 다니며 체조 선수의 꿈을 키우게 된다. 사실 넬리 킴은 다른 또래에 비해 유연성이 부족했다고 한다. 하지만 꾸준한 노력을 통해 이것을 극복했고 카자흐스탄의 최고 체조 선수로 우뚝 서게 된다.

그녀가 처음으로 두각을 보인 곳은 바로 그녀가 자란 쉼켄트에서 열린 1969년 스파르타크 경연대회에서였다. 그녀는 이 대회에서 멋지게 우승하면서 체조 선수로서 화려하게 날개를 달기 시작한다. 넬리 킴은 당시 만점 연기로 유명한 루마니아의 나디아 코마네치와 라이벌 관계를 이루게 되었는데 둘은 캐나다 몬트리올 올림픽에서 만나게 된다. 이 대회에서 넬리 킴은 체조

요정 코마네치를 상대로 도마, 평균대, 마루에서 1위를 차지한다. 하지만 개인 종합에서 코마네치가 우승하며 개인 종합 2위에 머문다.

그렇게 캐나다 몬트리올 올림픽은 넬리 킴과 코마네치의 라이벌 구도에 초점이 맞춰졌다. 4년이 흐른 뒤 그들은 모스크바 올림픽에서 다시 마주하게 된다. 안타깝게도 이 올림픽에서 넬리 킴은 단체와 마루에서 1위를 하고 개인 종합에서 또다시 1위를 코마네치에게 넘겨주며 2위에 머물게 된다. 비록 결과적으로 코마네치를 넘어서진 못하였으나 코마네치의 독주를 견제할 수 있었던 유일한 인물이 바로 넬리 킴이었다.

화려했던 선수 생활 이후 넬리 킴은 우리나라를 비롯한 여러 나라의 국가대표 감독으로 일하며 체조 발전에 힘썼다. 한민족의 후손인 고려인들이 세계무대에서 이렇듯 뛰어난 기량을 펼치고 있었음에도 우리는 철의 장막에 가려 이를 잘 알지 못했다. 우리가 그동안 주목하지 않았던 구소련 체제하 고려인들의 활약상을 뒤늦게 알게 된 뒤 전 세계 곳곳에서 강인한 생명력과 끈기로 한민족의 우수성을 알려온 이들에 대한 경외감으로 새삼 가슴이 뜨거워졌던 기억이 난다.

쉼켄트를 방문하면 "이것이 쉼켄트다."라는 말을 쉽게 들을 수 있다. 실제로 카자흐스탄에서 쉼켄트 출신이라고 이야기 하면 곱지 않은 시선을 보내는 경우가 있다. 쉼켄트 사람들은 다소 거칠고 계산적이라는 이미지가 있기 때문이다. 그러나 반대로 쉼켄트 여성들은 신부감으로는 제일이라고 평가된다고 한다. 왜냐하면, 근면 성실하고 일을 잘한다는 이미지를 가지고 있기 때문이다.

이른 아침 쉼켄트의 거리로 나가면 다른 도시보다 훨씬 많은 사람들이 돌아다니고 있음을 알 수 있다. 카자흐스탄의 경제중심지로 가장 바쁜 사람들이 산다고 평가받는 알마티보다도 더 생기있는 도시의 모습이다. 이러한 점을 보았을 때 쉼켄트 사람들은 그 어떤 도시 사람들보다 부지런하게 생활한다고 추측할 수 있다. 다른 지역 사람들이 쉼켄트 사람이라고 말하는 거칠고 계산적인 모습은 모두 이러한 성실함에서 비롯된 것이라고도 볼 수 있다.

구소련 시기부터 이곳에는 산업이 발달해 있었고 지금 현재까지도 쉼켄트는 중소기업과 산업의 중심 도시로 자리매김하고 있다. 그래서 쉼켄트 사람들은 근면함이 몸에 익어 있고 빠른 산업의 변화에 재빠르게 대처하는 모습이 다른 도시 사람들에게는 다소 계산적으로 느껴졌을지도 모른다. 실제로 카자흐스탄 사람들은 무엇을 하든 매우 여유롭게 일하기 때문에 이러한 모습이 어쩌면 부러움의 시선일 수도 있다.

쉼켄트 사람들은 타 지역 사람들의 이러한 시선에 대응이라도 하듯 어딜 가나 서로 똘똘 뭉친다고 한다. 쉼켄트 사람들의 결집력을 유대인의 결집력과 비교하는 경우도 있다. 그만큼 자신의 지역에 대한 자부심이 대단한 것이다. 그러한 모습이 어쩌면 쉼켄트 이외의 지역 사람들에게는 반감을 불러일으키는 요소로 작용하였을지도 모른다. 이렇듯 쉼켄트는 사람들 특유의 근면함과 결집력 그리고 중소기업을 육성하려는 국가 정책이 어우러져 신 실크로드의 부활과 함께 동양과 서양을 잇는 새로운 다리의 역할을 할 수 있을 것으로 기대된다.

제5절_ 잃어버린 도시 오트라르성 유적과 투르키스탄을 찾아서

1. 투르키스탄(야시)으로 이동한 야사위

쉼켄트에서 약 3시간 정도를 차량으로 이동하면 역사 도시 투르키스탄을 만날 수 있다. '투르키스탄'이란 이름은 사실 특정 도시를 지칭하는 이름이 아니다. '투르키스탄'을 번역하면 '투르크인의 땅'이란 뜻으로 카자흐 칸국의 첫 번째 수도이다. 아주 오래전 이 도시의 이름은 '야시'였다.

그러한 역사 속에 투르키스탄이 존재했고 카자흐스탄 남부에 위치한 투르키스탄은 현재 1500년의 역사를 자랑하고 있다. 지금은 비록 시골 도시의 느낌이지만 그 옛날 투르키스탄의 위상은 우리가 생각하는 그 이상이었다. 이 도시는 농경문화와 유목 문화의 교차점이었던 시르다리야Syr Darya 유역 '샤브가르'의 교외에 있었다.

아흐메드 야사위의 무덤으로 향했던 순례 행렬은 야시의 발달에 기여한 여러 요인 중 하나였다. 이슬람교 수피즘을 창시한 호자 아흐메드 야사위가 당시 이곳에서 활동했기 때문이다. 쉼켄트 근처의 사이람에서 태어난 그는 스승인 아리스탄 밥의 가르침 속에서 이슬람을 공부했다. 이후 부하라로 옮겨 교육을 받았으며 이슬람교의 기초 교리를 설파하기 위해 지금의 투르키스탄, 즉 야시로 이동하게 된다. 그는 이곳에서 이슬람 수피즘을 창시하는 한편 이슬람 대중화에 크게 기여를 하게 되었다.

12세기경 무슬림 세계에 큰 업적을 이룬 그는 시적인 생각 『지혜의 책』을 집필한다. 그는 특히 시를 통해 이슬람의 교리를 전파하여 많은 이들에게 깊은 공감을 주었다고 한다. 당시 이 지역에 살던 사람들 대부분이 투르크 방언을 사용하였기 때문에 호자 아흐메드 야사위는 아랍어가 아니라 투르크 방언을 통해 교리를 전파하였다고 한다. 어렵고 심오한 종교적인 교리를 일반적인 사람들도 쉽게 이해할 수 있도록 전파한 것이다. 이를 통해 야사위는 카자흐인들에게 성실한 삶의 자세를 강조하였고 사망 후 천 년이 넘었음에도 여전히 카자흐인들의 삶에 강하게 영향을 주고 있다.

당시 수많은 이슬람 학자들이 야시로 몰려들게 되고, 그 결과 이곳은 이슬람 수피즘의 중심지로 거듭나게 된다. 수피즘(Sufism, 수피라는 말의 Suf는 양털 옷을 말하는데, 이는 이들이 양털 옷을 입고 신비주의적인 생활에 몰두해서 얻게 된 이름)은 이슬람교의 수니파로 볼 수 있으나 그들의 민족적 기질과 샤머니즘이 혼합된 형태이다. 9세기부터 10세기에 걸쳐 발생한 영적 운동인 수피즘은 이슬람교의 교리보다는 신을 체험하는 것이 강조되는 신비주의적이며 심리적·영적인 측면에 초점을 두고 있다.

투르크족들은 전통적으로 과거 우리 한국의 조상들처럼 노래하고 춤추며 놀기를 좋아하는 민족이다. 그러나 이슬람은 이러한 놀이 문화와 음악을 죄악시하는 종교이니 전쟁을 격려하는 것 말고는 그들의 체질에 맞지 않았다. 그래서 국가 집단의 종교로 이슬람을 받아들인 마당에 그들에게 필요한 것은 이슬람 종교를 그들의 문화에 맞게 생활화하는 일이었다.[2] 이렇게 해서 수피즘은 사랑과 형제애, 종교지도자와 일반인들 사이에 영적 평등의식, 전통음악을 사용하는 성가, 묵상, 기도 등 새로운 영적 운동을 통해서 이슬람을 투르크족의 민족종교로 뿌리내리게 했다.

이슬람이 카자흐 건축에 끼친 영향을 볼 수 있는 곳이 있다. 이는 9~12세기 남부 카자흐스탄의 도시들을 말하며, 이들은 이슬람 도시 계획과 건축의 전형적인 모습을 지니고 있다. 이후 야시는 이슬람 순례 행렬이 이어지게 되었고 그 덕분에 도시는 더욱 발전하게 된다. 대도시 인근의 작은 마을로 취급 받던 소도시가 어느덧 큰 도시보다 더 번성하게 되는 상황이 벌어지게 된 것이다. 그렇게 야시는 13세기 칭기즈칸의 시대도 버텨내고 마침내 14세기에 이르러 중앙아시아 지역을 호령했던 아미르 티무르에 의해 더욱 높은 위상을 갖게 된다.

14세기 아미르 티무르가 이슬람과 관련된 건축물들을 이 지역에 세우게 되는데 호자 아흐메드 야사위의 영묘도 그중 하나였다. 바로 12세기에 야시의 위상을 이토록 높이 끌어올리고 이슬람의 대중화에 힘써 중앙아시아에 중대한 영향을 미쳤던 호자 아흐메드 야사위를 기리기 위해 엄청난 규모인 40m 높이의 영묘를 건축하게 된다.

티무르가 영묘를 건축한 것은 이슬람교를 전파하기 위한 목적도 있었으나 거기에는 더욱 구체적인 정치적 목적들이 있었다. 수피즘을 이용하여 스텝지역 유목민들의 지지를 받을 수 있음을 알았던 티무르는 이 훌륭하고 신성한 영묘의 건설을 통해, 자칫 자신의 통치에 위험 요소가 될 수 있었던 수피들과 거대한 유목민 공동체로부터 호응을 얻고자 하였다. 사마르칸트의 모스크와 나란히 지어진 영묘의 설계에는 티무르 자신도 참여했다고 알려져 있다.

영묘의 건설을 위해 티무르는 최초로 시라즈Shiraz와 이스파한Isfahan으로

투르키스탄(호자 아흐메드 야사위 영묘) ©Unsplash의 Andrey Olesko

부터 이주해 온 건축 대가로 구성된 팀을 활용하였다. 혁신적인 공간 배치 및 둥근 천장과 돔의 형태 등 영묘의 건축에 적용된 실험들은 이후의 수도 건축에도 활용되었다. 하지만 다른 건축물들과는 다르게 호자 아흐메드 야사위의 묘는 중앙아시아에서 벽돌로 쌓은 돔 중에서 최대의 규모를 가지고 있고, 또한 높은 수준의 보존 상태를 유지하고 있어 아미르 티무르 시기의 건축 양식을 그대로 품고 있다.

아쉽게도 아미르 티무르가 사망하던 1405년 건축이 중단되어 오늘날의 건물은 완벽한 형태가 아니지만, 그 모습을 지키기 위해 지금까지 수많은 노력의 손길이 닿았다.

이러한 노력 덕분에 호자 아흐메드 야사위 묘는 아미르 티무르 시대의 뛰어난 건축적 성과로 이슬람 건축 발전에 크게 기여하였고, 묘와 그 일대의 터가 중앙아시아의 문화와 건축 기술의 발달을 잘 보여주게 되었다. 그리고 원형이 보존되어서 그 시대의 건축 역사를 이해하는 데 중요한 참고 유적의 역할을 하게 되었다. 이러한 조건이 충족되면서 2003년에는 유네스코 세계 문화유산에 등재되게 된다. 이로써 카자흐스탄의 제1호 유네스코 세계 문화유산이 되었고 세계인의 관심을 받게 된다.

이슬람의 성지순례라고 하면 메카만을 떠올리게 된다. 하지만 투르키스탄의 호자 아흐메드 야사위의 묘도 이슬람 신도들에게 있어 빠질 수 없는 순례지이다. 특히 중앙아시아 지역의 이슬람 신도들은 이곳을 세 번 순례하거나 사이람, 오트라르 그리고 투르키스탄까지 한 번 순례하는 것이 메카를 한 번 순례하는 것과 같다고 여길 정도로 이슬람의 중요한 성지로 신성시하고 있다. 이곳 순례 시 드리는 기도는 모두 이루어진다고 믿고 있을 만큼 중앙아시아 무슬림들에게 이곳은 이슬람 역사에 있어 빼놓을 수 없는 명소이다.

현재 야사위 영묘로 들어가는 문에는 나무 기둥이 거칠게 튀어나와 있다. 얼핏 보면 보수 공사가 진행되는 듯 무엇인가 불안정한 모습을 하고 있다. 실제로 야사위 영묘를 완성하려는 시도가 존재했지만, 티무르 시대의 설계도가 전해지지 않았고 영묘를 짓는 데 사용한 벽돌 제조 기술을 포함해 당시의 건축 기술이 하나도 전해지지 않아서 야사위 영묘를 완성하는 일이 불가능했다고 한다.

그렇지만 그 결과 지금 우리는 영묘가 건축되는 과정을 두 눈으로 확인할 수 있게 되었다. 물론 현대 건축술로 영묘를 완성할 수 있겠지만, 티무르 시대의 건축 기술이 총 집약된 미완성의 사원이야말로 역사적으로 더욱 가치가 있다고 본 당국의 결정이었다. 호자 아흐메드 야사위의 영묘는 티무르의 죽음으로 미완성된 비운의 영묘이자 수백 년의 세월을 거쳐 오면서도 당시의 건축양식을 그대로 보존하고 있는 보물과 같은 존재이다.

영묘는 점토가 섞인 석고 반죽으로 접착된 구운 벽돌로 만들어져 있다. 그 기반은 원래 점토층으로 되어 있었으나 최근에 콘크리트로 보수되었다. 영묘 내부로 들어가도 흥미로운 점들이 눈에 띈다. 바로 영묘 중앙에 있는 커다란 가마솥인 카잔kazan이다. 이 카잔은 카자흐스탄의 7가지 보물 중의 하나로 풍요와 번영을 상징하며 제식에 사용되었다.

또한 카자흐스탄 사람들에게 카잔은 가정의 안녕과 길흉화복을 좌지우지 하는 불씨처럼 매우 신성한 물건으로 여겨졌다. 특히 야사위 영묘 정 중앙에 놓여있는 카잔은 1399년 영묘가 건축되던 시기에 제작되어 이곳으로 옮겨져 왔으며 금, 은, 동, 철, 아연, 주석, 납의 7가지 재료를 사용하여 만들어졌고 3,000리터에 가까운 물을 담을 수 있다. 그리고 카잔 둘레에는 3줄의 글귀가 적혀 있는데, 각각 코란의 구절과 제작 시기, 방위 표시와 19개의 소원, 마지막으로 이슬람 기초 교리가 적혀 있다. 이렇게 정성을 담아 만든 카잔에 물을 받아 두면 물이 항상 맑게 유지되었다는 이야기가 전해진다. 그만큼 이슬람에서는 카잔이 신성하다는 의미일 것이다.

영묘에는 회의실, 식당, 도서관, 모스크 등 기능적으로 다양한 공간들이 있다. 이 중 모스크는 기하학적 무늬와 꽃무늬들이 밝은 푸른색으로 그려진 원래 벽화들이 일부 보존되어 있는 유일한 공간이다. 돔의 안쪽 둘레는 설화석과 종유석으로 장식되어 있다. 외벽은 커다란 기하학적 패턴의 묘비 장식들이 새겨진 광택 나는 타일로 덮여있는데, 이는 티무르 시대 건축물들의 전형적인 특징이었다.

2. 알 파라비의 무대 오트라르

호자 아흐메드 야사위 영묘의 감동을 음미하며 주위를 살펴보면 보기보다 휭한 투르키스탄의 풍경에 적잖이 당황할 수 있다. 그러나 실망하기에는 이르다. 투르키스탄을 중심으로 근교에 몇 군데 중요한 유적지가 더 있기 때문이다. 시기는 다르지만, 이들은 모두 실크로드의 중심에서 영광을 누리던 도시들이다. 이들은 바로 투르키스탄 남쪽에 있는 '오트라르'라는 작은 도시와 투르키스탄 북쪽에 위치해 지금은 터만 남아있는 '사우란'이란 도시이다. 오트라르는 칭기즈칸이 금나라를 정복하고 서방을 노리고 있던 시기에 번영하던 도시였다.

칭기즈칸은 실크로드를 통한 교역을 호라즘 왕국에 요구했지만, 호라즘 왕국의 무하마드 2세는 칭기즈칸을 의심하고 이를 거절한다. 칭기즈칸은 다시 한번 간곡히 요청했지만, 이 역시 거절당한다. 하지만 칭기즈칸을 자극한 결정적인 사건이 바로 오트라르에서 발생한다.

어느 날 몽골 상인들이 오트라르로 와서 무역을 시도하고 있었다. 하지만 오트라르의 성주는 이들을 스파이라는 죄목으로 붙잡아 처형하게 된다. 이

소식이 칭기즈칸에게 전달되었고 칭기즈칸은 사과를 요구하며 무하마드 2세에게 사절을 보냈다. 무하마드 2세는 오히려 사절의 수염을 자르는 등 이들을 모욕하게 된다. 이에 화가 난 칭기즈칸은 복수를 결심하고 바로 호라즘 왕국 정벌에 나선다.

하지만 당시 호라즘 왕국도 사마르칸트와 같은 막대한 부를 쌓은 도시들을 포함하고 있었기 때문에 무시할 수 없이 막강한 나라였다. 그래서 칭기즈칸은 1219년 고도의 전술을 구상한다. 이 소식을 접한 무하마드 2세도 진지를 구축하는 등 전쟁 준비를 하게 된다. 하지만 막상 칭기즈칸의 군대가 쳐들어오는 것을 보니 대부분이 제대로 싸워보지도 않고 도시에 불을 지르고 도망가는 형국이었다. 이러한 상황을 전혀 이해하지 못했던 무하마드 2세는 몽골의 침입을 대비해 병력을 분산하여 배치하게 된다.

그러나 이것이 화근이었다. 분산 배치된 군대는 호라즘 왕국의 방어체계를 약하게 만들었고 결국 칭기즈칸이 의도한 함정에 빠져버리게 된다. 더욱이 날씨가 추워질 무렵이라 혹독한 추위를 뚫고 이 황량한 벌판을 감히 넘어올 것이라고는 생각지 못한 것이다. 하지만 칭기즈칸은 적의 방심을 이용했다. 양가죽으로 몸을 감싸고 말젖을 발효시켜 양가죽 안쪽에 발라 보온성을 높이는 등 매서운 추위를 견뎌낼 준비를 철저하게 한다. 그렇게 적의 허를 찌르는 공격을 하게 된다.

칭기즈칸은 적을 혼란에 빠뜨리려고 병력 일부를 호라즘 왕국의 남쪽으로 보내는데, 무하마드 2세는 현명한 판단을 하지 못하고 호라즘 왕국 북쪽에 있는 병력을 모두 남쪽으로 집결시킨다. 그 결과 북부의 도시들은 전력이 약

칭기즈칸과 호라즘의 전투상상도

화되었고 칭기즈칸은 호라즘 왕국의 북쪽인 카자흐스탄 남부의 도시부터 점령하기 시작한다.

이때 저항하는 도시들은 점령 후 가차 없이 파괴하였다고 한다. 특히 몽골의 상인들이 억울한 죽음을 맞이했던 오트라르의 경우 반드시 성주를 생포하라는 지시를 하게 된다. 이후 다섯 달간의 끈질긴 공방전 끝에 오트라르는 결국 칭기즈칸 군대에 점령당했다. 생포된 성주는 눈에 뜨거운 은을 부어 죽였고 오트라르는 완전히 파괴되었다고 한다. 이렇게 파괴된 오트라르는 칭기즈칸의 복수이기도 했지만, 다음 점령 도시에 대한 경고의 메시지이기도 했다. 실제로 이러한 무자비한 파괴와 잔인한 학살은 공포감을 조성하여 다음 도시에서 아무런 저항 없이 성문을 열어주는 효과를 가져 왔다고 한다. 그렇게 저항 없이 점령한 도시에는 별다른 피해를 주지 않고 성채를 부수고 병력을 징집하는 정도로 마무리되었다고 한다. 하지만 조금이라도 저항이 있던 도시에는 가차 없는 학살과 파괴를 가하였다고 한다. 일설에 의하면 호라즘의 국왕 무하마드를 카스피해상의 작은 섬에서 굶어 죽게 했다고 한다.

그렇게 이루어진 오트라르 점령은 호라즘 왕국에 큰 타격을 주었고 잇따라 부하라와 사마르칸트와 같은 주요 도시들도 함락되게 된다. 결국, 호라즘 왕국은 칭기즈칸에 의해 완전히 정복당하고 무하마드 2세도 도망가던 중 죽음을 맞이하게 된다. 그렇게 중앙아시아를 호령하던 제국이 한순간의 잘못된 선택으로 멸망에 이르게 된 것이다. 이 사건은 칭기즈칸이 광활한 영토의 제국을 건설하는 신호탄 역할을 했다. 현재 오트라르는 카자흐스탄 남부의 작은 시골 마을이지만 이곳에는 과거 칭기즈칸이 파괴한 옛 도시 오트라르의 흔적들이 발견되고 있다고 한다.

칭기즈칸에게 파괴되기 전 번영하던 오트라르는 카라반 행렬의 주요 거점이었다. 유럽에서 중국으로 가는 길은 길게는 수년의 시간이 걸리기 때문에 장사를 하는 상인들에게 부담스럽고 매우 위험한 모험이었다. 또한 여정이 중국에 도착하였다고 끝나는 것이 아니며 다시 유럽으로 돌아가는 험난한 여정이 남아있었다. 그래서 상인들은 오트라르라는 중간 지점에서 서로 물건을 사고팔았다고 한다.

번영하던 시기의 오트라르는 인구 20만 명이 살았던 대도시였다. 인구밀도에 따라 이러한 속담을 유추할 수 있다. "고양이는 마음만 먹으면 오트라르에서 사이람까지 땅을 밟지 않고 도착할 수 있다(그만큼 많은 집과 건물들이 다닥다

닥 붙어있었다는 의미)." 지금으로 따지면 얼마 되지 않은 규모이지만 그 당시 런던의 인구가 총 5만 명이었다는 것으로 볼 때 그 규모를 짐작할 수 있다. 오트라르는 상업을 위한 인프라가 매우 잘 갖춰진 도시였다. 대규모의 시장이 있었고 화폐 주조소, 정비된 도로, 환전소와 같은 상업의 기본적인 인프라는 물론이고 고된 여정으로 지친 상인들을 위한 숙박업소와 그 밖에 유흥 시설들이 발달했다고 한다. 또한 경비병들도 배치되어 있어 오트라르는 매우 안전하고 부유한 도시였다고 전해지고 있다.

이 밖에도 오트라르는 세계적인 성현들이 몰려드는 학문의 중심지였다. 이곳에 있던 오트라르 도서관은 알렉산드리아에 있는 도서관 다음으로 당시 세계에서 두 번째로 큰 규모였으며 꽤나 진귀한 서적들이 소장되어 있었다고 한다. 다양한 종교 서적들은 기본이고 세계 각국의 언어로 편찬된 학문 서적들이 가득했다고 한다. 총 약 1만 권의 책이 이곳에 보관되어 있었다고 하는데 이 도서관에 얼마나 귀중한 자료들이 있었는가는 오트라르 도서관을 지키던 히사무딘에 대한 기록에서 알 수 있다.

기록에 히사무딘은 뛰어난 통찰력을 지닌 사람으로 표현되고 있다. 도시에 어떤 심상치 않은 기운이 느껴질 때면 히사무딘은 이미 앞을 내다보고 도시에 어떤 일이 들이닥칠지 모두 알고 있었다고 한다. 도서관에는 그만이 열람할 수 있었던 서적들이 있었는데 그 책들을 통해 그가 통찰력을 얻었을 것으로 추측할 수 있다. 그 외에도 히사무딘이 동시에 100권의 책을 읽을 수 있으며 그 내용을 모두 기억한다는 이야기와 그의 펜이 닿기만 해도 종이 위에 진짜 사람이 나는 것 같다라는 등의 기록을 보면 히사무딘의 뛰어난 능력이 많

오트라르 고대 도시 ⓒ카자흐스탄 관광청(Kazakhstan.travel)

은 부분 오트라르 도서관에 소장된 서적에서 나온 것임을 말해주고 있다. 또한 오트라르 도서관의 서적들이 얼마나 가치 있고 귀중한 것들이었는지도 짐작해 볼 수 있다.

이처럼 거대한 실크로드는 무역에만 영향을 끼친 것이 아닌 학문 및 문화 부문을 선구적인 사상으로 변환시켰다. 이러한 학문적 인프라 덕분에 위대한 학자도 출현하게 된다. 바로 알 파라비이다. 알 파라비는 오트라르에서 태어나 자란 이슬람 사상가이다. 이 학자는 870~959년 사이에 살았던 것으로 기록된다. 그는 70여 개의 언어를 구사할 수 있었으며 아리스토텔레스와 플라톤의 사상을 접목하고자 시도한 철학자이다.

그가 깊은 연구를 보였던 철학, 천문학, 음악 및 수학 이론에 있어 그는 동방에서 아리스토텔레스 다음가는 현자로 평가받았다. 그리고 복잡한 철학적 물음에 대해서 많은 혜안을 제시한 학자이기도 하다. 그의 과학을 분류하는 논문은 향후 수 세기의 길을 열었다. 현재 알 파라비의 생애에 대해 전해 내려오는 정보는 매우 적지만 지금까지도 그의 철학적 업적은 높게 평가받고 있으며, 이렇듯 거물급의 학자들이 다수 등장하였다는 것은 오트라르가 학문적으로도 상당한 영향력을 가진 지역이었음을 증명한다.

비록 지금은 오트라르가 카자흐스탄 남부의 작은 도시에 불과해 보이지만 그곳에서 발견되는 유적이나 유물들을 통해 과거 얼마나 번성한 도시였는가를 짐작할 수 있다. 현재 발견되는 유물들은 모두 알 파라비 박물관으로 옮겨져 전시되고 있다. 그리고 도시에는 옛 오트라르의 흔적을 간직한 유적들이 옛 모습을 잃은 채 터를 지키고 있다. 오트라르는 비록 그 옛날의 화려했던 시절의 모습을 잃었지만, 실크로드의 거점 도시이자 칭기즈칸의 중앙아시아 진출 계기를 만들어 준 장소라는 점에서 그 역사적 의미는 조금도 퇴색하지 않았다.

또한 이곳에는 호자 아흐메드 야사위의 스승이었던 아리스탄 밥의 영묘가 모셔져 있다. 그래서 중앙아시아 지역 무슬림들의 순례가 잦은 곳이기도 하다. 호자 아흐메드 야사위의 스승인 아리스탄 밥은 야사위에게 400년의 시간이 지난 뒤에 감을 전해준 이야기로 유명하다. 어느 날 무하만다라는 예언자가 접시에서 계속 떨어지는 감을 보고서 400년 뒤에 위대한 현자가 태어날 것이고 그에게 이 감을 전해 주어야 한다고 말한다. 그러면서 누가 이 감을 현자에게 전해 줄 것인지 제자들에게 묻는다.

예언자의 제자 중 한 사람이었던 아리스탄 밥이 이를 자청했다. 대신 그는 400년 뒤 현자에게 전해 주기 위해 자신을 400년 동안 살 수 있도록 알라에게 기도해 달라고 요청한다. 그렇게 그는 400년 동안 살 수 있는 능력을 받게 되었고 감을 자신의 혀 아래 보관하였다고 한다. 400년 뒤 바로 위대한 현자인 호자 아흐메드 야사위가 태어나고 그의 스승이 된다.

아리스탄 밥의 가르침을 받은 야사위는 수피즘을 창시하는 위대한 인물이 된다. 호자 아흐메드 야사위의 영묘가 투르키스탄에 있고, 그보다 규모는 훨씬 작지만 아리스탄 밥의 영묘가 오트라르에 있다. 중앙아시아 무슬림 사이에서는 사이람의 카라샤시 영묘와 이브라김의 영묘, 투르키스탄의 호자 아흐메드 야사위 영묘 그리고 오트라르의 아리스탄 밥의 영묘를 한 번 순례한 것을 메카를 한 번 순례한 것과 같다고 의미를 부여하고 있고, '작은 하지'라고 부르는 값이 싼 '쉬르끄 여행'으로 그들은 마음이 깨끗해지고 병이 완쾌되며 재정상태가 나아진다고 말한다.

실제로 관광을 목적으로 이곳을 돌아보다 보면 영묘 내부에서 기도하는 무슬림을 어렵지 않게 발견할 수 있다. 그래서 가벼운 마음으로 이곳에 도착하지만, 무엇인가 경건한 마음을 가지고 떠나게 된다.

3. 무저항으로 화를 면한 사우란과 명목상의 이슬람

칭기즈칸에 의해 오트라르가 파괴되었다면 당시 아무런 저항을 하지 않아 화를 면한 도시가 있었다. 바로 사우란이다. 사우란은 투르키스탄보다 북쪽에 위치한다. 사우란이 역사에 등장한 것은 10세기이다. 이슬람 사원이 모여 있고 실크로드의 전략적 요충지라는 기록이 남아있다.

사우란은 전형적인 계획도시이다. 타원형의 공간이 방어를 위한 시설을 모두 갖추고 있는 성벽으로 둘러싸여 있었고 그 높이만 해도 6m에 이른다고 한다. 도시는 진흙과 벽돌로 만들어졌으며 규모도 매우 크다. 33ha에 이르는 넓이에는 거주, 행정, 수공업을 위한 구역으로 나누어 설계되었고 이러한 구역을 중심으로 광장과 거리가 조성되었다고 한다. 그 결과 사우란은 주변 지역에서 오트라르에 버금가는 주요 도시가 되었고 그 이후로도 번영을 이루게된다.

사우란이 요충지로서 역할을 하는 데는 여러 가지 이유가 있었지만, 그중에서도 선진적인 수도 시설을 빼놓을 수 없다. 지하수가 흐르는 층에서 수로를 통해 지상까지 물을 끌어 올리는 시설을 갖추고 있었고 이를 건설하기 위해 인도에서 기술자들이 200명이나 동원되었다고 기록되어 있다.

안정적인 물을 공급받기 위해서 사우란에서 약 7~8km 떨어진 곳에 수원을 설치해 두고 물을 끌어 올렸다고 한다. 그리고 침략자들로부터 이 수원을 지키기 위해 가로세로 45m에 이르는 요새를 세웠다고 한다. 이렇게 끌어 올린 물은 농업용수와 도시의 생활용수로 사용이 되었다. 또한 수원에서 도시

사우란 고대 도시 ⓒ카자흐스탄 관광청(Kazakhstan.travel)

까지 물은 지하의 통로를 통해 운반되었으며 이 통로를 따라 우물이 건설되었다. 그 당시로서는 상당히 고도의 기술력이라고 할 수 있다. 그렇게 사우란은 부를 바탕으로 성장한 첨단 도시였다.

하지만 그러한 명성도 세월을 이기지 못하고 현재는 옛 성터만이 남아있다. 위성 지도를 통해 이 지역을 확인해 보아도 사람이 살았던 곳이라고는 생각하기 어렵다. 다만 관련 자료와 사진 그리고 현재 남아있는 커다란 성벽만이 그 옛날의 영광을 짐작할 수 있게 해준다.

이렇게 투르키스탄의 이슬람 성지를 둘러보면 중앙아시아가 이슬람 국가였다는 사실에 새삼 놀라게 된다. 다민족 카자흐스탄은 실제로 민족별로 믿는 종교가 다르지만, 카자흐민족의 경우 대부분 이슬람을 믿고 있다. 그래서 동네 가게나 마트에서 돼지고기를 찾기 어렵고, 오히려 한국에서는 흔히 볼 수 없는 말고기와 양고기를 더 자주 볼 수 있다. 시장을 가도 돼지고기를 파는 상인들은 모두 러시아인들이며 카자흐인을 거의 찾아볼 수 없다. 그 뿐만 아니라 카자흐스탄을 여행하다 보면 이슬람 사원을 쉽게 찾아볼 수 있다.

우리는 흔히 이슬람이라고 한다면 테러와 폭력을 일삼는 종교라는 두려움을 갖기 쉽다. 그리고 실제로도 심심치 않게 뉴스를 통해 그러한 일들이 세계 곳곳에서 일어난다는 이야기를 듣기도 한다. 그래서 이슬람을 믿는 민족이 사는 국가라고 하면 먼저 두려움을 갖기 마련이다.

그러나 결론적으로 말하면 카자흐스탄에서는 그러한 두려움을 가질 필요가 없다. 카자흐스탄은 세속국가로 국교가 이슬람이 아니며 우리가 흔히 보는 이슬람 과격 무장 세력이 없다. 오히려 대부분의 카자흐스탄 사람들은 친절하고 정이 많다.

이곳에 뿌리내린 것은 바로 생활 속의 이슬람이기 때문이다. 특히 코자 아흐메드 야사위가 대중화에 힘썼던 수피즘의 영향을 받기도 하였고 구소련 시절 종교를 믿을 수 없었던 것도 영향을 받아 우리가 생각하는 과격한 무장 이슬람 세력 국가와는 전혀 다른 모습을 하고 있다. 이와 동시에, 같은 구소련 국가였던 러시아와는 또 다른 모습에 적잖게 당황하기도 한다. 타인에게 잘 웃지 않는 러시아 사람들과는 달리 유목민 특유의 손님 환대 문화Hospitality를 가진 카자흐스탄 사람들은 동네 가게를 가도 낯이 익은 사람에게는 안부도 물어주고 다음에 또 오라고 웃으면서 이야기한다.

일상생활 속에서 돼지고기를 먹지 못하는 것을 제외하고는 우리와 똑같은 생활을 한다. 우리가 알고 있듯이 하루 몇 번씩 메카를 향해 기도를 드리지도 않고(물론 종교심이 강한 사람은 기도를 드린다) 다른 이슬람 국가의 여성들처럼 얼굴을 가리고 다니지도 않는다. 오히려 우리가 주말이나 휴일을 통해 종교 생활을 하는 것과 비슷한 모습을 하고 있다. 그래서 카자흐스탄이 이슬람 국가라는 사실을 들으면 처음에는 위험하다는 생각을 하지만 막상 생활하다 보면 위험하기는커녕 카자흐스탄 사람들의 정 많은 모습 때문에 그러한 생각은 온데간데없어지게 된다.

카자흐스탄에서도 독실하게 이슬람을 믿는 사람의 경우 우리가 생각하는 전통 무슬림 복장을 하고 있지만, 이들은 오히려 더욱 도덕적인 생활을 하는 사람들이라 볼 수 있다. 중동의 이슬람에 대한 접근이 문헌적이며 교리적이라면, 중앙아시아의 이슬람에 대한 접근은 영적이며 체험적이기 때문이다. 그래서 투르키스탄의 코자 아흐메드 야사위 영묘를 보는 순간 이슬람에 대한 거부감은 전혀 느껴지지 않고 오히려 웅장하고 신비롭다는 생각까지 들 정도이다. 그래서 이슬람이 더 이상 우리에게 낯설다는 느낌보다는 더욱 알아보고 싶다는 흥미를 느껴지게 만드는 촉매제 역할을 하는 곳이 바로 이곳 투르키스탄이다.

카자흐스탄이 비록 명목상으로는 이슬람이지만, 통계를 들여다보면 이슬람 70%, 러시아정교 17.19%, 기독교 2%를 보이며, 이 이슬람 역시 전통적인 샤머니즘과 혼합되어 있어서 무속적인 정령 숭배 의식이 매우 강하다. 이슬람은 공식적으로는 사회에 별다른 영향을 끼치지 못하고 있으며, 이슬람교의 의식들은 공적으로는 거의 시행되지 못하고 있다.

특히 이목을 끄는 점은 각 지역이 다양하면서도 다면적인 종교 물색이란 사실이다. 다양한 종교상의 표현이 있으며 평화적으로 다양한 종교가 공존하며 수많은 시대를 거쳐 오늘날에 이르렀다. 그것은 불교와 절, 조로아스터교 단체, 네스토리안 종파의 기독교 교리, 무슬림 사원 및 수피 주문이 일정 부분씩은 투르크족과 텡그리족의 관점과 일치하기 때문이다. 결론적으로 이런 것이 혼합적인 모습으로 작용하여 카자흐민족을 보는 세계인의 시각에 영향을 미쳤다.

---

1) 전호진(2003). 『아시아 기독교와 선교전략』. p.314.

2) 전호진(1994), 『CIS를 바로 알자』. pp.74-75.

형제국가
카자흐스탄

경제문화의 수도,
중앙아시아의 허브
알마티

06

알마티가 왜 '사과의 아버지'인지 아세요?

카자흐스탄 사람들은 알마티를 신이 선물한 도시라고 부른다. 어째서일까? 이 도시의 옛 이름은 알마아타인데 카자흐어로 알마는 '사과', 아타는 '아버지, 땅'을 의미한다. 이 장에서는 사과의 아버지, 사과의 땅이라는 의미의 알마티를 여섯 번째 수수께끼로 알아보고자 한다.

이름처럼 알마티 곳곳에서는 크고 작은 야생 사과나무를 쉽게 볼 수 있다. 맛좋은 부사로 이름난 우리나라의 대구시와는 실제로 자매결연 관계를 맺기도 했다. 하지만 우리나라가 암울했던 시기 대구를 방문한 선교사에 의해 보급되었다가 이후 상품성 있게 개량된 크고 탐스러운 부사를 상상하고 알마티를 찾았다가는 거리에 떨어진 야생 사과의 작고 다소 볼품없는 모습에 실망할지도 모른다. 하지만 이것이야말로 알마티의 매력을 잘 나타내는 것이라 하겠다.

자본주의 시장경제 논리로 획일화되지 않은 천연 그대로의 맛과 향을 간직한 도시, 고고한 유목전통과 실크로드의 역사, 거기에 구소련 통치기를 겪으며 도시 곳곳에 덧칠해진 소련의 근대 문화적 요소들이 알마티 고유의 다양성과 독창성의 문화적 토양이 되었다. 알마티에서만 느낄 수 있는 이 다양성의 향연을 보노라면 기존의 천편일률적 여행지들과는 다른 알마티만의 매력에 흠뻑 빠지게 될 것이다.

제1절_ 유럽과 아시아, 그 경계의 작은 보석

1. 알마티는 나의 첫사랑: 카자흐스탄 국민들의 마음의 고향

인천공항에서 카자흐스탄 알마티 국제공항까지 걸리는 비행시간은 약 6시간이다. 오랜 비행의 피로에 어깨가 서서히 무거워질 즈음이면 어느새 알마티 공항 착륙을 준비한다는 기내 방송을 들을 수 있다. 창문 밖으로 가장 먼저 보이는 것은 바로 알마티 도시 어디에서나 볼 수 있는 천산산맥의 위용이다.

천산에서 흘러내리는 7개의 강물이 한데 모이는 세미레치예 지역의 중심에 알마티가 있다. 이곳은 카자흐스탄 초원길의 동쪽 끝이자 중가리아 분지와 알타이로 들어가는 동쪽 게이트이다. 이러한 지정학적 요인으로 인해 알마티는 고대 중앙아시아를 가로지르는 스텝 로드 상의 중요한 발판으로 여겨

천산산맥

졌다. 천산산맥의 북쪽 사면에 위치한, 알마티의 남동부를 감싸고 있는 알라
타우산맥의 천산 줄기는 일 년 내내 만년설로 덮여 있다. 한여름 찌는듯한 더
위에 시달리다가도 고개만 위로 들면 언제나 자연이 선사하는 에어컨처럼 알
마티 시민들의 눈과 마음을 정화해 주는 고맙고도 든든한 존재이다.

이 때문일까? 알마티 주민들에게 천산은 단순한 자연물 이상의 의미를 지
녀왔다. 땅과 하늘을 연결하는 중간자의 의미, 땅의 아버지이자 주인, 신성이
존재하는 곳 등 천산에 관한 전설과 설화는 세대를 이어 내려져 왔다. 그래서
일까? 기氣 철학에 관심이 많았던 필자는 천산을 등정할 때마다 기 수련을 하
면서 장래 추진하고자 하는 힐링센터에 대한 희망을 염원하기도 했다.

일찍이 알마티를 방문했던 헤밍웨이도 여기저기 널려진 사과밭을 보며 알

마티를 세상에서 가장 살기 좋은 도시라고 고백했다. '사과의 아버지'라는 뜻의 알마티의 이름을 나지막이 되뇌어 본다. 아담의 금단 사과도 있고, 만유인력의 법칙을 유추했다는 뉴턴의 사과도 있다. 혁신의 아이콘인 스티브 잡스의 사과, 즉 애플사의 로고는 바로 '컴퓨터의 아버지' 앨런 튜링에 대한 존경의 표시에서 나온 것이다.

초원길의 동쪽 끝이자 스텝 로드의 발판인 사과의 도시 알마티에서는 분명디지털 노마드 시대의 미래가 펼쳐질 것으로 기대된다. 우리가 사는 세상은 과학으로 모든 것을 설명한다는 4차 산업혁명의 시대이다. 알마티는 알라타우산맥에 둘러싸인 지리적 이점으로 4계절이 뚜렷하고 비교적 온난한 날씨가 특징이며 도시 어디에서든 고개만 들면 사시사철 눈으로 덮여 있는 그림같은 만년 설산을 바라볼 수 있다. 이렇듯 열린 하늘과 끝없이 펼쳐진 땅 위에서 살아가는 알마티 사람들은 날 때부터 디지털 노마드 정신을 자연스레 몸에 익혀왔으리라 생각된다.

알마티라는 도시 자체가 그리 크지 않기 때문에 마음만 먹으면 언제든지 손쉽게 케이블카를 이용해 천산을 만날 수 있다. 하지만 등산의 경우 날씨가 따라줘야 가능하다. 이를 두고 카자흐어로 '꾸다이 칼라사, 꾸다이 부예르짜, 알라 칼라사'라는 표현을 많이 쓴다. 그 뜻은 '모든 것은 신에게 달려있다, 신의 뜻대로, 신이 원한다면'이다. 이를 들으며 필자는 아랍어의 '인시 알라!'가 연상되었는데 아마도 이것이 이슬람의 영향이기 때문일 것이다.

도심에서 차로 30분만 올라가면 천산 상부로 올라가는 케이블카를 탈 수 있고, 케이블카를 타고 또 30여 분을 올라가면 한여름에도 만년설을 직접 만져볼 수 있는 이색적인 경험을 할 수 있다. 알마티를 찾는 관광객들이라면 천산은 반드시 방문할 것을 권한다.

또한 알마티는 구소련 시기 카자흐 소비에트 공화국의 수도이자 경제, 문화, 교육의 중심지였다. 그래서인지 알마티 시내를 걷다 보면 이곳이 마치 하나의 거대한 공원이 아닐까 싶을 정도로 도시 곳곳에 크고 작은 공원과 산책로 조성이 매우 잘 되어있다.

카자흐스탄의 가장 큰 저력 중 하나로 꼽히는 것이 바로 문화, 인종, 종교, 가치의 다양성을 존중하고 나와 다름에 대하여 매우 관용적인 태도를 보인다는 점이다. 도시를 십 분만 걷다 보면 왜 그러한 관용성이 나타나게 되었는지를 자연스럽게 깨닫게 된다. 피부색도 머리 색깔도 사용하는 언어도 모두 제각각인 사람들이 그러한 다름이 너무나 자연스럽다는 듯이 함께 어울려 살아가고 있기 때문이다. 보통 외국에 나가면 외국인으로서 차별을 받거나 곤란한 상황에 빠지곤 하는데, 알마티에 오면 그 누구도 나를 의식하거나 차별하지 않는다는 느낌이 든다. 이것은 또한 아주 오래전부터 이 땅의 주인이었던 카자흐 유목민들의 문화와 관습, 의식 속에 자리 잡은 고유한 특성이라 할 수 있다.

유라시아의 심장에 놓인 광대한 땅, 카자흐스탄은 과거부터 수많은 유목민족이 머물거나 지나쳐 간 문화 융합 및 교류의 장으로 발전해 왔다. 이후 전파된 이슬람이 기존의 샤머니즘적 성격의 유목 종교와 융합되어 생활 종교로서의 성격을 발현하면서 중동의 이슬람과는 차별화된 보다 관용적이고 개방적인 이슬람의 모습을 만들었다.

여기에 80년 가까이 이어진 구소련 통치하의 근대화 과정을 통해 카자흐스탄, 특히 구 수도였던 알마티는 다양한 민족과 문화가 배타적이지 않게 혼재된 자연스러운 다양성을 획득하게 된 것이다. 물론 소련 붕괴 이후 국가 정체성 확립이라는 목표로 카자흐민족의 언어와 종교를 보다 강조하려는 정치적인 움직임이 있긴 했다. 하지만 그런데도 여전히 모든 분야에서 다양한 민족 출신의 인사들이 차별 없이 현대 카자흐스탄의 정체성을 대표하며 활발히 활동하고 있다.

2. 알마티의 역사로 바라본 유목 문화와 구소련 문화의 공존

흔히들 유목 역사를 가진 국가는 정주 국가에 비해 문화와 역사의 깊이가 부족하다는 편견을 가지기 쉽다. 그런데 알마티의 경우 처음 사람이 집단거주하기 시작한 시기가 대략 3000년 전으로 거슬러 올라간다고 한다. 아주 오래전부터 실크로드를 따라 이동하던 여러 유목민과 농민, 상인들이 이곳에 머물거나 이곳을 통과하였고 다양한 문명과 문화가 혼재되면서 알마티는 발전된 실크로드 문명의 교차로로 발전했다.

이 도시가 알마티라는 현재의 이름과 유사한 명칭으로 불리게 된 것은 대략 10세기로 추정된다. 이 도시는 13세기 칭기즈칸 군대의 침략으로 함락되었으나 칭기즈칸 제국의 멸망과 함께 빠르게 재건되었다. 16세기 해상무역로의 발전으로 실크로드의 중요성이 퇴보하자 이 도시의 부흥기도 막을 내렸

천산산맥을 배경으로 한 알마티

다. 이곳은 18세기 중엽 중가르족의 침입에 대한 방어 이후 1854년 러시아 제국의 팽창 정책에 따라 알마티 근교에 제정러시아의 요새가 세워졌고 러시아 이주민들의 마을이 형성되었으며, 이 지역을 관할한다는 명목하에 러시아의 간섭이 시작되었다. 이후 이 마을은 현재 알마티 영토까지 포함해 '베르니 (러시아어로 '신실한'이라는 의미)'라는 이름의 새로운 도시로 발전하게 된다.

1887년 5월 28일 베르니에서는 전례 없는 강력한 지진이 발생해 도시 전체에 커다란 충격을 주었다. 도시 곳곳은 파괴되었고 인명피해도 많았다. 그 이후 도시 건설에 있어 가장 중요한 요건은 강력한 지진을 버틸 수 있는 안정성에 포커스가 맞춰졌다. 따라서 당시 건설 기술에서 지진에 가장 적합한 형태로 평가받던 목조건물 위주의 도시 건설이 이루어졌는데 이후 그것은 알마티의 독자적인 건축 스타일로 자리매김하게 되었다. 1918년 소비에트연방 정부가 세워지면서 1921년 2월 5일 도시는 알마-아타로 개명되었다. 그와 동시에 알마-아타는 카자흐스탄 소비에트 사회주의 공화국의 수도로 선포되었다.

제2차 세계대전 기간 동안 도시는 병력을 공급하는 역할 외에도 전방 도시에서 온 피난민들의 대피소가 되어주었다. 전쟁 중 동유럽과 러시아 극동지역에서 강제이주된 다양한 민족들이 알마티에 정착하게 되는데 이 과정에서 알마티는 오늘날 독립 카자흐스탄의 핵심 정체성이라 할 수 있는 다민족 사회의 토대를 마련하게 된다.

초기 소비에트 당국은 각 민족이 집성촌을 이루게 되면 좀 더 빠르게 정착할 수 있다는 판단하에 민족들을 각기 다른 구역에 집단으로 거주시켰다. 그러나 시간이 흐름에 따라 이러한 민족별 거주지역의 구분은 많이 흐려졌다. 그런데도 오늘날까지 알마티시의 인구분포를 살펴보면 각 민족별 집단거주지역이 어느 정도는 남아 있고, 이것이 도시의 특색을 나타내는 요소가 되기도 한다.

갑작스러운 소련의 붕괴와 91년 카자흐스탄 공화국의 독립선언 이후, 알마-아타는 알마티로 다시금 개명되었다. 1997년 대통령령으로 수도의 지위가 아스타나로 넘어가기까지 알마티는 카자흐스탄의 정치, 경제, 문화, 교육 중심지로 중요한 역할을 해왔다. 천도로 인한 행정상 지위의 하락에도 불구하고 여전히 알마티는 카자흐스탄 국민의 가장 큰 자랑이자 첫사랑으로 인식되고 있고, 수도 변경 이후에도 인구가 줄지 않고 오히려 증가하는 등 꾸준히 성장하고 있다.

제2절_ 테마로 알아보는 알마티 시내 관광루트

테마를 잡고 이동 루트를 잘 계획한다면 3~4일 정도면 알마티 내부와 근교의 자연경관 명소까지도 한 번에 둘러 볼 수 있다. 이 책을 통해 필자의 경험을 바탕으로 다음과 같이 테마를 잡고 도시를 여행하는 루트를 소개해 보고자 한다.

1. 역사루트: 알마티 도시 역사와 문화 탐방

판필로프 공원(승전기념비, 악기 박물관, 승천 성당) **- 이슬람성전** (약 3시간 소요)

판필로프 28인 전사 공원

새로운 곳을 방문할 때 그곳의 역사에 가장 큰 관심이 있는 사람이라면 판필로프 공원 방문을 가장 먼저 추천한다. 왜냐하면, 알마티라는 도시의 역사에서 빼놓을 수 없는 사건을 모티브로 조성되었기 때문이다. 알마티의 주민들이 가장 사랑하는 장소이며, 가장 오래된 공원 중 하나이다.

구소련 국가들에 있어 가장 큰 기념일 중 하나인 승전기념일이 되면 많은 알마티 주민들이 이 공원에 모여 꺼지지 않는 불꽃에 헌화하고 조국을 지키기 위해 산화한 젊은 영혼들의 넋을 기린다. 가족 단위나 연인, 친구들과 함께 공원을 찾은 방문객들은 가벼운 산책을 즐기거나 승천 성당에서 미사를 드리

판필로프 28인 전사 기념비

고 악기 박물관에 방문해 공연을 보거나 꺼지지 않는 불꽃에 헌화하는 등 저마다 제각각의 모습으로 이 공원을 즐긴다. 사방이 트여있는 이 공원의 입장은 100% 무료이다.

판필로프 공원은 제2차 세계대전 당시인 1942년 독일군의 모스크바 침공에 맞서 수도 모스크바 수복을 위해 목숨을 바친 판필로프 장군 휘하의 용맹한 소총사단 장병 28인을 기리기 위해 만들어진 기념공원이다.

이 사단 내에는 알마티와 쫌블 및 남카자흐스탄 출신의 군인들이 다수 포진해 있었다. 28인 소총사단은 특히 모스크바 수복 작전에서 큰 공을 세웠는데 병사들은 뛰어난 군사작전과 목숨을 아끼지 않는 활약으로 파시스트들이 모스크바를 침략하는 것을 방어했다. 판필로프 전사들은 독일군의 탱크 공격에 맞서 4시간 만에 탱크 18기를 전복시켰다. 많은 판필로프 전사들은 폭탄을 지닌 채 탱크 밑으로 몸을 던졌는데, 이로써 파시스트들의 공격은 지연되고 전세는 역전되었다. 1942년 소련 최고회의는 이들에게 소련 영웅 칭호를 내렸다.

사실 이 공원이 처음 조성된 것은 1870년대 도시가 형성되는 시기였다. 그 이전에는 묘지터로 사용되었다. 그래서 초창기에는 묘지공원이라는 명칭으로 불리기도 했다. 그 후 얼마 지나지 않아 공원은 도시 정원이라는 이름으로 개명되었다.

이후 위대한 러시아 시인 알렉산드르 푸시킨의 탄생 100주년을 기념하여 1899년에 이 공원은 '푸시킨 정원'이라는 명칭을 얻었고 이후 '투사공원', '연방공원' 등 여러 이름을 거쳐 1942년에 와서야 현재의 이름인 '28인의 판필로프 전사공원'으로 명명되었다. 1982년 공원 내부에 있는 3개의 건축물(젠코프 성당, 승전기념비, 민족악기 박물관)이 국가 역사 문화재로 지정되었다.

판필로프 공원은 도시의 역사를 담고 있을 뿐만 아니라 당시의 건축 양식과 조경예술 차원에서도 상당한 의미를 지닌 곳이다. 평일 아침이면 거리의 악사가 중앙광장에서 아코디언을 연주하는 모습을 심심치 않게 찾아볼 수 있다. 아름다운 음악과 함께 상쾌한 공기와 물기를 머금은 화단과 잔디, 귀여운 다람쥐들이 노니는 모습은 그야말로 환상적이다. 특히 기온이 34~35도를 웃도는 여름철이면 이 공원은 알마티 주민들에게 일종의 오아시스와 같은 역할을 한다.

판필로프 공원 2차 세계대전 기념비

승전기념비

승전기념비는 1975년 5월 8일에 대조국전쟁 승전 30주년을 기념하여 건립되었다. 승전기념비는 중심에 자리한 〈전진〉상과 양 옆으로 배치된 〈서약〉상과 〈영광의 트럼펫〉상, 그리고 하단에 설치된 〈꺼지지 않는 불꽃〉 제단이 모여 하나의 거대한 예술작품을 구현하고 있다.

정중앙에서 방문객을 가장 먼저 맞이하는 작품은 〈전진〉이라는 이름의 조형물로 수도 모스크바를 지키기 위해 전진하는 판필로프 기동대의 모습을 표현한 작품이다. 이 작품은 거대한 규모뿐만 아니라 마치 작품 속 주인공들이 살아 움직이는 듯한 생생한 표현력으로 보는 이의 시선을 압도한다는 평가를 받는다. 그 안에 내포된 역사적 의미뿐만 아니라 예술사적 가치까지 인정받는 작품이라고 할 수 있다. 승전기념비는 당대 대표적인 건축가였던 T. 바세노프와 R. 세이달린, 조각가였던 A. 아르티모비치와 B. 안드루셴코가 제작에 참여했으며, 판필로프의 28인의 전사 이야기는 이후 영화로까지 제작되어 큰 인기를 끌었다.

기념비를 기준으로 왼쪽으로 보이는 것은 〈서약〉이라는 이름의 부조작품으로 카자흐스탄 소비에트 사회주의 공화국을 위해 목숨 바친 젊은 병사들을 기리는 의미를 담고 있다. 오른쪽으로 있는 〈영광의 트럼펫〉이라는 작품은 승리의 기쁨과 생의 가치를 표현하고 있다. 〈전진〉상의 앞에는 꺼지지 않는 불꽃이 타오르고 있다. 알마티 시민들은 도시의 기념일뿐만 아니라 결혼, 졸업 등 개인적인 중대사가 있을 때도 이곳 승전기념비를 찾는다. 특히 구소련 시절부터 대다수 젊은 커플들이 결혼하게 되면 웨딩 사진을 찍으러 공원을 방문하고 꺼지지 않는 불꽃에 헌화하며 기념사진을 찍는 전통이 오늘날까지 이어져 내려오고 있다.

러시아 정교회 승천 성당

러시아 정교회 승천 성당은 성당을 지은 건축가 안드레이 젠코프의 이름을 따서 젠코프 성당이라고 부른다. 외견상으로 볼 때는 목조건축물이라는 사실이 전혀 믿기지 않을 만큼 구조가 견고하고 색채도 화려해서 종교적 의미에 더해 높은 미적 가치를 평가받는 건물이다. 비단 러시아 정교회 신자가 아니더라도 알마티 시민들에게 이 성당은 단순한 종교건물 이상의 의미를 지니고 있다.

승천 성당

1840년에 건축된 이 성당은 1911년 도시를 거의 완전히 파괴할 만큼의 강력한 대지진(리히터 규모 10으로 알마티 역사상 최대 지진)이 발생한 가운데 고층건물 중 유일하게 이 성당 건물만이 거의 온전한 모습으로 살아남았기 때문이다.

알마티 시민들은 이 성당이 도시를 지켜주고 있다고 믿는다. 승천 성당은 나무로 지어진 정교회 성당 중 전 세계에서 가장 높은 건물이다. 1924년부터 1976년까지 이곳은 박물관으로 사용되었는데 이는 소련 시기 어떠한 종교 행위도 금지되었기 때문이다. 그러나 흔히 알려져 있듯 이 목조사원이 하나의 못도 이용되지 않고 건축되었다는 것은 이 건물에 관해 널리 전파된 일종의 신화일 뿐이다.

성당은 나무로 만들어졌지만 각 구조물은 금속 부품들로 연결되어 있다.

이는 지진이 자주 발생하는 알마티의 지리적 특성을 고려한 설계 방식이었다. 그러한 독특한 건축방식으로 인하여 건물은 유연성을 갖게 되었고 수차례에 걸친 알마티 대지진을 견뎌낼 수 있게 하였다.

젠코프 성당은 또한 세계 10대 목조건축물 중 하나로 꼽힌다. 성당의 벽화와 내부 장식은 고유한 아름다움과 화려한 색감으로 방문객들의 상상력을 자극한다. 성당의 내부 미술은 모스크바와 키예프에서 온 화가들이 담당하였다. 성당 내부의 이콘 벽화는 N. 흘루도프가 완성했다. 성당 앞의 광장에는 소소한 길거리 음식과 아이들의 눈길을 사로잡는 풍선, 장난감, 비둘기 먹이 등을 판매하는 거리의 상인, 가족 단위로 공원을 방문한 시민들과 수십 마리의 비둘기 떼들이 어우러져 일견 구소련 영화의 한 장면을 보는듯한 낭만적인 착각에 빠지게 된다.

성당은 현재까지 러시아 정교회 성당으로 사용되고 있으며 주일마다 미사가 진행되고 있다. 승천 성당이 알마티의 주요 명소 중 하나로 각광 받는 만큼 방문객들은 언제든 성당 내부에 들어갈 수 있다.

카자흐스탄 국립 민속악기 박물관

판필로프 28인 전사공원에 전쟁의 비극과 애국주의라는 다소 무거운 분위기만 있는 것은 아니다. 공원 안쪽으로 조금 더 들어가 보면 러시아 양식의 목조 건물이 보이는데 이것은 놀랍게도 바로 알마티의 문화 명소 중 하나로 꼽히는 카자흐스탄 민속악기 박물관이다. 사실 이 건물이 카자흐스탄 국립 민속악기 박물관으로 사용되기 시작한 것은 1980년 이후부터였다.

민속악기 박물관 ⓒ카자흐스탄 관광청(Kazakhstan.travel)

1908년 이 박물관은 러시아 전통 목조건물 양식으로 지어졌으며 처음에는 박물관이 아니라 장교들의 회의 장소로 사용되었다. 공식 문서에 따르면 이 건물 역시 건축가 젠코프의 프로젝트 중 하나라고 기록되어 있다. 하지만 또 다른 버전에 따르면 이 건물이 B. 구르데의 설계로 지어진 건물이라는 설도 있고, 혹은 이 건물이 유명한 건축가의 프로젝트가 아니라 보로네쥬스키 지방의 여단 노동자가 지은 건물이라는 설도 있다. 오늘날 이 건물은 승천 성당과 함께 카자흐스탄 국가지정역사문화기념물 목록에 포함된 문화재로 관리되고 있다.

박물관의 입구에는 카자흐스탄의 민속악기인 나르 코브즈 조각상이 세워져 있다. 박물관 안에는 현존하는 거의 모든 카자흐스탄 민속 악기가 한데 모아져 있다. 그 가운데 몇 개는 카자흐스탄의 대표적인 문화예술인인 세이텍, 쫌블, 비르좐, 아바이 등이 기부한 것이다.

이곳에는 카자흐스탄 전 지역에서 수집된 약 60여 종의 민속 악기 1200여 점과 CIS 및 다른 국가의 전통 악기들이 다수 수집되어 함께 전시되어 있다. 특히 카자흐스탄의 음유시인, 지라우(카자흐스탄 전통 악기 돔브라를 연주하며 역사적인 이야기나 놀라운 사건들을 노래 형식으로 전달하던 카자흐민족의 전통 예술인을 칭함)들과 카자흐민족의 대표적인 작곡가들이 실제로 연주했던 악기들이 전시되고 있어 그 가치가 더해진다. 이렇듯 전시된 대부분의 민속악기들이 과거 카자흐스탄의 위대한 즉흥악사들이 실제로 사용했던 것들이고, 그 가운데 가장 오래된 것은 300년도 더 되었다고 하니 그 가치와 깊이를 가늠해 볼 수 있다. 박물관 내부에 아주 오래 된 악기들이 많으므로 관리도 매우 엄격하여 박물관 내부에서는 사진 촬영이 엄격히 금지된다.

카자흐스탄 국립 민속악기 박물관은 매우 현대적인 박물관 시스템을 갖추고 있기도 하다. 오디오 가이드는 물론이고 멀티미디어 시스템을 비롯한 과학 기술의 도움으로 다양한 방식으로 악기들을 체험해 볼 수 있다. 이렇듯 악기 박물관은 카자흐스탄 문화를 체험하는 좋은 기회를 제공한다. 악기들을 둘러보는 것 이외에도, 방문자들을 위해 박물관 내부에 있는 소규모 공연장에서 민속 앙상블 〈사즈겐〉을 통해 실제 악기 연주를 들을 수 있는 흔치 않은 기회가 제공되기도 하니 알마티의 전통문화를 경험하고 싶은 사람이라면 꼭 한번 방문해 보기를 권한다.

이 밖에도 공원 안에는 전쟁과 관련된 여러 인물의 기념비가 세워져 있다.

판필로프 부대 장병 중 한 명으로서 모스크바 수복 작전에 직접 참여해 소련 당국으로부터 민족 영웅 칭호를 부여받은 카자흐스탄의 민족 작가 바우르잔 마무슐리의 동상도 찾아볼 수 있다.

또한 소련군이 아프간전에서 퇴각한 지 14년 되는 해를 기념하기 위하여 지난 2003년 2월 15일 아프간 참전군인 기념비가 설치되었다. 이 기념비에는 아프간전에 나선 뒤 결국 집으로 돌아오지 못한 69인의 카자흐스탄 용사들의 이름이 새겨져 있고 군인들의 헬멧과 월계수 가지가 장식되어 있다. 이곳을 찾은 방문객들은 이 용사상을 보면서 전쟁의 참혹함과 슬픔, 국가를 수호하는 영웅주의와 비극 속에서 피어나는 희망 등 다양한 감정을 복합적으로 느낄 수 있다.

2. 문화체험루트: 알마티, 깊고 풍부한 문화의 정취를 느끼다

카자흐스탄 국립중앙박물관 – 카스쩨예프 기념 국립미술관 – 아바이 기념 오페라 발레극장

카자흐스탄 국립중앙박물관

카자흐스탄 국립중앙박물관은 100년이 넘는 긴 역사를 자랑하고 있다. 그 내부를 한 번 둘러보면 알마티와 카자흐스탄의 역사를 어느 정도 이해할 수 있을 정도로 박물관의 역사와 도시의 역사가 궤를 같이하고 있는 것을 알 수 있다. 1985년에 와서야 박물관을 위한 독립 건물이 새롭게 건설되었고 이 프로젝트를 위해 당대 카자흐스탄 공화국 내 최고의 건축가로 평가받던 Z. 무스타핀 B. 르자갈리예프, U. 라투슈니 등이 참여하였다. 박물관 건물은 건축사적으로 볼 때도 상당한 의미를 갖는데, 당대에 유행했던 현대적 건축 기법이 이 건물 안에 집대성되어 있었기 때문이다.

건물 내부에는 4개의 주요전시관 외에도 여러 특별 전시관 등이 마련되어 다양한 초대전이 기획되고 있다. 또한 박물관 사이트를 통해 VR 전시 투어를 경험해 볼 수도 있다. 유라시아의 중심부에 위치해 수많은 유목민의 흥망성쇠를 함께 했던 카자흐스탄의 흥미로운 역사는 물론 이곳에 터를 잡았던 여러 유목 민족들의 역사를 비교해 보는 것 또한 새로운 즐거움이 될 것이다.

카스쩨예프 기념 국립미술관

카스쩨예프 미술관은 1982년 국가 문화재 목록에 포함되었다. 미술관이 현재 건물로 이전하면서 이 미술관은 카자흐스탄 민족회화의 창시자인 아블라이한 카스쩨예프의 이름을 받게 된다. 2014년에는 국립미술관 옆에 카스쩨예프 박물관이 문을 열었다. 그가 1958년부터 1973년까지 살았던 알마티의 생가 역시 현재 박물관으로 꾸며져 관리되고 있다.

아블라이한 카스쩨예프는 우리에게는 다소 생소한 이름이지만 소련의 대표적인 화가 중 한 명으로 국제적으로도 그의 명성이 높다. 1950년대 그의 다큐멘터리를 촬영하기 위해 미국 촬영팀이 카자흐스탄 소비에트 공화국을 직접 찾아왔을 정도였다.

그는 1904년 가난한 농민의 아들로 태어났는데 그가 3살일 때 아버지가 사망하여 카자흐민족 전통인 형사취수제에 따라 어머니는 아버지의 남동생과 재혼하였다. 가난한 집안 형편으로 어려서부터 목동 일을 했던 그는 어린 시절부터 드넓은 카자흐스탄의 대지와 자연, 동물과 인간의 조화로운 아름다움에 눈을 뜰 수 있었다. 어려서부터 미술을 좋아했지만, 화가가 되기에는 형편이 여의찮아 일반 노동자로 사회생활을 시작한 그는 15세가 될 무렵 본격적으로 자신만의 예술 활동을 시작했다.

낭중지추라 했던가. 그의 회화 실력은 나날이 사람들의 입소문을 탔고 25세가 되던 해 당대 최고의 화가였던 니콜라이 흘루도프의 수하생으로 입적한 것도 모자라 소련 당국의 지원으로 모스크바 유학을 떠나게 된다. 그곳에서 그는 소련 미술계를 주도하던 수많은 인사들과 교류하며 자신만의 예술세계를 꽃피우게 된다.

제2차 세계대전 중 그는 첫 번째 개인전을 성공리에 마쳤고 카자흐스탄에 돌아와서도 예술 생활을 게을리하지 않았다. 그는 소수민족 출신이라는 한계에도 불구하고 국내외 여러 상을 휩쓸며 점차 소련 예술계 전반에서 인정받게 되었다. 다른 유명 화가들과 차별되었던 점은 그가 특수한 미술교육을 받지 않고 오로지 타고난 재능에 따라 그림을 그렸다는 점이었다. 그러나 동시에 학문적 배경이 없다는 점 때문에 여러 비평가의 독설을 받기도 했다. 천성적으로 마음이 여리고 착한 사람이었던 카스쩨예프는 이에 반박하지도 못하고 속앓이를 했을 뿐이었다.

카스쩨예프의 어린 시절 일화 중 흥미로운 한가지 일화를 소개해 본다. 어린 시절 그는 자기가 본 동물이나 사람의 얼굴을 돌이나 나무에 새기는 걸 좋아했는데 그것은 이슬람 문화에서 엄격히 금기시되는 행위였기에 동네 뮬라들에게 자주 엄한 꾸중을 들었다. 소련 시기 그는 카자흐민족 영웅인 한 케네사르의 초상화를 그렸다는 이유로 10년간의 유배형을 선고받기도 했다. 소수민족의 민족의식을 자극한다는 이유에서였다. 다행히 그는 가까스로 유배지에서 도망쳐 나올 수 있었지만, 이후에도 그의 작품활동은 여러 가지 감시와 압력에서 자유로울 수 없었다.

69세의 나이에 심장마비로 사망하기까지 국내외에서 수많은 업적을 이뤘음에도 불구하고 그의 경제적 상황은 항상 여유롭지 못했다. 그와 아내와의 사이에는 9명의 자녀가 있었는데 방 2칸짜리 작은 아파트에서 온 식구가 함께 지냈다. 그런데도 그는 소수민족이 두각을 드러내기가 쉽지 않았던 소련 체제에서 자신이 가진 천부적인 재능만으로 전 소련에서 가장 인정받는 화가 중 한 명의 반열에 올랐고 후대 카자흐민족 화가들에게 많은 영향을 미친 인물로 기록되었다. 오늘날 그의 이름을 딴 예술대학교와 미술관이 운영되고 있으며 그의 초상화가 실린 엽서, 우표, 기념화폐 등이 발행되기도 하였다.

카스쩨예프 기념 국립미술관은 월요일에 휴관하며 그 외에는 10시부터 오후 6시까지 운영된다. 매달 마지막 날은 시설점검을 위해 휴관한다. 매달 세 번째 일요일은 오픈미술관 데이로 지정해 무료로 입장할 수 있다. 방학 기간에 모든 초·중·고등학생들은 무료로 미술관을 관람할 수 있다.

아바이 동상

아바이 기념 오페라 발레극장

아바이 기념 카자흐스탄 국립 오페라 발레극장은 반세기 넘는 기간 동안 수준 높은 연극 및 오페라, 뮤지컬 및 발레 공연을 무대에 올려 알마티 시민 뿐만 아니라 이곳을 찾는 관광객들의 큰 사랑을 받아왔다.

극장은 1934년에 설립되었는데 그 전신은 1933년에 문을 연 음악 스튜디오였다. 극단의 첫 오페라 공연은 설립된 해 1월에 열렸다. 첫 작품인 〈아이만 숄판〉의 제작을 위한 첫 대본을 카자흐민족의 대표적인 극작가인 무흐타르 아우에조프가 집필했다. 이 코미디 작품의 특징은 작품에 사용된 배경 음악에 있다. 작품 내내 카자흐민족의 전통음악이 사용되었기 때문이다.

극장의 발레단은 1938년 〈백조의 호수〉를 초연으로 그 역사를 시작한다.

같은 해에 최초의 카자흐스탄 국립 발레단의 공연이 올려졌는데 그 작품의 이름은 〈칼카만과 마므르〉였다. 대조국전쟁 기간에도 극장은 문을 닫지 않고 티켓 판매수익금을 전선으로 보냈다. 이 기간에 소련 각지의 문화계 인사들이 피난처를 찾아 알마티로 몰려들었는데 그 덕분에 이 극장에서 소련의 많은 재능 있는 예술가들이 서로의 예술세계를 교류할 수 있었고 카자흐스탄 공연문화 예술 역시 한 단계 성장할 수 있는 시기를 얻었다.

1945년이 되어서야 극장은 카자흐민족의 정신적 지주라 할 수 있는 민족 시인이자 철학자, 카자흐 문화의 개혁가 아바이의 이름을 극장에 선사할 수 있게 된다. 전반적으로 전쟁 전과 후의 시기에 극장은 더욱 애국적인 레퍼토리 작품을 상영하기 위해 애썼다. 오페라 〈아바이〉, 위구르 민족 오페라 〈나즈굼〉, 발레 〈박치사라이분수〉, 〈캄바르와 나즘〉 등이 당시에 공연된 가장 상징적인 작품들이다. 소련의 붕괴는 극장에도 어려운 시기였다. 예산에서 할당된 돈이 거의 없었기 때문에 정상적인 작품의 준비가 어려웠다. 그러나 위기를 극복하고 2000년 건물 개보수를 마치고 관객들이 다시 극장으로 돌아오기 시작했다.

극장의 건물 및 내외부 인테리어 역시 수준 높은 무대만큼이나 높은 예술성을 인정받고 있다. 오페라 발레극장은 1941년에 건설되었는데 공사가 완료될 무렵 당시 알마티시에서 가장 크고 아름다운 건물로 평가되었다. 고전적이면서도 우아한 건물의 외부와 내부의 화려한 인테리어는 방문객들의 기대를 더욱 고조시키는 역할을 한다.

특히 내부 벽화 및 실내장식에 카자흐민족 전통요소가 폭넓게 사용되고 있

아바이 국립 오페라-발레극장

다. 예를 들어 건물 내부에는 카자흐민족 음악의 대표적 인물이라 할 수 있는 좀블이 부조로 새겨져 있고 측면으로 카자흐 민속 서사시가 벽화로 표현되어 있다. 건물 내외부의 기둥과 벽, 천장 등 건물 곳곳에 카자흐민족의 전통 문양 이 새겨져 있기도 하다.

외관만 봤을 때는 중세 유럽의 화려하고 우아한 이미지가 떠오르지만, 내 부에 들어오면 카자흐 민속 테마를 느껴볼 수 있다는 점에서 매우 흥미롭다. 극장 앞에는 웅장한 분수대가 설치되어 오페라 극장의 낮과 밤이 더욱 환상 적인 모습으로 변모하게 되었다.

이 외에도 건물 주변에는 카자흐민족 예술사를 논할 때 빼놓을 수 없는 두 명의 인물인 극작가 묵타르 아우에조프와 음유시인 좀블 자바예프의 동상이 세워져 있다. 아바이 오페라 발레극장의 레퍼토리는 매우 다채롭다. 또한 여러 국가의 다양한 창작그룹들과 긴밀하고 창조적인 협업을 통해 매년 수준 높은 작품들을 선보인다.

이곳에서는 또한 매년 국제 예술축제가 개최된다. 공연은 러시아어 혹은 카자흐어로 진행된다. 예를 들어 최근에 발표된 러시아어 작품으로 푸시킨과 레르몬토프의 작품 〈예브게니 오네긴〉과 〈악마〉가 각색되어 연출되었고 〈네르기즈〉와 〈치오-치오-산〉 등의 작품은 카자흐어로 공연되었다.

3. 힐링루트: 알마티, 도심 속 자연을 느끼는 힐링 여행

꼭쮸베 티비타워 공원 – 메데우 빙상경기장 – 침불락 스키장(케이블카)

꼭쮸베 티비타워 공원

알마티를 한눈에 둘러보고 싶은 사람에게는 한국의 남산타워를 연상시키는 꼭쮸베 티비타워 공원 방문을 권한다. 그곳에 가기 위해서는 버스나 택시, 자가용 등을 이용할 수 있지만 알마티 시내를 한눈에 담을 수 있는 케이블카를 이용하길 강력히 추천한다. 케이블카 정류장은 카자흐스탄 호텔 뒤편(공화국 궁전 옆, 도스틱 대로)에 있다. 케이블카에서 내리면 알마티를 상징하는 거대한 사과 분수가 방문객을 환영한다.

꼭쮸베 공원은 해발고도 1,100m에 위치하기 때문에 예민한 사람들은 귀가 먹먹해지는 느낌을 받기도 한다. 공원 위에 올라오면 대관람차를 비롯한 소규모 놀이시설이 마련되어 있고 간단하게 다과를 즐길 수 있는 카페와 작은 동물원도 있다. 연인이나 친구뿐만 아니라 가족 단위 관광객들에게도 사랑을 받는 이유가 바로 여기에 있다.

메데우 스포츠 컴플렉스

메데우 빙상경기장은 해발고도 1,691m에 위치한 야외 빙상경기장으로 월드레코드 공장이라는 별명을 얻었다. 여기에서 120개가 넘는 세계기록을 수립했기 때문이다. 아마도 염분기가 없는 순수한 물로 만들어진 스케이트장의 얼음이 최상의 결과를 가져오는 데 톡톡한 역할을 한 듯하다. 그래서 겨울이 되면 산 한가운데에서 야외 스케이트를 즐기는 많은 알마티 시민의 발길이 이어지는 곳이다. 메데우 빙상경기장까지는 버스나 택시를 이용해 갈 수 있다. 만약 여름에 이곳을 방문하게 된다고 해도 크게 아쉬워할 필요는 없다. 이곳에서 케이블카를 타고 600m가량을 올라가면 침불락 스키리조트에 도착하게 되고 한 단계 더 올라가 케이블카의 마지막 역까지 올라가면 한여름에도 만년설을 직접 만져보는 특별한 경험을 할 수 있기 때문이다.

메데우 빙상경기장 뒤편으로는 인공 댐이 보인다. 1970년대 알마티에서 이씩이라는 작은 마을 하나가 휩쓸려 나갈 정도의 대규모 산사태가 발생한 일이 있었는데 그 이후 이 인공 댐이 조성되었다. 메데우 인공 댐은 70년대 당시 건설부 차관이었던 허가이 알렉세이라는 고려인에 의해 건설되었다. 당시 산속에 인공 댐을 건설해야 했기 때문에 여러 악조건이 많았다. 그런데 그는 협곡 좌우에 있는 산에 폭탄을 부착해 폭파함으로써 산에서 쏟아져 내린 흙과 돌을 건설자재로 활용해 100m 높이의 댐을 축조하는 방식으로 세계 토목공학계를 놀라게 했다.

관광객들은 산 방향으로 난 무려 842개에 달하는 계단을 올라 댐의 상부로 올라갈 수 있다. 알마티시는 매년 이곳에서 계단 빨리 오르기 대회를 개최하는데, 실제로 이곳에 방문한 대다수의 현지인 관광객들은 필수코스로 이 계단을 올라 사진 촬영을 하곤 한다.

침불락 스키리조트

침불락 스키리조트는 알마티의 가장 대표적인 관광지이자 알마티의 상징이라 할 수 있는 만년설 산을 가까이에서 경험할 수 있는 곳이기도 하다. 침불락이라는 이름은 카자흐어 쉼불락의 러시아어식 표기인데 원뜻은 '산봉우리의 샘'이라는 의미이다.

알마티 시내 중심부에서 차를 타고 15분이면 도달할 수 있는 만년설 산이라니! 이곳에 가기 위해서는 메데우 빙상경기장까지 차를 타고 간 뒤 그곳에서 출발하는 케이블카를 이용하거나 사륜구동 자동차를 타고 올라가는 방법이 있다. 메데우 역에서 침불락 역까지는 매일 아침 8시 30분부터 오후 6시까지 케이블카가 운영되며 스키시즌에는 자정까지 야간운행이 추가된다.

침불락 스키장의 역사가 시작된 것은 1940년대로 아마추어 스키애호가들에 의해 처음 발견되었다. 얼마 지나지 않아 이곳은 소련 최초의 스키장으로 각광받게 되었고 1954년에 1,500m 길이의 스키 리프트가 설치되었다. 그 전까지는 시작 지점에서 산 정상까지 약 3시간에 걸쳐 도보로 올라가야 했다. 1985년 이 스키장은 국제스키연맹의 까다로운 검사를 통과하여 국제 공인 스키장으로 승인되었다. 오늘날까지 침불락 스키장에서는 여러 국제대회가 개최되고 있으며 지난 2011년 동계아시안게임이 개최되기도 했다. 카자흐스탄은 현재 이 리조트를 베이스로 동계올림픽 유치를 위해 노력하고 있다.

침불락 스키리조트는 천산산맥에 자리 잡은 스키장으로 총 4단계의 높이로 구분되어 있는데 마지막 4단계까지 올라가면 해발고도 3,160m까지 올라갈 수 있다. 이곳은 스키애호가나 만년설을 보러 온 관광객 이외에도 등산 애호가들에게 항상 인기가 많다. 이 지역에는 해발고도 2,000m에서 5,000m까지 다양한 고봉들이 즐비해 여러 트레킹 코스를 즐길 수 있다.

침불락 스키리조트는 보통 11월에 개장해서 다음 해 4월까지 꽤 오랜 기간 운영된다. 앞서 언급했듯 만년설이 존재하는 곳이고 강설량도 풍부하므로 눈이 적어서 개장을 미루는 일은 거의 없다. 스키 비시즌에도 산악자전거, 패러글라이딩, 등산, 어린이 산악캠프 등 다양한 프로그램을 진행하여 침불락 리조트를 찾는 관광객들의 발길을 끊이지 않게 하고 있다.

침불락 스키리조트는 해발고도 2,260m에 위치해 있고 경사면의 거리는 약 20km에 달한다. 천연설 위에서의 겨울 스포츠를 만끽할 수 있는 스키장으로 과거 스키애호가였던 영국의 찰스 3세 국왕이 왕세자 시절 즐겨 찾는 곳이었다. 침불락 스키리조트 내에는 다양한 루트가 존재하기 때문에 초보자부터 숙련된 고급스키어를 위한 모든 선택이 가능하며 내리막 코스, 산악코스, 스노우보더를 위한 하프파이프 등이 있다.

천산을 바라보며 나이스 샷(골프투어)

알마티에서는 만년설이 장관인 천산을 배경으로 시원한 스윙을 경험할 수 있다. 기존 동남아 위주의 골프관광 루트에 지겨워진 사람이라면 알마티에서의 색다른 골프 여행을 경험해 보는 것도 좋을 것이다. 중앙아시아의 문화와 역사, 자연경관을 동시에 즐기면서 가성비 좋은 골프투어도 즐길 수 있기 때문이다.

누르타우 골프클럽　자일라우산맥의 기슭에 위치해 있는 아름다운 골프장이다. 1995년 클럽 개장 당시 누르술탄 나자르바예프 전 대통령이 첫 시타를 쳤다. 그 이후로 프로와 아마추어 사이에서 많은 상징적인 토너먼트가 이곳에서 열렸다. 완벽한 18홀 골프코스, 70ha의 녹지 공간, 고급스러운 클럽 하우스, 2층 드라이빙 레인지(연습 코스), 9홀 연습 그린 및 쇼트 게임 그린을 즐길 수 있다.

주소: мкр. Таусамалы, 50/7

연락처: +7 (727) 372 23 16, +7 (727) 372 23 12, +7 (727) 372 23 15

자일라우 골프클럽　챔피언십 코스를 비롯해 수준 높은 레스토랑과 골프 연습장, 3개의 퍼팅 그린, 아카데미, 스포츠 바 등이 갖춰진 대규모 골프 리조트이다. 골프를 칠 수 있는 녹지 면적은 82ha에 달하며 18홀 골프 코스는 CIS 지역에서 최고 수준인 것으로 인정받고 있다. 실제로 누르타우 골프클럽보다 조금 더 상급 클럽으로 평가받는다. 또한 이곳에는 인공 호수와 인공 조경이 멋지게 조성되어 있으며 15,000그루에 달하는 조경수가 심어져 있다.

주소: мкр. Мирас, 188

연락처: +7 701 888 14 92, +7 (727) 277 76 21

카자흐스탄 독립기념비와 중앙광장 – 아르바트 거리 – 질료늬 바자르(그린마켓)

알마티 시청 앞 중앙광장

알마티 시청 건물 앞에서는 각종 대규모 행사의 주요 무대로 사용되는 중앙광장(혹은 공화국 광장으로 불림)과 독립기념비를 만날 수 있다. 우리로 치면 광화문 광장 같은 느낌이다. 카자흐스탄 독립기념비는 카자흐스탄 독립을 기념하기 위해 세워진 기념비로서 높이 34m에 달한다. 기념비의 주요 모티브는 알마티 근교에서 발견된 카자흐스탄의 주요 문화재 가운데 하나인 황금 인간상(Golden Man)이다. 1969년 알마티에서 50km 떨어진 이씩강 유역에서 발굴된 황금 인간은 황금 옷을 입은 사카 전사이다. 고고학자들의 연구에 따르면 이 고대인이 묻힐 당시 그의 나이는 18세가량이었다고 한다. 황금 인간은 카자흐스탄뿐만 아니라 유라시아 실크로드 역사상 가장 가치 있는 발견 중 하나로 평가받는다.

독립기념비에 세워진 높이 6m의 황금 인간은 강력한 국가권력을 상징하며 그의 발아래에는 날개 달린 표범이 도약하고 있다. 이 독립기념비는 아스타나에 위치한 바이테렉과 함께 카자흐스탄의 독립을 상징하는 중요한 의미를 지닌 기념비이다. 기념비의 하단에는 '1990년 12월 25일 카자흐스탄의 주권이 선포되었다'라는 문구와 '1991년 12월 16일 카자흐스탄의 국가 독립이 선언되었다'라는 문구가 카자흐어와 러시아어로 새겨져 있다.

카자흐스탄 독립기념비

형제국가 카자흐스탄

기념비를 주변으로 카자흐민족의 역사와 문화를 관통하는 인물들의 이미지가 구현되어 있는데 예를 들어 말을 탄 어린 소년은 신생 공화국 카자흐스탄의 진취성, 젊음과 희망찬 미래를 의미하고 하늘의 현자, 대지의 어머니상은 카자흐스탄이 가족이라는 전통적 가치를 중시하고 안정적이고 풍요한 미래를 일구어 나갈 것이라는 의지를 보여준다. 또한 기념비 아래에는 나자르바예프 초대 대통령의 손자국이 찍힌 청동 책이 놓여 있는데 이곳에 가면 이곳에 손을 대고 사진을 찍는 방문객들이 모습을 쉽게 찾아볼 수 있다. 청동으로 된 소원성취의 책이 펼쳐있는데 책 위에는 '선택하고 축복받으라!'라는 구절이 카자흐어와 러시아어, 영어로 새겨져 있다.

알마티 청춘들의 성지, 아르바트 거리

봄이 찾아오고 날씨가 따뜻해지면 많은 연인들과 삼삼오오 짝을 이룬 젊은이들의 발걸음이 끊이지 않는 곳이 있다. 바로 알마티의 대표적인 젊음의 거리 아르바트 거리이다. 사실 아르바트는 거리라기보다는 쿠나예바 스트리트와 아블라이하나 스트리트까지 이어지는 구역을 말한다. 알마티의 아르바트 구역은 과거 도시의 주요 쇼핑 명소로 사랑받았지만, 복합쇼핑몰이 대세가 된 지금은 쇼핑보다는 문화와 젊음의 거리로 더 각광 받고 있다.

아르바트가 가장 활성화되었던 시기는 90년대였는데 도시의 젊은이들과 예술가들은 이곳에 모여 청춘과 삶, 예술을 공유했다. 이 거리는 차량이 이동할 수 없고 도보 전용 지역이다. 양옆으로 젊은층이 좋아하는 패스트푸드점과 각종 카페, 의류 매장들이 들어서 있으며 도로 가운데에는 직접 그린 그림

고려인 록 가수 빅토르 최 동상

을 팔거나 초상화를 그려주며 소일거리 하는 거리의 화가들과 거리의 악사
들, 꽃을 파는 할머니들과 다양한 플래시몹을 하는 젊은 예술가 등이 한데 모
여 고유의 예술적인 무드를 형성한다.

　아르바트 거리를 따라 밑으로 더 내려가면 질료늬 바자르가 나오기 때문에
이 거리에는 항상 사람들의 발길로 붐빈다. 과거에 비해 그 영향력이 줄어들
기는 했지만, 알마티시의 청년문화와 젊음을 경험해 보고 싶다면 이곳은 반
드시 방문해야 하는 도시의 또 다른 매력 포인트이다. 또한 아르바트에 가면
거리의 예술가들을 쉽게 발견할 수 있다. 이곳은 자신의 예술성을 공유하고
자 하는 모든 음악가, 무용가 및 화가 등 예술가들에게 열려있는 독특한 형식
의 공공 문화예술 공간이다. 특히 날씨가 따뜻한 5월에서 10월 사이에는 항

상 다양한 야외 문화 공연이 진행된다. 거리 음악가들은 항상 도시에 특별한 색채를 가미한다. 또한 아르바트에 자리 잡은 오래된 건물들은 현대적인 그래피티로 장식되어 있다. 이렇듯 창의성에 제한이 없는 이 공간에서 특별한 매력과 독창성을 경험하게 될 것이다.

질료늬 바자르(그린마켓)

알마티 시민들의 삶을 느끼고 싶다면? 질료늬 바자르로 가자! 질료늬 바자르는(러시아어로 '초록 시장'이라는 뜻, 카자흐어로는 '콕 바자르'라 한다)는 알마티 시내에서 가장 규모 있는 시장 중 하나이다. 현지인들뿐만 아니라 관광객들에게도 현지 시민들의 생활을 가까이에서 경험하게 해 주는 공간이어서 우리나라로 치면 남대문 시장과 견줄 수 있을 것이다.

시장은 초록색의 페인트가 칠해진 큰 건물과 외부 노상 시장을 포함한다. 시장 건물 입구를 들어서면 중앙아시아 국가들의 시장에서 친숙하게 볼 수 있는 광경인 각종 과일과 견과류 상인들이 처음 방문객을 맞이하는 것을 볼 수 있다. 형형색색의 각종 과일과 우수한 품질의 견과류를 보면 나도 모르게 지갑을 열게 되는 공간인데, 자세히 살펴보면 이곳에서 파는 과일과 견과류 중 수입산이 적지 않다는 것을 알게 된다. 노상 시장과 비교하면 이곳은 자릿세가 높은 공간이기 때문에 이윤이 많이 남는 비싼 수입산 과일과 견과류, 그리고 육류, 유제품 등을 판매하는 것이다. 또한 시장 내부 중앙통로에 마련된 반찬 판매 진열대에서는 우리와 친근한 모습의 고려인 아주머니들이 양배추로 만든 고려 김치와 당근 샐러드, 피클 등을 직접 만들어 판매하는 모습을 볼 수 있다.

이곳이 '녹색 시장'이라는 이름을 얻게 된 까닭은 시장이 조성된 초반에 이곳에서 판매되는 물건이 녹색 채소 위주였기 때문이다. 그러나 지금은 녹색의 채소뿐만 아니라 없는 물건을 찾는 게 빠를 정도로 다양한 식료품과 공산품을 판매하고 있다.

국가 정체성 강화를 위해 이슬람 문화를 강조하던 시기에는, 일부 보수세력 중에 이곳 질료늬 바자르에서 돼지고기 판매를 금지하려는 움직임을 보였다. 그러나 카자흐스탄 정부가 국가의 주요 가치로 삼는 다민족 우호 국가의 목표를 위해 돼지고기를 먹지 않는 카자흐민족만을 위한 질료늬 바자르를 만들 수는 없다는 시 당국의 판단하에 이곳에서는 오늘날까지 돼지고기, 소고기, 양고기, 말고기, 닭고기 등 원하는 모든 육류를 비교적 저렴한 가격으로 신선한 상태에서 원하는 양만큼 구매할 수 있게 되었다.

참고로 건물 2층 공산품 판매대를 잘 찾아보면 펠트로 만든 카자흐스탄 전통 공예품 판매점을 찾아볼 수 있는데, 대부분의 기념품이 중국산인 데 비해 이곳에서 판매하는 것들은 카자흐스탄 장인들의 손길을 거친 것이어서 선물용으로 구입할 만하다. 단 시장이 붐비는 시간대에는 어리숙한 관광객을 타겟으로 하는 소매치기도 많은 편이기에 시장 방문 시 소지품 단속은 필수이다.

제3절_ 천혜의 자연환경 속 진정한 자유를 찾다

1. 하늘과 땅, 그 사이 천산산맥이 있다

여름 찌는듯한 무더위 속에서도 언제나 고개를 들면 흰 눈으로 덮여 있는 만년 설산을 볼 수 있는 곳! 알마티는 천산산맥의 지류인 알라타우산맥이 병풍처럼 감싸고 있는 도시이다.

천산산맥의 제2봉인 한 텡그리는 카자흐민족의 성산으로 높이 7,010m에 달하는 높은 산이다. 이 '하늘의 지배자'는 거대한 피라미드의 모습을 하고 있는데, 1936년 처음으로 산악가의 발길이 닿았다. 이곳은 오늘날까지 러시아와 서구 산악가들에게 특별한 사랑을 받고 있다.

천산산맥의 최고봉은 해발고도 7,439m의 파베다봉으로 여기에서 파베다라는 이름은 러시아어로 '승리'를 뜻한다. 천산은 말 그대로 하늘의 산, 하늘과 맞닿은 산이라는 의미를 지닌다. 혹자는 이 이름이 투르크어의 '텡그리탁', 즉 하늘이나 신을 의미하는 '텡그리'와 산을 의미하는 '탁'에서 유래한 것이라고 말한다.

사실 천산산맥의 가장 많은 부분이 걸쳐 있는 나라는 바로 키르기스스탄이다. 천산의 최고봉인 '승리봉' 역시 키르기스스탄에 자리 잡고 있다. 천산산맥은 주로 키르기스스탄과 중국의 신장위구르 자치구에 걸쳐져 있다. 천산산맥의 북부와 서부 산맥의 일부가 카자흐스탄에 포함되어 있는데, 이곳은 우즈베키스탄 및 타지키스탄과 국경을 접하는 지대이기도 하다. 이렇듯 구소련

천산

지역 내에는 천산산맥이 아치의 모양을 하고 길이는 1,200km, 너비는 300km 이상에 걸쳐 자리 잡고 있다.

위치와 계절, 날씨에 따라 시시각각 변화하는 천산의 모습은 진정 감탄을 자아낸다. 만년설로 덮인 정상과 고산 초원지대, 일곱 빛깔 무지개색을 닮은 야생화와 희귀 식물들, 상록 침엽수림과 그랜드캐넌을 연상케 하는 협곡, 맑디 맑은 강물과 폭포수까지. 카자흐스탄의 광활한 영토와 특색 있는 자연환경을 보다 보면 이곳만큼은 문명의 손길이 비껴간 것 같다는 생각이 든다. '하늘과 맞닿아 있는 곳'이라는 표현이야말로 이곳을 설명하는 가장 적합한 표현이 아닐까 싶다. 지질학자들은 천산이 칼레도니아와 헤르시니아 조산운동을 겪은 오래된 산맥으로 지질 구조상 알프스산맥과 동년배일 것으로 추정한다.

천산의 모습을 보면서 이곳을 중앙아시아의 알프스라고 표현하는 이유가 여기에 있다. 천산 가운데 알마티 시내에서 차로 20분 정도 떨어져 있어 가장 손쉽게 오를 수 있는 곳으로 알마아라산이 있다. 알마티 대호수라는 이름의 아름다운 큰 호수가 있는 곳으로 치유가 일어나는 장소로 알려져 있다. 이곳을 오르다 보면 주변의 경치가 아름답기로 유명한 에메랄드빛 큰 호수와 함께 중앙아시아의 산세를 볼 수도 있다. 이곳에서도 고대에 주술사들이 많은 활약을 했다고 알려져 있다. 그래서인지 한국인들에게 기를 받을 수 있는 곳으로 인기가 높다. 또한 천산 내부에는 향후 광업발전에 유용하게 사용될 많은 광물이 매장되어 있다.

눈 덮인 천산산맥은 알마티와 키르기스스탄의 현 수도인 비쉬켁과 매우 근

알마아라산에 있는 알마티 대호수

접하게 자리 잡고 있다. 그 때문에 소비에트 시절부터 이곳은 익스트림 스포츠 중 하나인 산악스포츠 중심지로서 개발되어 왔다. 특히 알마티에서 멀지 않은 천산산맥의 지류 자일리스키 알라타우산맥은 카프카스에 이어 제2의 산악스포츠 중심지로 소련 시대부터 주목받아왔으며 키르기스스탄의 산악가들은 대규모 집단 산악등반 행사였던 산악인대회를 개최하기도 했다.

필자도 교민들의 수련장인 천산 산악회와 함께 4,000m가 넘는 아만겔디봉에 도전하였다. 1박 2일 코스로 2,000m 지점에 캠프를 설치하고 야영을 하면서 쏟아지는 별을 보며 기 수련을 했다. 다음날 새벽길에 나섰으나 80도에 가까운 가파른 산길을 오르다 보니, 맨 뒷줄에 남아 겨우 따라가고 있었다. 하지만 정면에서 떠오르는 태양을 보며 그 장관을 사진에 담고 싶어 촬영하다가 뒤로 넘어졌다. 통증에도 불구하고 일어서려고 하니 얼굴에서 피가 뚝뚝 떨어졌다. 겁이 나고 용기가 사라졌다. 그러나 누운 채로 고개를 돌리니 에델바이스가 속삭였다. "일어나라!"라고, "아만겔디봉이 기다린다."라고. 알프스에만 있는 줄 알았던 에델바이스가 여기에서 나를 기다리고 있었을 줄이야. 할미꽃 같은 뽀송뽀송하고 부드러운 꽃잎이 날 일으켰다.

한참 후 피를 닦고서 발걸음도 힘차게 다시 등반을 시작했다. 3,500m 지점에서 젊은 여성 대원이 다리에 쥐가 난다고 중도하차 하고, 또 다른 산악회원도 포기하고 나오니 나 역시 망설여졌다. 그러나 천산의 기와 에델바이스의 응원을 생각하며 전진하는 순간 등 뒤에서 빵하고 터지는 소리가 났다. 깜짝 놀라 배낭을 뒤져보니 과자 봉지가 산소 부족으로 부풀어 올라 터진 것이다. 드디어 3,900m 지점에서는 암벽 외줄타기가 시작되었다. 군시절에도 공

천산 등반길에 오른 필자

군 관제사 출신이어서 유격훈련은 해본 적이 없는데, 까마득한 낭떠러지를 기어오를 생각을 하니 정말 아찔했다. 기도했다. 그리고 인생 60 살아온 것처럼 발밑은 보지 말고 저 높은 곳을 향하여 묵묵히 내딛었다. 비록 대원 중에 가장 고령으로 힘은 없지만, 세월에 닳고 닳은 바위와의 싸움에는 자신이 있었다. 이윽고 정상이라는 대원의 외침에 새 힘을 얻고 마지막으로 올라 신부님과 함께 감사기도를 올렸다.

정상 위에는 또 다른 세상이 있었다. 작은 벌레 같은 자신이지만 말할 수 없는 황홀감으로 어머님 품에 안기면서도 동시에 천산을 품고 있는 것 같은 조화로움을 느꼈다. 만년설로 덮인 고대의 빙하들, 푸른 산정의 호수와 먼 산의 능선들을 바라보며 세상의 번뇌를 떠나 완벽한 정적을 즐길 수 있던 시간이었다.

이 봉우리의 이름은 1916년 봉기하여 민족 독립운동을 일으킨 카자흐 혁명가 이마노프 아만겔디의 이름에서 따왔다. 그의 동상은 알마티 시내 센나야 광장의 포크로프 정교회 마당에 서 있다고 하니, 꼭 대원들과 함께 다시 찾아가서 카자흐 민족봉기 3년 후에 있었던 우리의 3·1 독립운동과 비교하며 이야기를 나누고 싶다.

2. 그랜드캐년의 축소판, 카자흐스탄의 차른캐년

차른캐년은 미국 서부 그랜드캐년의 축소판으로 불릴 만큼 경이로운 장관을 선사하는 장소이다. 규모는 그랜드캐년보다 작지만, 그 안에서 발견되는 지질학적 다양성은 그랜드캐년을 뛰어넘는다는 평가를 받기도 한다.

국립공원으로 지정된 차른캐년은 알마티시에서 북동쪽으로 195km 떨어진 중국과의 국경 근처에 자리 잡고 있다. 차른캐년까지 가는 길이 상당히 험준하기에 개인적으로 갈 때는 SUV 자동차를 타고 가야 한다. 알마티에서 출발하는 관광버스를 타면 약 4시간가량 내달려야 도착할 수 있다. 154km에 걸친 광대한 영토에 펼쳐진 차른 협곡과 그 한가운데를 가로질러 흐르는 푸른 강물을 보면 인간의 유한함과 신의 위대함을 동시에 경험하는 기회를 얻게 된다.

차른캐년

　차른캐년은 연중 언제 방문하든지 자신의 고유한 아름다움을 뽐내지만, 안전상 기상조건이 적당할 때 방문하는 것이 좋겠다. 끝없이 이어지는 평야 지대를 한참이나 내달려야 다다를 수 있는 이 협곡은 겨울에는 눈이 거의 내리지 않지만 바람이 매우 강하다. 한여름에는 암석 사이의 열이 40℃를 초과할 만큼 건조하고 뜨겁다. 따라서 차른캐년 방문에 가장 좋은 시기는 봄(4~6월)과 가을(9~10월)이다. 차른에 갈 경우 날씨가 갑자기 서늘해질 때를 대비하여 가벼운 방풍 재킷을 챙기는 것이 좋고 여름에는 1인당 1.5~2리터의 식수를 반드시 챙겨가야 한다. 더위가 한창인 계절에는 눈과 머리를 보호할 선글라스와 모자가 필수이다.

　차른캐년이 형성되기 시작했다고 추정되는 시기는 학자마다 조금씩 다른 데 지질학자 P. I. 마리콥스키는 그 시기가 약 2,500만 년 전으로 거슬러 올라간다고 주장한다. 당시 이곳에는 거대한 일리호수가 존재했는데 이후 호수물이 일리강의 왼쪽 지류가 된 차른강을 따라 빠져나간 뒤 협곡 분지의 틀이 마련되었고 그때 다 빠져나가지 못한 호숫물은 현재 차른캐년을 가로지르는 강물의 형태로 남게 되었다는 것이다.

협곡 분지 형성을 연구한 학자들은 수십만 년 동안 녹은 물의 침식과 바람이 이곳을 마치 외계 문명이 존재했을 법한 신비한 풍경의 협곡으로 만들었다고 결론지었다. 협곡의 깊이는 위치에 따라 150~300m로 다양하며 협곡의 노출면에서 다양한 지질 시대의 퇴적물을 볼 수 있는데 이를테면 고생대 때부터 있었던 조개껍데기, 나뭇잎 등의 화석과 멸종된 동물인 마스토돈과 코끼리, 코뿔소의 잔해가 바로 그것이다.

앞서 이야기했듯 차른캐년은 150km 이상에 걸쳐 넓게 뻗어 있지만 빼어난 절경으로 가장 인기 있는 장소는 차른강의 중심부에 위치한 돌리나 잠코프 협곡이다. 이 협곡의 이름은 러시아어로 '성의 계곡Valley of Castles'이라는 의미를 지닌다. 이곳의 또 다른 별칭으로 '붉은 계곡'이 있는데 이 협곡의 바위 성분이 주로 붉은 사암이기 때문에 멀리서 볼 때 그 모습이 마치 노을처럼 붉게 보인다고 해서 불리는 이름이다.

돌리나 잠코프 계곡은 총 길이 2~3km에 폭은 20~80m인 그리 길지 않은 구간이다. 이 계곡에서 강을 따라 걸으며 주변을 둘러보면 깎아지른 듯한 붉은 절벽이 마치 동화 속 성의 기둥과 탑, 아치형 구조물을 연상시킨다. 혹자는 사람의 얼굴을 닮았다고도 말한다. 협곡 아래에 내려와 강을 따라 걸으며 보는 풍경과 협곡의 위에서 걸으며 아래를 내려다보는 풍경이 사뭇 다르므로 시간과 체력의 여유가 있다면 꼭 두 가지를 모두 경험해 보기를 권한다. 바위 꼭대기에는 성 계곡 전체를 볼 수 있는 두 개의 전망대가 있다. 또한 등산객 을 위한 벤치도 마련되어 있고 다양한 관광 프로그램의 시작 포인트도 바로 이곳이라 할 수 있다.

제4절_ 시간적 여유가 있다면 근교지 여행을 떠나보자!

1. 유목 부족의 비밀을 간직한 암각화 유적지 탐갈리 탐사

 필자가 알마티에 근무할 당시 카자흐스탄 지역연구를 위해 알마티공관으로 파견된 한국의 대학생 인턴들과 함께 카라바스타우 마을 근처에 있는 탐갈리 지역을 탐사한 경험이 있다. 이곳은 알마티에서 북서쪽으로 170km 떨어진 안라카이 산기슭에 위치한 유적지로 지난 2004년부터 유네스코 세계문화유산으로 지정돼 관리되고 있다.

 1958년 A.G. 막시모바가 이곳의 암각화에 대해 처음 발표한 후 1970~1980년에 걸쳐 많은 고고학자들이 이곳을 방문하여 활발한 연구를 진행하였다. 특히 2009년에는 한국과 카자흐스탄 공동 학술 조사가 이루어지기도 했다. 탐갈리는 투르크어로 '표식'이라는 의미를 가진 '탐가'라는 단어에서 유래한 지명이다. 이곳에서는 기원전 2천 년대 후반에서 20세기 초까지 다양한 시기에 걸친 유목민들의 축산, 사회 조직, 제식 등을 엿볼 수 있는 2천여 점의 암각화가 발견되었다.

 고대인들이 왜 탐갈리 지역에 이렇게 많은 암각화를 남겼는지 정확한 이유는 밝혀지지 않았지만, 이곳에서 야영을 한 여행자들은 이 지역에 알 수 없는 에너지가 존재한다고 입을 모은다. 고대인들 역시 이러한 특성을 이용해 이곳을 예술과 종교의식의 장소로 사용했다고 한다. 마치 야외 갤러리를 방불케 하는 이곳의 암각화에는 인간뿐만 아니라 산양, 말, 황소, 개와 같은 가축

유네스코 문화유산으로 지정된 탐갈리 타스 암각화

들도 조각되어 있는데, 안드로노보족이 황소, 사슴, 야생당나귀와 같은 동물들을 많이 표현했다면 사카족은 늑대, 개, 양과 같은 동물들을 많이 표현했다고 한다. 특히 안드로노보족이 묘사한 야생당나귀는 실제로도 유목 부족들의 별식으로 이용되었다고 하는데, 그 맛이 각별히 좋아 칭기즈칸의 아들이 이를 사냥하다가 죽었다는 이야기도 있을 정도이다. 근처에는 묘지가 있는데 이는 청동기 시대의 것으로 추측되며 초기 유목민들의 정착기와도 연관이 있다. 보통 가축의 그림에는 사람이 등장하는데 가축을 타고 있거나 이를 몰고 앞으로 걷는 모습으로 묘사된다. 바위에 새겨진 장면들은 매우 다양하지만 주로 종교의식이나 사냥과 관련된 것이다.

이곳에서는 앞서 언급한 안드로노보족과 사카족 이외에도 투르크족의 암

탐갈리 골짜기의 암각화

각화 역시 발견되고 있다. 이때 그려진 암각화들은 전사, 기와 기수, 궁수, 마구 등이 소재로 등장하며 목축문화를 반영한다는 점에서 그 이전의 암각화들과는 다른 성격을 지닌다. 제4조각군집에는 인간 세상이 만들어지는 모습이 표현되어 있다. 남자가 누워있는 그림은 원래 위에 여자가 그려져 있는 성교 장면을 표현한 모습이었을 것으로 추정되나, 위에 그려진 그림의 암석이 떨어져 나갔으므로 단지 추측할 수 있을 뿐이다.

이 그림 옆에는 샤먼의 모습이 그려져 있는데 이는 생명이 잘 잉태될 수 있도록 주술적인 행위를 하고 있다고 추측된다. 이 암각화 오른쪽에는 산모가 아이를 낳고 있는 장면과 그 주위로 군인들이 춤을 추며 기뻐하는 모습이 표현되어 있다. 그 위에는 7개의 해가 각기 다른 모습으로 표현되어 있다. 이는 안드로노보족의 해 숭배 문화와 무관하지 않을 것이다. 매년 카자흐스탄 알마티에서 열리는 음악 축제인 보이스 오브 아시아Voice of Asia의 심벌이기도 한 〈해의 머리를 한 인간태양신〉은 발굴된 암각화 중 가장 인기 있는 것으로 제5군집에서 찾을 수 있다.

2. 노래하는 바르한 사막(알튼 예멜 국립공원)

노래하는 사막이라는 전설이 담긴 바르한은 수천 년의 역사를 간직한 카자흐스탄의 대표적인 명소 중 하나이다. 알마티에서 북동쪽으로 200km가량 떨어진 곳에 있는 알튼 예멜 국립공원 내에 자리 잡은 노래하는 사막, 바르한

알튼 예멜 국립공원 모래언덕

은 모래언덕의 길이가 거의 3km, 높이는 150m에 달한다. 노래하는 사막은 일리강 변의 강한 바람이 수 세기에 걸쳐 강 주변의 모래와 모래 먼지를 이동시켜 두 개의 산맥(대칼칸, 소칼칸) 사이에 켜켜이 쌓아 만들어진 초원 한가운데의 모래언덕인데, 놀라운 것은 사막이 형성된 이후 수천 년이 지나는 동안, 이 사막은 과거의 형태 그대로 남아 있다는 사실이다. 또한 사구의 모래가 바람에 흩날릴 때 추억의 오르간 소리와 비슷한 진동음이 들려 노래하는 사막으로 잘 알려져 있다. 과거 이곳에 터를 잡고 살았던 고대인들은 이 소리를 듣고 사막 안에 잠들어 있는 악한 영의 음성을 들었다고 믿었다. 과학자들은 건기가 지속하면 바람의 영향으로 모래가 천천히 쏟아지기 시작하는데 모래 알갱이가 움직이는 과정에서 마찰이 진동을 일으켜 그 결과 오르간 소리를 연상시키는 음악적 효과가 나타난다고 설명한다. 즉, 조밀한 토양으로부터 반사된 음파를 만들어 공명에 적합한 상태가 형성된다는 것이다.

사실 이 소리를 듣는 경우는 흔치 않다고 하나, 한번 소리가 나기 시작하면 수 km 떨어진 곳까지도 들린다고 한다. 분명한 것은 모래가 바싹 말라 있을 때만 이 소리를 들을 수 있으니, 강수량이 적은 여름철에 방문하면 이 신비한 소리를 만나게 될 가능성이 더 클 수 있다는 점이다. 노래하는 모래언덕의 비밀이 과학적으로 밝혀진 이후에도 사람들은 여전히 이 사막에 전해져 오는 전설을 믿고 있다. 그들은 이 소리가 사막에 잠든 영혼의 목소리라거나 사막에 살고 있는 환상 속의 동물이 내는 소리라고 믿는다. 혹은 사막 지하에 흐르는 강물 소리라든지, 모래 지하에 고대 도시가 존재하고 그 안에서 종이 울리는 소리라는 독특한 해석을 내놓는 사람들도 있다. 노래하는 사막과 관련된 또 다른 전설도 있다. 이곳 모래 사장 아래 몽골 제국의 창시자이자 초대 대칸인 칭기즈칸이 묻혀 있는데, 위대한 그의 영혼이 이곳을 방문하는 사람에게 자신의 위대했던 업적에 관해 이야기하고 싶어 한다는 것이다.

3. 꿈꾸던 파라다이스를 만나다, 아씨고원

알마티주에 위치한 아씨고원은 알마티에서 약 90km를 달려야 도착할 수 있는 곳이다. 소투르겐강에서 시작되며 길이는 60km, 너비는 최대 10km인 지역이다. 예로부터 지금까지 유목민들의 여름 목장으로 잘 알려져 있으며 현재까지도 봄여름 시기에 목동들이 이동식 주택을 지어놓고 말과 양 등 가

아씨고원

축을 방목하며 생활한다. 이 시기에 아씨고원을 방문하게 되면 실제 목동들을 만나 그들의 생활 모습을 지켜볼 수 있다. 카자흐민족은 손님을 진심으로 환대하기 때문에 낯선 이에 대한 경계심이 없다. 과거 이곳은 유럽과 중앙아시아에서 중국과 인도로 향하는 카라반 루트가 지나는 곳이었다. 아씨고원은 아고산대 초원의 놀라운 산간 계곡으로 이 장엄한 자연 작품의 높이는 해발고도 2,200~2,600m에 달한다. 이곳에 서식하는 희귀종 수목과 아름다운 꽃, 그림 같은 언덕, 평평한 지역에서 방목하는 말과 양 떼, 이끼로 덮인 돌, 맑은 물이 흐르는 강을 보면 천국이 바로 이곳이 아닌가 하는 생각을 하게 된다. 보통 아씨고원 여행은 투르겐 계곡의 멋진 폭포에서 시작한다. 알마티에서 투르겐 계곡까지 약 2시간가량이 소요되고 다시 계곡을 따라 30분 정도 올라가면 아씨고원이 위치한 일리 알라타우 국립공원 입구가 나오는데 여기에서 환경세를 지불하고 검문소에서 패스를 발급받아야 한다. 내부 도로 사정이 여의치 않기 때문에 날씨에 따라 허가받기 어려울 수도 있다. 이렇듯 입장을 위한 절차가 생각보다 복잡해서 혼자 가기보다는 투어를 통해 방문하는 것이 좋다.

4. 천국을 거닐다, 콜사이호수 국립공원

콜사이호수는 천산 동북부의 진주로 불리는 아름다운 호수이다. 콜사이 강을 둘러싼 만년설 산의 빙하 물이 흘러 협곡을 통해 강이 되어 흐르고 그 물

콜사이호수

은 폭포가 되어 상부에서 하부로 흘러내려 3개의 호수로 흘러든다. 호수는 눈 녹은 물로 채워져 있기에 한여름에도 수온이 6도 정도라 수영을 즐기기 어려울 정도로 매우 차갑다. 하지만 아주 깨끗한 담수이기 때문에 호수에서 휴가를 즐기는 사람들은 밝은 파란색에서 에메랄드 그린까지 끊임없이 변화하는 물의 색에 놀랄 수밖에 없다. 실제로 카자흐스탄 과학자들이 이 호숫물을 연구해 본 결과 호수의 유기물과 중금속 함량이 매우 낮다는 것을 발견했다고 한다. 과거 현지인들은 이 호수에 무지개송어를 방류했는데 물고기들이 왕성히 번식하여 이제는 상당히 많은 개체 수가 살고 있다. 콜사이호수를 여행하는데 가장 이상적인 시기는 4월에서 9월 사이지만 극한의 스릴을 즐기는 사람이라면 겨울에 방문해도 좋다. 카자흐스탄에는 자연 명소에 대한 수

많은 전설이 있는데 콜사이호수 역시 예외가 아니다. 과거 이 콜사이호수 협곡에는 두 가족이 이웃하여 살았는데 한 가족은 부자였고 다른 한 가족은 형편이 좋지는 못했다. 그럼에도 두 가족은 마치 한 가족처럼 우애 있게 지냈다고 한다. 한편 부유한 집에는 세 명의 딸이 있었는데 이들은 결혼할 때가 되자 아버지를 찾아 가난한 집의 아들과 결혼시켜 달라고 부탁을 했다. 누구도 서운하게 만들기 싫었던 아버지는 신에게 도움을 청했고 신은 결국 세 소녀를 아름다운 호수로, 청년을 세 호수를 모두 연결하는 크고 깨끗한 강으로 변신시켜 사랑에 빠진 청춘들의 마음을 영원히 하나로 묶었다는 것이다. '콜사이'라는 이름은 카자흐어로 '콜'은 호수를, '사이'는 협곡, 산골짜기, 즉 호수의 협곡이라는 의미를 가진다.

5. 호수의 왕 카인디호수

카인디호수는 사실 콜사이 국립공원에서 가장 인기 있는 장소이다. 특히 관광객의 이목을 끄는 것은 호수 안에 빼곡하게 세워진 전나무들의 모습이다. 이들은 호수 물속의 석회성분과 기타 광물질의 영향으로 호수 형성 후 100년이 지난 지금까지도 썩지 않고 그대로 보존되어 카인디호수만의 독특한 풍경을 만들어내고 있다. 카인디호수는 해발 약 1,867m의 고도에 있는 카자흐스탄의 대표적인 자연 명소이자 현지인들에게 매우 인기 있는 관광지이다. 이곳이 가진 평온함과 신비한 아름다움은 이곳을 찾은 관광객들의 마

카인디호수

음을 매료시킨다. '카인디'는 카자흐어로 '자작나무가 풍부하다'라는 의미이다. 이 호수는 1910년 대규모 지진으로 인해 형성되었다. 당시 강력한 지진으로 인해 대규모 산사태가 발생했고 울창한 침엽수림이 산 위의 눈 녹은 물로 가득 차 오늘날과 같은 호수의 모습을 띠게 되었다. 갑작스러운 급수로 나무들은 죽었지만, 호수의 담수 성분의 얼음물은 죽은 나무들이 썩어 부패하는 과정을 막는 역할을 했다. 그 덕분에 오늘날까지 나무 기둥이 썩지 않고 그대로 보존되어 있어 카인디호수만의 독특한 뷰를 완성했다.

까레이스키의 성지
우슈토베에 오기까지:
고려인의 여정과 정착,
그리고 내일은?

07

카자흐스탄 고려인들은 카자흐민족의 제4의 쥬즈형제로 불릴 만큼 그들과의 유대성이 강해 이민족이라는 느낌이 전혀 들지 않을 정도라고 한다. 두 민족 간의 이러한 정서적 친밀감을 우리는 과연 어떻게 해석할 수 있을까? 고려인에 대한 카자흐민족의 깊은 신뢰감은 과연 어디서 나왔을까?

아울러 역사적 조국인 한국과의 결속을 더욱 공고히 하려 노력하는 고려인들의 심리적 바탕에는 무엇이 깔려있을까? 이 7번째의 수수께끼를 함께 풀어보고자 한다.

제1절_ 고려인 디아스포라의 현주소는?

고려인高麗人 또는 고려사람은 옛 소비에트 연방 붕괴 이후의 독립국가연합 CIS 전체에 거주하는 한민족을 이르는 말이다. 한반도 일대를 지배했던 옛 나라인 고려와 직접적인 관련은 없으며, 한국인과 조선인을 절충하기 위해 고려인이라 부른다. 이들이 거주하는 국가에는 러시아, 우즈베키스탄, 카자흐스탄, 타지키스탄, 투르크메니스탄, 키르기스스탄, 우크라이나, 몰도바 등이 포함된다.

전 세계 약 50만 명의 고려인들이 중앙아시아를 중심으로 거주하였으며, 남부 러시아의 볼고그라드 부근, 코카서스, 남부 우크라이나에도 고려인들의 공동체가 다수 존재한다.

한국 체류 고려인 동포들의 최대 밀집 거주 지역은 안산 땟골 마을(고려인 1만 5천 명)이다. 그 외 아산, 안성, 김해, 경주, 화성 등 전국 각지에 단순 노무 인력으로 일하고 있다. 특히 인천 연수동 함박마을(7천 명)에 많이 모여 살고, 광주 월곡동에도 7천 명 정도가 집단촌을 형성하여 역사 마을 1번지로 '월곡 고려인 문화관'까지 운영하고 있다.

한국 정부는 이 고려인 디아스포라를 외국인 노동자 정책의 범주로 관리하고 있다. 문제는 고려인 동포가 갖는 특수한 역사 문화적 정체성은 도외시하고 산업인력 확보에만 집중하고 있다는 데 있다. 하지만 러시아와 중앙아시아 국가 사람들은 고려인을 그 나라 사람이라고 하지 않고 까레이스키, 즉 '한인'이라고 부른다. 역사의 풍랑 속에서 유라시아를 이리저리 떠돌면서도 한

민족 혈통을 유지하고 있기 때문이다.

모국인 한국에서는 고려인 디아스포라를 민족자산이자 통일을 함께 열어 갈 동포라고 말하면서도 행정 분류상으로는 단순히 외국인 노동자 취급을 하고 있어 이율 배반이 되고 있는 것이다. 이 점에 있어서 독일의 동포 정책과 비교가 된다. 그들은 역사적 책임의식을 바탕으로 포용 정책을 취하고 있는데, 재외동포들의 자유로운 모국 왕래를 허용하고 원하는 경우 국적을 취득할 수 있도록 하고 있다. 주목할 만한 것은 민족의 개념을 과거 독일 제국의 시민권을 소유했던 자는 물론 그의 배우자, 자녀를 독일 민족으로 정의하여 혈통적, 언어적, 문화적 특성상 동질성을 가지고 있는 것으로 범주를 넓히고 있다는 점이다.

그나마 다행인 것은 한국 정부가 이들을 위해 2014년 재외 동포(F4) 비자와 방문취업(H2) 비자를 발급하고 그들의 동반을 허용하였다는 것이다. 기존의 동포 3세대뿐만 아니라 4세대와 5세대까지도 이를 확대하고 있다. 고려인 정착문제를 다룰 때 물론 장기적 안목과 국익에 도움이 되도록 하되 과거 빨치산 운동으로 인한 부정적인 시선으로 바라볼 것이 아니라 아픈 역사의 산물이라는 점을 명심해야 할 것이다.

고려인 공동체의 역사는 19세기 말 극동 러시아에 거주하던 고려인에서 기원한다. 그 후 1930년대 들어 스탈린이 집권한 뒤 '일국 사회주의'를 표방하며 강력한 중앙집권 정책을 실현해 나가자, 민족의식이 높은 한인들은 집중 경계 대상이 되었다. 그 결과 1937년 중앙아시아로 강제이주 되었으며, 1953년 스탈린 시대 마감과 더불어 고려인 이주 제한 정책이 해제되면서 러시아 및 중앙아시아를 무대로 정착기반의 영역이 확대되었다. 그러나 1991년 소련 연방이 붕괴되자, 또 한 번의 위기적 시련에 봉착하게 되었다. 독립한 여러 중앙아시아 국가들이 국가의 독자성과 정체성을 확립하는 민족주의 정책을 펼치면서, 타민족에 대한 경계와 배척이 일어났기 때문이다.

이에 비록 고려인들이 메인 스트림Main Stream의 언저리로 밀려나는 시련을 겪게 되었지만, 필자가 2015년까지 3년간 근무하면서 만난 술타노프 카자흐스탄 전략 문제 연구소장이 강조하는 한국의 위상으로 볼 때 고국인 한국의 외교역량에 따라 고려인은 다시 메인 스트림으로의 복귀가 가능하다고 본다. 그는 동쪽으로는 한국, 서쪽으로는 독일을 카자흐스탄의 양 날개로 삼아 부상하고 싶다며, 경제협력 파트너로 중국이나 일본보다도 한국을 전략적인 제1의 파트너로 보고 있음을 고백했다.

이러한 사실은 알마티 부임 인사차 처음 만난 일본 총영사로부터도 확인할 수 있었다. 러시아어가 유창한 일본 총영사는 여기에 고려인이 있기에 자기보다 9점을 미리 깔아놓고 바둑을 두는 형국이라며 부러워했다. 초창기 지역 사정에 어두운 필자였지만 그의 이런 반응에 큰 힘을 얻었다. 2024년에 들어서도 카자흐스탄 정부는 한국을 민주화 모델로 보고 새로운 카자흐스탄의 봄을 위해 러브콜을 보내고 있다.

문득 고려인 김유리(1940~2000) 카자흐스탄 초대 헌법재판소장이자 헌법위원회 위원장을 기념하기 위해 조성된 알마티의 김유리 거리를 또다시 걷고 싶은 마음이 든다. 그가 이 세상을 떠난 지 24년이 되었지만, 그의 생전에 추억을 함께했던 지인들은 그가 잠시 나갔다가, 곧 돌아와 은은한 미소를 보내

올 것 같다고들 말했다. 또 부모의 손을 잡고 김유리 기념로를 산책하는 어린 아이가 부모님에게 "이분이 누구세요?"라고 질문하는 모습을 상상해 보았다. 사실 그는 카자흐스탄 독립의 첫걸음부터 카자흐스탄 헌법 제도의 강화와 선 거제도 발전에 크게 이바지한 대표적인 엘리트였다. 또한 국회의원, 법무부 차관 및 중앙선거 관리위원회의 의장이기도 했다. 하지만 평소 지성적이고 워낙 겸손한 성격으로, 세간에 잘 알려지지는 않았다.

탈티꾸르간시 근처의 작은 마을 발릭비의 아바야 농장장에게서 태어난 김 유리는 어릴 때부터 과학에 관심이 많았으며 책임감이 강하고 정의로우며 한 민족 특유의 부지런함이 몸에 밴 어린아이였다고 한다. 아바야 농장장과 설 탕 공장장을 지낸 김유리의 아버지 김 알렉세이는 다른 고려인들처럼 자녀교 육을 중시한 사람이었다.

공동농장의 농민들이 사비를 모아 러시아제 볼가 차량을 선물했을 때 그는 단호히 그 선물을 거절하였고, 이후 탈티꾸르간시에 파견됐을 때도 알마티시 로부터 받은 아파트를 자녀들에게 남겨주지 않고 정부로 반환하였다. 이렇듯 그는 주변 사람들과 특히 자녀들에게 늘 "정직하고, 공정하고, 친절한 사람이 되어라."라고 강조하였다.

이러한 올곧은 가정교육 덕분에 김유리는 전문성뿐만 아니라 높은 도덕성 까지 겸비한 인물로서 친구, 동료, 부하 직원과 나아가 카자흐스탄 대통령으 로부터도 높은 평가를 받았다. 그리고 그는 고려인 사회를 위해서도 기여하였 다. 알마티에 코리안 하우스Korean House를 세우자는 제안을 하여, 민족 정체 성의 보존, 민족 언어 및 문화를 전승할 수 있는 공간 마련에 앞장선 것이다.

구소련 붕괴 이후 중앙아시아 신생 독립국들은 국가 정체성 확립이라는 미명 아래 민족주의를 강화하였고, 그 과정에서 많은 고려인이 러시아와 미국, 캐나다, 유럽 그리고 한국으로 이주하였다. 그러나 김유리와 같은 훌륭한 고려인 1, 2세들이 쌓아 놓은 견고한 주춧돌은 고려인 사회가 향후 카자흐스탄 개혁의 기수가 될 것임을 증명한다. 이처럼 자긍심이 넘치는 고려인 사회는 다양성과 포용성이 요구되는 카자흐스탄의 새 도약과 역사적 조국인 한국의 위상을 높이는 데 선구적인 역할을 할 것으로 기대된다.

제2절_ 왜 극동에서 강제이주를 당해, 첫 정착지 우슈토베로 왔는가?

먼저 카자흐스탄 고려인들이 원동이라고 부르는 연해주는 어떤 땅인가? 카자흐스탄 역사 교과서를 쓴 강 게오르기 교수는 "청나라를 세운 태조 누루하치는 백두산 일대를 자신들 조상의 발원지로 여겨 신성시 하였다. 그래서 중원으로 진출한 후에도 봉금령을 내려 출입을 금했는데, 이 때문에 연해주 지역은 주인 없는 빈 땅이나 마찬가지였다.

그 후 1858년 아무르강흑룡강 연안 지역이, 그리고 1860년에는 연해주 지역이 베이징 조약으로 러시아의 땅이 되자 타락한 벼슬아치의 학정에 시달린 함경도 북부 지역의 조선인들은 겨울을 이용해 얼어버린 두만강을 건너기 시작했다."라고 말했다.

당시 주인 없는 연해주 지역에 새로운 삶을 꿈꾸며 땅을 개척하기 시작한 것이 1863년경으로 2024년에 160주년이 되는 것이다. 즉 1863년 연해주 핫산 지신허 마을에 13가구의 한인이 이주한 것이 세계 한인 디아스포라 역사의 시발점이 된 것이다. 강 게오르기 교수는 결론적으로 "연해주가 러시아령이 됨과 동시에 한인 이주는 시작되었고 또 이 땅을 개간한 사람들도 이주 한인들이었기 때문에 한민족은 이 땅의 주인이나 다름없다."라고 말했다.

고려인 디아스포라의 160년 역사를 시기별로 나누어 살펴보면, 다섯 차례의 중대한 물결을 경험했다. 첫 번째 물결은 연해주 변방 지역으로 전개된 자발적인 농민이주였다. 1863년 이후 출현한 고려인 공동체는 이 자발적인 이

우슈토베의 바슈토베 언덕에 있는 고려인 묘지

주를 통해 러시아의 극동개발과 도시건설 과정에서 유능한 노동력을 제공하며 중대한 기회의 장을 제공했다. 이 시기에 한인들은 러시아 혁명 이전까지 연해주의 블라디보스토크를 중심으로 활동했다. 한인들은 정교회 세례를 통해 러시아 국적과 토지를 받았고, 농업 생활과 도시 생활을 추구해 나갔다.

두 번째 물결은 조선반도의 일제강점에 따라 촉발된 해방, 저항, 도피 차원의 복합적인 형태로서 로빈 코헨이 나눈 4가지 종류의 디아스포라 가운데 피해자 디아스포라의 형태였다.[1]

세 번째 물결은 1937년 스탈린에 의한 중앙아시아로의 한인 강제이주부터 1953년까지의 시기이다. 이 시기에 고려인들은 거주 및 이주 제한 속에서 정착지에 적응하며 맨손으로 중앙아시아의 황무지를 옥토로 바꾸어 놓았다.

농업 분야 개척의 성공은 고려인들이 전 소련의 농업생산에 중요한 위치를 차지하는 모범적인 민족으로 등장하는 시작점이 되었다. 특히 이 시기 고려인들은 집단농장 형태의 농업생산 분야에서 우수성을 유감없이 발휘했다.

네 번째 물결은 1953년 스탈린의 사망 이후부터 1991년 소련 붕괴 이전까지의 시기이다. 1953년 스탈린이 사망하자 중앙아시아 고려인에게도 해빙기가 도래했다. 고려인들에게는 중앙아시아뿐 아니라 소련 전역에 걸쳐 이주와 정착이 허용되었다. 그리고 지금까지 농업 분야에서 유감없이 발휘되었던 전문가적 능력은 고등교육에 대한 열정과 어우러져 유라시아 각지의 주요 도시로 고려인 인재들을 확산시켰다. 나아가 문화, 산업, 학문 등 각 분야에서도 특출한 능력을 드러내는 고려인들이 나타나기 시작했다.

다섯 번째 물결은 소비에트 붕괴와 함께 시작된 이주사로, 1991년 이후부터 현재까지의 시기이다. 1991년 소비에트 붕괴 이후 고려인은 명예회복이라는 기쁨을 채 만끽하기도 전에 불안정한 소련체제 속에서 새로운 위기를 맞이하게 되었다. 각 공화국의 독립으로 노골화되는 자국민 및 자국어 우선 정책은 고려인들에게 불안감을 가져다주었다. 그 결과 고려인들은 정착하기보다는 장래의 희망을 찾을 수 있는 땅으로 다시 유목민처럼 새로운 개척의 길을 나서기 시작했다.

이 기나긴 여정 가운데 세 번째 시기인 고려인 강제이주의 원인에 관해서는 여러 가지 학설이 있다. 그중 가장 많이 그리고 공식적인 이유로 알려진 것은 한인 첩자설이다. 즉, 극동지방에 일본 정보원의 침투를 미리 차단하기 위한 결정이었다는 것이다.

바슈토베 고려인 무덤에 주카 한국대사관에서 세운 기념비

그러나 본질은 소수민족의 해체였다. 더불어 한인 자치구역 설립 억제설 및 중앙아시아 개발설 등도 살펴보자. 먼저 가장 많이 알려진 군사적인 이유부터 확인해 본다. 극동지역의 관료들은 고려인들이 당시 일본의 식민지인 한국에서 왔고 그 가족들이 한국에 살고 있기 때문에 일본의 첩자로 암약하기 쉬운 조건을 갖추었다고 보았다. 또한 그들 중에는 러·중·일어에 능한 사람이 많으며, 외모상 일본인과 구별이 쉽지 않았다는 점도 있었다. 특히 많은 고려인이 극동지역을 거점으로 항일운동을 하고 있어서 이것이 오히려 일본이 대러시아 선전포고를 하게 하는 빌미가 되지 않을까 하는 걱정도 있었다는 것이다. 그러므로 다가올 일본과의 극동 지역에서의 전쟁에 대비하는 위험 예방 차원에서 강제이주 정책을 펴게 되었다는 것이다.

두 번째로 지적된 정치적인 이유로는 소련 극동지역에서의 한인 자치구역 설립에 대한 한인들의 주장과 관련한 소련 당국의 우려이다. 이는 비록 한인이 연해주의 소비에트화 과정에서 많은 공헌을 했다고 할지라도, 황화론을 포함하여 한인과 러시아인 간의 잦은 충돌로 소련 측으로서는 한인을 완전히 믿을 수 있는 존재로 보지 않았기 때문이라는 견해이다.[2]

또 다른 이유로 제기되는 경제적 측면의 중앙아시아 개발설은 당시 중앙아시아 지역에 버려져 있던 광대한 갈대밭에 한인을 이주시켜 이곳을 개발하려 했다는 것이다.[3] 이의 근거로는 1927년 소련의 농업 집단화 정책이 채택되면서 중앙아시아 지역이 유목경제에서 집단 농업 체제로 전환되었던 점을 들 수 있다. 이와 비슷한 맥락에서 일부 연구자들은 1937년 전면적인 강제이주가 있기 전에 몇 번에 걸친 한인들의 이주 시도를 보면, 이주 대상으로 선정된 지역 대부분이 집단농장을 형성하는 과정에서 한인과 러시아인들 사이에 갈등이 발생했던 지역임을 지적하고 있다.

이것을 볼 때 집단화 과정에서 한인과의 갈등 당사자인 러시아인들의 이익을 수호하기 위해 이 지역 한인들을 북방으로 강제이주시키는 방법을 택한 것이 아닌가 하는 생각을 할 수 있다. 1917년 러시아 혁명 이후 소련은 무토지 한인 경작인에게 러시아인 소유 토지로의 이전을 요구했다. 그러나 토지 소유권을 둘러싼 한인과 러시아인 간의 갈등은 민족 적대감을 불러일으켰고, 이것은 소련의 한인Soviet Korean에 대한 가혹한 학대로 이어졌다.

요약한다면 한인 강제이주의 원인으로서 일반적으로 받아들여지고 있는 한인 첩자설은 소련 한인 강제이주를 설명해 줄 수 있는 직접적인 원인의 하나이나 충분하지는 못하다는 지적이다. 좀 더 거시적인 관점에서 본다면 농업 집단화 과정을 전후로 발생한 한인과 러시아인 간의 누적된 갈등이 후일 한인 강제이주라는 엄청난 결과를 가져다주는 계기가 되었다는 것이다. 그러면 한인들이 이렇게 농업 집단화를 선호한 이유는 무엇인가?

이주 초기부터 토지 소유에 있어서 차별을 받아온 고려인들은 농업 집단화에 참여함으로써 토지 소유가 가능하다는 강한 믿음을 갖게 되었다. 여기에는 한인의 대부분을 차지하고 있는 빈농 한인들의 부농에 대한 반발심, 벼농사라는 작물의 재배가 요구하는 집단성과 협동성이 한인의 특성에 잘 부합하였다는 점, 그리고 일본군에 대항하는 유격대 활동을 통해 습득된 공동 정신과 집단 정신 및 농업 집단화에 대한 소련 정부의 적극적 지지 등을 들 수 있다. 이러한 특성들은 아이러니컬하게도 나중에 고려인 성공 요인의 하나인 고본질 계절 농업의 기반을 형성했다고 본다.

실제적으로 고려인 강제이주 과정을 살펴보면, 제1차는 포시에트 등 국경지역으로부터의 1937년 결의문 채택과 함께 시작되어 9월 21일까지 강제이주하였고, 제2차 이주는 극동지역 전역으로부터의 강제이주였는데 1937년 9월 24일에서 10월 3일간에 그리고 이어서 제3차로 1937년 10월 3일에서 10월 14일까지 실시되었다.

이는 이오시프 스탈린과 니콜라이 예조프, 내무성과 운수성의 공동작품으로서 스탈린의 특명을 받은 류쉬코프가 총지휘를 맡았다. 도착지가 어딘지도 모르고 떠나는 고려인들의 심정은 어떠했을까? 보통 1회에 55량의 객차나 화물차로 1칸에 30명(5~7가구) 정도 총 1,500명가량이 타고 장장 6,000km를

40여 일 동안 달려야 했다. 예조프가 제출한 최종 완료 보고서에 따르면 강제 이주된 한인의 총수는 171,781명이었다. 강제이주 한인들의 지위는 행정적 추방인Administratively exiled으로 명목상으로는 추방된 부농보다 좀 더 좋은 취급이라며 압수 가산 보상과 도착 시까지 임금 수령을 약속했으나, 이는 거의 실현되지 않았다. 즉 이주된 한인은 '불온분자'로 낙인찍힌 채 주거이전의 자유 등 시민권이 박탈된 특별이주자 신분으로 특별 위수 지역에서만 살았다. 1937년 10월 9일 마침 겨울이 시작되던 때라 그 고초는 막심했다.

그들이 처음 도착한 곳은 알마티에서 330km 떨어진 탈티꾸르간의 우슈토베였다. 우슈토베는 카자흐어로 세 개의 봉우리라는 뜻이다. 고려인들은 천산산맥에서 몰아치는 거센 눈보라와 칼바람을 막아 주는 곳을 찾다 보니 바슈토베(카자흐어로 큰 봉우리)에 쓰레기처럼 내던져졌다. 1938년 4월 10일까지 고려인들이 땅굴을 파고 갈대로 지붕을 올려서 바람과 눈을 피하며 살았던 장소에는 오늘날 초기 정착지라는 글이 적힌 적색 지표석과 고난의 세월을 잊지 않기 위한 검정색의 기록물이 세워져 있다.

위쪽에는 역사의 현장으로서 고려인들의 묘비가 즐비하게 세워져 있는데 강제이주 당시 연로한 노인과 젖먹이들의 3분의 1이 죽었을 정도로 그 참상은 말로 표현하기 어려울 정도였다고 한다.

바슈토베는 고려인들이 가장 묻히고 싶은 동산이다. 망국의 한을 안고 소련 땅에 끌려와서 소련 국민으로 살면서 어쩔 수 없이 소련군으로 싸울 수밖에 없었던 그들이다. 그들을 지탱해 주었던 힘은 카자흐 현지인들과 동족 간의 끈끈한 정과 애틋한 정서였다. 필자가 알마티에 부임한 후 이곳을 처음 방문했던 날에도 허허벌판에 온통 거센 눈보라가 휘몰아치고 있었다. 저 멀리 황량한 무덤 사이로 영구차가 꽃상여처럼 다가오는 것을 하염없이 바라보니 눈물이 핑 돌았다. 그 혹독한 칼바람 속에서 떨고 있는 여직원에게 방한모를 벗어 준 채 추위도 잊고서 한참 동안 75년 전 과거로 돌아갔다.

그토록 가보고 싶었던 한반도 조국이었지만 가보지도 못하고 낯선 이국땅에서 그들은 생을 마감한 것이다. 그들의 혼백은 저세상으로 가지 못하고 이 넓고 시린 벌판을 언제까지 허허롭게 떠돌아다닐 것만 같았다. 한순간이었지만 이때의 체험이 필자의 머리에 깊은 흔적으로 남았는지 그 후에도 찬 바람이 불 때면 나도 모르게 그때의 두꺼운 방한 모자를 찾게 된다. 아마도 바슈토베와 그때의 기억들이 자연스레 내 몸의 일부가 된 것이 아닌가 싶다.

그 후 필자는 알마티 근무 기간 중 바슈토베를 다시 찾아 산 정상을 오르기도 했고, 그곳에 팔각정을 짓고 주변 지역을 기념 공원화하는 사업을 추진했었다. 구소련 지역의 젊은이들이 결혼 직후 '무명용사의 꺼지지 않는 불꽃' 기념비를 찾는 것처럼 고려인 신혼부부가 새 출발을 할 때 바슈토베 고려인 최초 정착지를 방문해 남은 생을 다짐할 수 있는 필수 방문코스로 만들고 싶었기 때문이었다.

왜냐하면, 이곳을 기점으로 수많은 고려인이 각지로 뻗어 나갈 수 있었기에 이곳은 고려인의 성지와도 같으며, 나라 없는 설움을 딛고 연해주에서 중앙아시아로 강제로 이주 당한 고려인의 비참한 역사는 앞으로 후손들에게 전해져 강인한 생명력을 일깨우는 원천이 될 수 있기 때문이다.

제1차 강제이주를 받아들이는 고려인들의 인식은 다음과 같다.

바슈토베 언덕 밑에 조성된 한국-카자흐스탄 우호 공원

첫째, 죄 없는 고난이었다. 죄를 짓기는커녕 능력을 인정받던 고려인에게 강제이주란 청천백일에 벼락 같은 명령으로서, 공산주의 이론상으로 계급은 물론 민족차별이 없어야 함에도 조선인이라는 이유로 고난을 받았다는 것이다.

둘째, 배신감과 분노였다. 일부 한인의 첩자 행위로 전체 고려인들을 강제이주하는 것은 부당할 뿐더러 러시아 정부는 현지 보상 약속을 지키지 않았으며 소련 공산혁명에 목숨 바쳐 협조했는데도 수많은 사람을 부당하게 체포하고 제거하였다. 이는 마치 자신을 버린 주인을 바라보는 충성스러운 개의 심정이었다.

셋째, 그 자체로 모멸스러운 일이었다. 인간이라면 누구나 존엄성을 지키고 싶을 것이다. 그러나 화장실조차 없는, 동물이나 짐짝 싣는 화물차에 실려

양무리처럼 역에서 열차가 서면 모두가 들판에 나가 용변을 보는 등 동물 취급을 당한 기억은 고려인들의 자존심에 깊은 상처를 남겼다.

하지만 버려진 고려인들은 토굴을 파고 첫해 겨울을 보냈다. 봄이 오자 살아남은 사람들은 토굴에서 나와 집을 짓고 농사를 짓기 시작했다. 이곳 강제이주세대 고려인들이 개척한 벼농사가 세계 벼농사의 북방한계선이 되면서 이를 북위 45도까지 끌어올렸다.

사실 이곳에서 벼농사를 짓기 위해 볍씨를 챙겨 오게 된 이야기는 눈물겹다. 40일간의 긴 강제이주 과정에서 식량은 다 떨어져 아이들이 배고파 울고 보채며 먹을 것을 달라고 울부짖을 때 볍씨라도 먹이자고 아이 엄마는 제안하지만, 삼촌은 이를 거절한다. 결국, 그 아이는 배고픔에 죽고 말았지만, 삼촌은 죽어가는 조카를 보면서도 끝까지 볍씨를 지켜 다음 해에 농사를 짓고 결국엔 카자흐스탄에 처음으로 쌀을 보급하게 되었다는 것이다.

그리고 그들이 합심해서 자기들 집보다 먼저 지은 건물은 다름 아닌 후세들을 가르치기 위한 학교였다. 필자가 우슈토베의 제르진스키 학교를 방문했을 때 깜짝 놀란 것은 이곳이 카자흐스탄에서 유일하게 한국어를 제1외국어로 가르쳤다는 점도 있지만, 고려인 사회에서 두각을 나타낸 수많은 인물의 모습이 학교 벽에 자랑스레 걸려있었기 때문이었다.

그래서 필자는 2015년 《한인일보》와 《고려일보》를 통해 '3.1정신 계승에 관한 단상'을 게재하면서 3P를 강조하였다. 필자는 3·1정신이야말로 고려인 정체성 자체라고 생각했다. 고려인 이주 150주년을 되돌아볼 때, 최초 연해주로의 이주 물결은 선구자적인 뉴 프런티어 정신에서 나왔다고 보았다.

한국-카자흐스탄 우호 공원 안의 고려인 항일 독립운동가 추모비

어느 고려인 2세로부터 아버지가 일 때문에 항상 바쁘셨지만, 가끔 자녀들에게 허균의 『홍길동전』을 자주 읽어 주셨다는 이야기를 들은 적이 있다. 어쩌면 '그는 조선에서 더 이상 행복을 찾을 수 없다고 판단하여, 그의 벗들과 그를 따르는 백성들과 함께 율도국으로 가서 새 나라를 세우고 사람들을 행복하게 해주었다'라는 홍길동전의 구절을 보며 그 아버지는 '나도 예전에 형제들과 함께 율도국을 찾아 고향을 떠났었지…'라며 자신의 과거를 투영했을지도 모를 일이다. 그리고 고려인들이 겪은 고통은 자기가 꿈꾸었던 율도국과는 전혀 다르다고 생각했을 것이다.

하지만 고려인들의 가슴속에 개척 정신만은 늘 살아있었기 때문에 그들은 유라시아 전역에서 여러 노력 영웅들을 배출하였다. "누군가 이야기하기를 러시아는 머리로 이해할 수 없고, 가슴으로 이해해야 한다고 한다. 러시아인들조차 버리고 떠나가는 극동 러시아와 시베리아로 이주해서 뿌리내리고 있는 한국인들이 있다. 나는 이들이야말로 진정한 개척자, 애국자 중의 한 부류라고 생각한다."[4]

이와 같은 개척자 정신과 애국심의 발로는 3·1운동 이후 1920년 홍범도 장군의 봉오동전투와 청산리전투 등 대한 독립군의 정신이 고려인의 핏속에 살아있기 때문이다. 그래서 필자는 2014년 '3·1정신 계승상'을 만들어 수여하였고, 청년들에게 '순회역사교실'을 실시했다. 그리고 지금까지 그래온 것처럼 앞으로도 유라시아에서 가장 존경받는 소수민족으로 남기 위해서는 많은 전문가를 배출해야 한다고 강조하였다. 따라서 필자는 고려인의 정체성으로서 3·1정신을 3P, 즉 Pioneer개척자, Patriot애국자, Professional전문가를 통해 구현해 나가자고 역설하였다.

제3절_ 어떻게 고려인 청년이 신랑감 1호가 되었는가?

카자흐스탄의 대규모 유목민들은 1930년부터 실시된 소련의 강제 집산화 과정에서 국유화를 거부하면서 가축을 도살하고 해외로 떠났다. 나아가 1930년대 초반의 기근으로 대규모 아사자가 발생하여 카자흐민족의 인구는 소련 체제 출범 초기와 비교해 보면 거의 절반 이상이 감소했다. 이러한 농업기반의 붕괴, 농업인구의 공백은 고려인을 포함한 강제이주민들로 대체되었다.

곡물 농사에 부적합한 지역에 정착한 고려인들은 이주 첫해의 모진 학대와 고생을 이겨 내며 농토를 개간하고 볍씨를 심어, 채 2년이 안 되는 시점부터 벼농사에 성공하였다. 강인한 생명력으로 3년 만에 자립기반을 이루는 기적을 일궈냈다. 모범적인 소수민족으로 새롭게 태어난 것이다.

먼저 우슈토베에 도착하여 겨울을 난 고려인들의 경우, 그다음 해에 벼농사를 짓기 위해 토질을 검사하고 논을 만들기 시작한다. 하지만 벼농사를 짓기 위해서는 물이 있어야 하는데 그들이 정착한 곳에는 논농사를 지을 만큼의 물이 없었다. 그들의 정착지로부터 약 20km 거리에 강이 있었는데 고려인들은 기어코 그 강으로부터 물길을 끌어와서 결국 논농사를 짓게 된다. 20km 떨어져 있는 강의 물길을 끌어온다는 것이 상상이나 할 수 있는 일이겠는가? 현대의 기술로도 쉽지 않은 일을 고려인들이 삽과 괭이로 물길을 내서 물을 끌고 온 것이다.

물만 있다고 하여 논농사가 되는 것은 아니었다. 중앙아시아의 토질은 지역에 따라 조금은 다르지만, 대부분은 소금기를 지닌 토질인지라 비가 오고 나면 하얗게 남은 소금기를 볼 수 있다. 물길을 끌어와 벼농사를 짓기 시작했는데 조금 자라다가 노랗게 벼가 타 죽기 시작했다. 하여 농사꾼들은 대책을 마련하기 시작한다. 이런저런 방법을 다 강구해 보지만 실패의 연속이었다. 심지어 홑이불 껍데기를 가지고 하얗게 뜬 소금기를 걷어내기도 하였다고 한다. 그러다가 클로버라는 식물을 심었는데 그 식물이 염기를 다 빨아먹는 것이 아닌가? 그래서 논에 물을 가두고 그곳에 클로버 식물을 심어 염기를 뺀 후 다시 그 논에 벼를 심는 방법을 통해 논농사를 성공하게 된다.[5]

1940년대에는 김만삼이 크즐오르다주 칠리 구역에 아방가르드(선봉) 집단농장을 설립해서 세계기록에 오를 정도로 많은 쌀을 생산하여 국가에 납부하고, 군수물자 구입에 적극적으로 협조하여 1949년 사회주의 노동 영웅 칭호를 받았다. 1960년대에는 채정학이 같은 크즐오르다주 카르막쉬 지역에 위치한 제3인터내셔널 집단농장을 성공적으로 운영하였다.

그 지역 출장 시 만난 쿠셰르바예프 크즐오르다 주지사는 2013년 주정부 차원에서 채정학 탄생 100주년 기념행사를 실시했다고 전해주었다. 오늘날 12개 다민족이 거주하고 있는 이 마을의 사람들은 채정학 이야기가 나오면 바로 그를 '아버지'라고 부르며 깊은 사랑과 존경을 표현한다. 오늘날 고려인 청년은 카자흐스탄 신랑감 1위라고 하는데 아마 그 밑바탕에는 채정학과 같은 근면 성실하고 능력 있는 고려인 인물이 큰 역할을 한 덕분이라고 본다. 이에 필자는 직접 채정학의 생가를 찾아가 보았다.

알마티에서 비행기로 2시간여 떨어진 크즐오르다시에서 다시 자동차 비포장도로 180km를 더 달려야 하는 쉽지 않은 여정이었지만 감동의 순간이 너무 많아 이후에는 한국의 의료봉사팀을 연결하여 봉사활동을 진행하기도 했다. 이 작은 마을은 소련이 붕괴된 지금도 여전히 '제3인터내셔널'이라는 이름을 유지하며 선조가 남긴 유산을 자랑스레 보존하고 있었다.

마을 곳곳에서 그의 초상화와 행적을 만날 수 있었으며 그가 살던 생가는 박물관으로 꾸며져 마을 청소년들의 교육기관이자 마을을 찾는 손님들의 관광코스로 운영되고 있었다. 한국에서 온 것을 알아보곤 능숙한 고려말로 인사를 건네는 카자흐인과 튀르키예인을 쉽게 만날 수 있었다.

러시아어로 '차이-덴 학'이라고 발음하는 고려인 노동 영웅 채정학은 19세기 말, 기근과 수탈을 피해 국경을 넘어 러시아 극동 연해주에 작은 한인촌을 이루고 살았던 고려인 1세대 가난한 농가의 아들로 1913년에 태어났다. 17

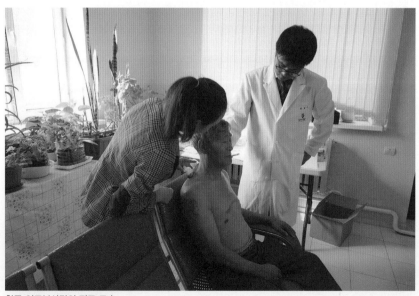

한국 의료봉사팀의 진료 모습

세가 되던 해 그는 마을 벼농사 콜호즈에서 사회주의 노동 생활을 시작, 타고난 근면 성실함과 정직성, 농학에 대한 깊은 열정을 바탕으로 24살의 젊은 나이에 지역 콜호즈의 대표직으로 선출된다.

1937년 소비에트 중앙 정부령으로 채정학을 대표로 하는 콜호즈 고려인 농민들은 카자흐스탄 크즐오르다주 카라막쉰스키 지역으로 강제이주된다. 마을 대표인 채정학은 실의에 빠진 마을 사람들을 다독이고 응원하며 그들과 함께 새로운 콜호즈(공동농장), 제2의 '제3인터내셔널(농업영웅 채정학이 이끌었던 공동농장의 이름)' 벼농사 공동농장을 만들어 나간다. 사람들은 힘을 합쳐 아스팔트 길을 내고 2층집과 상점을 만들었다. 밤늦게까지 공사 소리가 멈추는 적이 없었다고 한다.

가장 먼저 세운 건물은 바로 중등학교였다. 고려인이 강제이주된 후 딱 일년이 되던 해 마을의 중등학교는 학생들을 받아 수업을 시작했다. 늘 솔선수범하고 마을 사람들 한명 한명의 편의를 걱정했던 마을 대표 채정학은 1945년 제2차 세계대전 이후 자신들과 비슷한 운명으로 강제이주 당한 메스케티 튀르키예인들을 따뜻하게 맞이하고 그들을 훈련하였다. 근면 성실하고 특히 체력이 강한 튀르키예인들이 농장일에 참여하게 되자 마을의 생산량은 더욱 늘어났다. 그렇게 역경 속에서도 삶은 계속되었다.

채정학은 1937년부터 사망하던 해인 1984년까지 제3인터내셔널 콜호즈의 대표직을 맡아 마을 사람들의 정신적 지주로서 존경을 받았다. 제3인터내셔널 마을 주민들은 민족 간 친화성, 근면 성실함으로 유명했으며 실업자, 노숙자가 없고 높은 출생률과 발전된 자치기구 '악사칼(카자흐민족 전통 용어로 마을

어르신으로 조직된 고문단을 뜻한다)'을 가진 것으로 유명했다. 또한 이곳은 크즐오르다주에서도 특히 밭농사 및 정원 관리가 뛰어난 지역이었다.

마을 사람들은 적어도 3개 언어를 알았는데 "하나는 모국어요, 둘은 이웃의 말이다."라고 이야기했다고 한다. 공통적인 것은 모두가 카자흐어를 구사할 줄 알았다는 점이다. 이러한 콜호즈를 하나의 유기체로 엮어 돌아가게 한 것이 바로 채정학이었다. 그 과정에서 '제3인터내셔널'은 수확 생산량으로 소비에트 연방의 우등 콜호즈로 거듭났다.

채정학은 생전 사회주의 노동 영웅의 칭호를 받고 두 차례나 카자흐스탄 공산당 최고회의 의원으로 선출되었으며 그 외에도 무수한 훈장과 메달, 명예장을 수상하며 고려인으로서가 아니라 다민족 소연방 사회의 민족 영웅으로 추대받았다. 그가 죽기 전에 남긴 유언은 지금까지도 농민들에게 전해지는데 "양심에 따라 일하십시오, 그리고 우애 있게 지내십시오."가 바로 그것이다. 사후 마을 사람들은 자발적으로 그의 시신을 마을의 중앙광장 아래에 묻고, 그 위에 그의 흉상을 세웠다. 그뿐만 아니라 군립 문화궁전과 주요 대로에 '채정학'의 이름을 부여했다.

공동농장과 더불어 1950년대부터 고려인 사회에서 성행하기 시작한 고본질은 소련이 붕괴되기 전까지 고려인의 지위 상승에 기여한 일등공신이었다. 고려인은 특유의 집단적인 인내심과 뛰어난 농업 생산성으로 그들만의 특화된 경제적인 생활방식을 구성할 수 있었는데 그 중심에 고본질이 있었다.

고본질은 자본주의적인 독립채산제 방식으로 운영되어 친·외가의 가까운 친척이 모이는 소공동체브리가다가 서로를 위안하고 결속해 가능했다. 고본질은 개별 가호의 경작면적인 '고본'과 어떤 행위를 뜻하는 접미사 '질'이 합쳐진 합성어이다. 즉, 각자가 밑천을 내어 공동으로 일을 하는 행위라는 의미이다. 고려인은 '계절 이동식 임차농업'이라 부를 수 있는 이 고본질을 통해 국가의 계획경제 정책을 수행하고 도와주면서 사적 이익을 추구함으로써 경제적인 기반을 잡았다. 그 결과 고려인 엘리트 사회를 구성할 수 있었다.

이처럼 강제이주 당시 어린이에 불과했거나 강제이주 직후 태어난 세대들이 김만삼, 채정학 등으로 대표되는 부모세대의 경제적인 성공이라는 뒷받침 하에 고등교육을 목적으로 또는 전문직업 교육을 위해 농촌을 떠나 수도인 타쉬켄트와 알마티, 러시아의 주요 도시 등 공업 중심 도시로 유학 및 이주를 하였다.

강제이주 후에 러시아가 고려인에게 가한 탄압 정책은 고려인 본인들의 자체적인 정체성 형성에 영향을 미쳤다. 이 고려인 디아스포라 정체성의 핵심을 한마디로 표현한다면 역동성이다. 여기서 역동성이란 사전적인 의미의 힘차고 활발하게 움직이는 성질이라기보다는 사회체계이론에서 말하는 항상적 안정성을 유지하려는 성질을 의미한다. 즉, 강제이주 전부터 끊임없이 움직여 온 고려인의 삶 자체와 강제이주 후 그들에게 가해진 폭력적 정책에 담대하게 맞서 행동했던 일련의 역사에는 모두 역동성이라는 가치가 숨 쉬고 있다.

빨치산, 집단농장의 건설, 고려인 자치구 설립에 이어 결국 포스트 소비에트하의 고려인들은 주체적인 역동성으로 가득했다. 이윽고 1993년 4월 러시아 의회에서는 과거의 과오를 시인하고 '고려인 명예회복 법안'을 채택했다.

실질적으로 도움이 되는 조치가 따랐던 건 아니지만 새로이 거주 이전의 자유를 얻었다. 이에 소련의 붕괴와 새로운 주권 국가들의 태동은 정체성의 변화 문제를 일으켰다.

그 결과, 고려인은 3가지의 중층적이고 복합적인 정체성과 심리상태를 지니고 있다. 이 정체성은 러시아의 대표적인 민속 목각인형인 '마트료시카'처럼 맨 겉에는 '카자흐스탄 국민으로서의 고려인(현실의 조국)'의 얼굴을 하고 있고, 그 안에는 '소련인으로서의 고려인(정서적 조국)'이 들어있으며, 더 안으로 들어가 보면 '한반도와 역사적, 혈연적으로 연결된 고려인(역사적 조국)'의 모습이 드러난다는 것이다.

이와 같은 정체성을 바탕으로 포스트 소비에트에서도 사업 분야에서 괄목할 만한 성과를 이룩할 수 있었던 것은 소련 시기에 고본질로 벌어 놓은 사업 자금으로 초기에 일부 유리한 위치에 있었기 때문이다. 그 외의 것에서도 몇 가지를 찾을 수 있는데 첫째, 교육 수준, 직장 경력, 사업 수완이 좋아서 민간 경제 부문에서 틈새를 찾을 수 있었다. 고려인들은 근면성, 집요함, 그리고 새로운 사업 환경에서 필요한 사교성, 다른 사람들과 잘 어울리는 성격이 남달랐다.

둘째, 한국의 외교 및 경제 관계의 역동적인 발전은 동포 간에 합작 기업 및 사업 관계를 설립하는 데 유리하게 작용하였다. 셋째, 대도시에 거주한 고려인들은 도시화된 사업 영역에 고용되어 있었고, 농사를 짓는 고려인은 소수에 불과하였다. 넷째, 일부 고려인은 다민족으로 구성된 수천 명의 직원을 부리는 대형 기업을 세워 경영을 맡았다. 다섯째, 고려인 기업인은 카자흐스탄

시장에서 금융 및 은행, 건설, 도매 및 소매, 가전제품의 생산 및 판매, 의료, 법, 컨설팅 서비스, 레저 등의 분야에서 탄탄한 입지를 굳히고 있다.

21세기 초 카자흐스탄에서 박사 등 학위를 소지하고 있는 고려인들의 숫자는 500명 이상이다. 카자흐스탄 고려인 인구비율로 보면 1,000명 중 5명이 되는 셈이다. 카자흐스탄 고려인 수는 카자흐스탄 전 국민의 0.6%로 낮은 수준임에도 불구하고 세계수준으로 봐서도 높은 지수이다.

고려인은 카자흐스탄의 다민족 중 수적으로 아홉 번째이지만 네 번째로 고등교육을 많이 받는 민족이다. 과거 소련 시기에도 고등교육을 받은 민족 비율 중 고려인들이 가장 높았고 소련 전체 평균의 두 배가 넘는 수준이었다. 특히 수학 과목에서 우수했기 때문에 기술적인 전공에서 주로 성공하였다.

지난 1997년 고려인 카자흐스탄 강제이주 60주년 기념식에서 나자르바예프 대통령은 "고려인 강제이주로 인하여 카자흐스탄은 무엇보다도 우리나라의 경제와 산업을 발전시킨 근면하고도 우리와 정신적으로 가까운 친구들을 얻었다."라고 말했다. 물론 이 고려인 중에는 이름난 고려인 학자들도 포함된다. 그들은 특히 제2차 세계대전 이후에 카자흐스탄의 경제발전에 커다란 공헌을 하였다. 그 고려인 학자 중에는 카자흐스탄 과학 기술 발전에 일생을 바친 니 레오니드 선생이 있다. 이미 구소련 시기에 소련 정부는 그의 공로를 높이 평가하고 노동 적기 훈장과 명예표식 훈장 등의 상패들을 수여하고 표창했다.

니 레오니드 선생은 1923년 4월 9일 블라디보스토크시에서 태어났다. 그의 부모는 당시 수준 높은 지식을 소유한 인텔리 계층에 속했다. 부친 니 파벨 필립보비츠는 사범대학을 졸업하고 1915년에 블라디보스토크에서 교편을 잡았다. 그리고 1923년에 조선학교를 위한 러시아어 교과서를 편찬하였다. 그 후 학문에 더 정진하여 1933년에 레닌그라드 게르첸사범대 대학원을 졸업했다.

1937년에는 다른 모든 고려인과 같이 카자흐스탄 크즐오르다로 강제이주를 당해 현지 사범대학에서 학과장과 강좌 담임을 역임했다. 니 레오니드의 집에는 부모님을 만나러 항상 수많은 고려인 인텔리들이 찾아왔다. 그중에는 나중에 카자흐 사회주의 공화국 재정부 장관을 지낸 김 일리야 루키츠, 철학자 박일, 물리·수학박사이자 카자흐공화국 아카데미 준회원이 된 김영광 인수고비치도 있었다.

니 레오니드 선생은 부모님으로부터 지식을 존중하는 것과 근면성을 배웠다. 한 유명한 학자는 "학자는 주위 사람들 특히 가족의 이해와 도움이 필요하다."라고 말한 바 있다. 니 레오니드 선생이 학자로 성공한 것은 부모의 도움이 컸음은 물론이고 무엇보다도 그의 아내인 김 베라의 역할이 컸다.

김 베라 여사는 카자흐광산금속대학에서 광구측량사를 전공했으며 상급 연구원까지 승진했으나 시어머니가 돌아가신 다음에 직업을 포기하고 남편과 가족을 돌보는 데 전 생애를 바쳤다. 김 베라 여사는 니 레오니드 선생이 과학연구에만 전념할 수 있도록 모든 여건을 만들어 주었다. 니 선생은 많은 시간이 지난 뒤 아내가 항상 뒤에서 밀어주었으며 든든한 기둥 역할을 해주었다고 고백한 바 있다.

지금 젊은 세대는 법률, 경제, 금융업을 유망직업으로 선호하지만 니 레오니드 선생 시절의 젊은이들은 기술과 관련된 직업을 선호했다. 제2차 세계대전이 끝난 이후 나라는 공장과 건설장에서 일할 수 있는 기술자들이 많이 필요했었다.

니 레오니드는 어렸을 때 특별히 기술에 관심이 많아 카자흐광산금속대학을 다녔다. 대학 시절 제2차 세계대전이 한창 진행 중이라서 그는 대학 공부를 계속하기 위해서는 빵 공장에서 아르바이트하면서 배고픔을 이겨내는 수밖에 없었다. 1946년 대학 졸업 후에는 화학연구소에 취직, 1953년부터는 야금 및 선광 분야에서 거의 50년이나 근무한 그는 1971년에 카자흐공화국 공훈과학자라는 명예 칭호를 받았고 1994년에는 아카데미 정회원으로 선출됐다.

니 레오니드 선생은 산화 알루미나 물리화학 및 기술 분야에서 카자흐스탄 내에서 최고의 엔지니어로 인정받았다. 품질이 낮은 보크사이트의 새로운 가공 방법을 개발하고 도입한 공로로 니 박사는 1980년에 소련 국가상을 수상했다. 그는 다른 학자들과 공동으로 700여 편의 논문을 발표했으며 110개의 발명 특허를 취득했다. "학자에게는 무엇보다도 지식욕이 필요하다. 이것은 죽을 때까지 필요하다. 또한 자기 목적 달성을 위해 심사숙고와 인내심 등을 필요로 한다."라고 니 레오니드 선생은 제자들에게 거듭 강조했다.

니 레오니드 학자의 인생은 과학과 연구 생활이 전부였다. 그런데도 그는 카자흐스탄 고려인 과학협회 명예회장, 카자흐스탄 고려인협회 회원으로서 많은 사회활동을 해왔다. 그의 삶은 참된 학자의 표상이며 많은 후학에게 귀감이 되고 있다.

한편 필자가 아침 일찍 산책을 나설 때면 항상 만났던 분이 있다. 커다란 사냥개 2마리를 힘차게 몰고 나오는 고려인 1세로 고려인 과학기술협회 회장인 박 이반 찌모포이비치 박사이다.

1930년 10월 극동에서 태어난 박이반 교수는 옛 소련시절 스탈린 정권의 강제이주 정책으로 7살이던 1937년 가족과 함께 카자흐스탄 아티라우로 넘어왔다. 당시 함께 화물차에 실려 왔던 증인들에 의하면 두 가지 질문을 할 경우 쥐도 새도 모르게 비밀경찰에 의해 사라졌다는 것이다. 그 질문은 '왜'냐고 묻지 말고, '어디로'라고 묻지 말라는 것이었다고 그는 증언한다. 박 교수는 "9월에 출발해 기차로 한 달이 걸렸다."라며 "화장실과 문이 없어 용변을 보려다 떨어져 죽은 사람이 많았소."라며 힘겨웠던 이주 과정을 회상했다. 그는 "아티라우에 도착해서는 헛간에서 고려인 여덟 가족이 함께 첫 겨울을 보냈는데, 밀가루와 콩가루를 섞어 만든 된장과 초원의 이름 모를 나물로 끼니를 때웠다."라고 회상했다. 그는 당시를 회상하며 부실한 음식과 혹한 때문에 나이 든 노인이나 아이들이 설사병 등에 걸려 죽어 나갔다며 눈시울을 적시기도 했다.

박이반 교수는 그런데도 이듬해부터 고려인들은 맨손으로 수로를 파고 농사를 시작하며 모질게 정착해 나갔다고 말했다. 그는 지금 생각하면 카자흐스탄으로 온 게 오히려 잘된 일이라고 말했다. 1세 고려인은 어려운 상황에서도 카자흐인들의 지원 덕분에 성공했고, 카자흐스탄의 발전에도 도움이 되었다고 회고했다. 실제로 카자흐스탄에서 고려인 출신으로 차관급 이상 고위 관직에 올랐던 인물은 40여 명이 넘는다.

박이반 교수는 한국에 대한 느낌을 묻자 서슴지 않고 "내 조국이지."라고 답했다. 그러나 소련 정부가 러시아어와 러시아 문화를 강요한 탓에 현재 대부분의 고려인이 한국어와 모국의 문화를 잊어버렸다며 같은 민족이면서도 소통할 수 없는 현실을 안타까워했다.

그는 중앙아시아로 강제이주 당한 독일인에 대한 독일 정부의 지원 정책을 예로 들며 고려인들이 조국의 문화와 언어를 배울 수 있는 프로그램들을 더 많이 추진해야 한다고 강조했다. 향후 고려인 사회를 어떻게 활용해야 하는지 묻는 질문에 박 교수는 "카자흐 고려인 사회의 발전은 중앙아시아 고려인 사회를 포함해 해외 한인 디아스포라에 있어 롤 모델로 작용하고 있다는 점에서 의미가 크다."라고 언급했다.

카자흐스탄 고려인협회 초대 회장을 지낸 한구리 박사도 "단일 민족으로 같은 문화에서만 살던 한인들이 처음으로 중앙아시아와 러시아의 문화와 만나고 중앙아시아의 수많은 이질적인 민족과 어울려 사는 법을 배웠다."라고 평가했다. 그리고 김로만 고려인협회 전 회장은 정주 과정에서 도와준 카자흐인들의 은혜를 젊은 세대가 잊어서는 안 된다고 강조하면서 카자흐에 진출하는 한국인들에게는 경험이 많은 고려인들의 조언을 들으라고 충고했다.

이처럼 고려인들은 기회가 있을 때마다 가장 어려운 강제이주 시기에 카자흐인들의 헌신적인 도움 덕분에 생존했다는 점을 강조하며 오늘날 고려인 사회의 발전도 카자흐인의 개방성과 관용이 없었다면 불가능했을 것이므로 카자흐스탄 국가발전에 고려인 사회가 반드시 기여해야 됨을 거듭 강조했다.

또한 고려인 출신으로 북한 정권에서 문화선전성 부상차관을 지냈던 정상

고려인 지도자들

진은 비극적인 과거사인 강제이주에도 결과적으로 긍정적인 측면이 있었다고 말했다. 한반도와 극동 연해주에 갇혀 있던 한인들이 비록 타의에 의해서지만 집단적으로 시베리아를 가로질러 중앙아시아로 가면서 비로소 '더 큰 세계'를 보았다는 것이다.

고려인들 가운데는 많은 정부 관계자들, 권위 있는 타이틀의 수상자들, 다양한 학위와 명성을 지닌 과학자들, 교육기관과 과학연구기관의 수장들, 산업, 금융 그리고 농업회사의 경영자들, 뛰어난 운동선수들, 잘 알려진 작가와 작곡가, 화가들, 그리고 오페라와 발레 공연자들이 있다. 그래서 전 세계 코리안 디아스포라 가운데 어느 누구도 고려인들이 해낸 것만큼 사회적 규모와 지위 면에서 높은 성과를 얻을 수 없었다고 본다.

누르술탄 나자르바예프 카자흐스탄 대통령은 2008년 국빈방문한 이명박 대통령에게 "카자흐스탄은 세 쥬즈(부족: 대, 중, 소 쥬즈)로 구성되어 있다."라고 운을 띄운 뒤 "고려인은 카자흐민족을 구성하는 네 번째 쥬즈이다."라고 말해 고려인과 그들의 역사적 조국인 한국에 대한 최고의 친근감을 나타내었다. 이 장면은 카자흐스탄에서 고려인의 위상이 어떠한가를 단적으로 드러낸 일화로 유명하다.

이처럼 민족과 종교 간 화해·화합을 가장 중시하는 카자흐스탄에게 고려인 사회는 소수민족의 롤모델로 높이 평가받고 있으며 고려인 사회 발전모델을 여타 소수 민족에게 확산시켜 카자흐 국가발전을 도모하고자 한다.

제4절_ 한국 고유의 전통문화에 새것 수용하면서 정체성 유지

민족적으로 생경한 환경 조건 안에서 고려인들은 한국의 전통적인 문화의 많은 부분을 상실했다. 그러나 고려인들은 고려일보, 고려극장 등을 통해 한국말을 고집스럽게 고수하면서 한편으로 행동 양식, 음식 등 미학적으로 열등하지도 우월하지도 않은 새로운 실체를 인정하고 인식하면서 러시아, 소비에트, 중앙아시아 그리고 유럽 문화와 한국의 현대적인 문화가 합성된 그들만의 독특한 유라시안 코리안 문화를 창조했다.

1. 음식 문화

의복이나 주거 등 다른 요소들과 달리 음식은 하루에도 몇 번이고 없어서는 안 된다. 사람은 누구나 음식에 대해서는 굉장히 보수적이다. 160여 년이 되는 러시아에서의 생활, 그리고 바다와는 상당한 거리가 있는 중앙아시아의 대륙성 환경에서의 체류, 또 절대다수의 타민족에 에워싸인 주위 환경은 음식 문화에도 이중적인 영향을 행사하였다.

한편 포스트 소비에트 고려인들은 한반도의 북부, 주로 함경도 출신의 음식을 원형 그대로 유지하고 있다. 한국에서는 이미 사라지고 없는 밥을 찬물에 말아 먹는 것으로, '바비-무리'라고 부르는 밥-물이 있다. 다른 한편으로 러시아인, 카자흐인, 우즈벡인, 기타 다른 민족들과의 일상적 교류, 동거, 도

리뾰시키

시에서의 정형화된 삶의 양식 등은 음식에도 큰 변화를 가져왔다. 먼저 러시아 음식인 보르시, 블리니, 양배추 절임, 오이 절임 등이 고려인의 상에 오른다. 카자흐인들의 영향을 받아 고려인들은 홍차에 익숙해져 있다.

또한 쁠로브(기름기 많은 볶음밥), 만띄(군만두), 샤슬릭(꼬치고기구이), 리뾰시키(둥글 넓적한 빵)도 좋아한다. 다민족 가정에서는 베시바르막, 수르파 등 고기 모듬 요리를 경삿날에 먹고 있다. 베시바르막은 카자흐스탄을 대표하는 음식으로 다섯 손가락을 의미한다. 우리 수제비와 같은 형태의 밀가루 반죽을 양고기와 함께 끓여 손으로 먹는다. 먹는 방법이 독특한데 최고령자가 칼로 부위별로 잘라 나누어 준다. 필자도 귀한 손님이라고 눈알을 주어서 처음 대접받는 자리에서 상당히 곤혹스러웠던 기억이 난다.

이슬람에서는 타고 다니는 동물의 고기는 먹어서는 안 된다는 말이 있으나, 카자흐스탄에서는 애초부터 말을 식용으로 길렀으므로 먹는다고 한다. 말고기는 약간 쓴맛이 나며, 구우면 회색을 띤다. 말고기로 만든 대표적인 음식 카즈는 우리의 순대와 비슷하다. 고려인들은 말고기가 가장 비싼 고급요리에 들어가지만, 오히려 개장국이라고 부르는 보신탕을 은밀히 즐겨 먹고 있다고 한다.

밀가루로 만든 음식 중에는 바우르사키, 유제품 중에는 아이란, 쿠므이스, 쿠르트 등이 일상적으로 먹는 카자흐 음식이다. 쿠르트는 소나 염소, 낙타 젖 등을 요거트로 만든 뒤 소금을 넣고 말린 후 새알이나 사각 모양으로 응고시켜서 만들며 얼핏 보면 과자처럼 보이지만 실제로 먹으면 매우 짠 맛이 난다.

고려인 동포 고유의 음식은 잔치 메뉴에 더 잘 보존되어 있다. 돌잔치, 결혼, 환갑 상에는 찰떠기(찰떡), 침페니(증편), 가주리(과줄과자), 고사리채(고사리나물), 지르금채(숙주나물), 순대, 시락 장무리(시래깃국) 등을 반드시 직접 요리하거나 사서 올린다. 한국과의 교류 이후에는 한국 음식이 고려인 민속 음식에 추가되었다. 불고기, 삼겹살, 육개장, 설렁탕, 오징어 볶음, 김밥 등으로 이제는 카자흐스탄 고려인 여성들도 집에서 한국 요리를 하는 사람이 늘고 있다. 하지만 한국에서는 흔히 먹는 일부 전통 식품과 음식은 고려인 입맛에 맞지 않았는지, 아니면 조리법이 복잡하였는지 토착화하지 못하고 말았다. 해장국, 아귀탕, 막걸리, 소주, 번데기 등이 그 예이다.

한민족 축제

2. 전통의례와 연중행사

고려인은 민족적 정체성을 확보하기 위한 수단으로 전통적인 의례를 활용하고 있다. 먼저, 돌잔치로서 소련 시절에는 돌을 집에서만 치르고 소수의 가까운 사람만을 불렀다. 하지만 지금은 레스토랑이나 식당에서 치르는 경우가 많아 친척이나 가까운 친구까지 많은 사람을 대접하는 기회로 삼는다. 특히 돌상에는 반드시 올라가는 것이 있으니, 찰떡, 콩, 쌀, 책, 연필, 돈, 가위, 바늘, 실이 그것이다.

그리고 고려인의 전통 혼례는 혼례 전의 단계와 혼례 후의 단계로 나뉘어 예식이 복잡하였으나 현재는 러시아 전통을 따르는 혼인 성찬으로 축소되고 있다. 그 결과, 항상 "고리카"라고 외치며 신랑·신부를 축하하는 것으로 막을 내린다. 사랑하는 두 사람이 키스함으로써 쓴(고리카) 보드카가 달도록 바라는 마음에서 "고리카"를 외친다. 특별히 고려인 결혼식에는 혼인식 수탉이 증편과 찰떡과 함께 반드시 신랑과 신부 앞에 올라간다. 통째로 털을 뽑아 찐 후 색실로 장식하고, 부리에 빨간 고추를 물리는데, 특별 주문 제작한 크고 화려한 케이크와 함께 중요한 요소이다. 혼인 잔치의 성공 여부는 잔칫상을 어떻게 차렸느냐보다는 잔치 행사가 어떠하였느냐에 달려 있다.

손님들은 음식보다는 건배하는 축하의 말 등 잔치의 분위기, 유쾌한 노래와 춤, 사람들과의 어울림에 더 관심을 가진다. 여기서 흥미로운 것은, 중앙아시아의 미인 기준은 가슴이 작은 여자다. 서양의 코르셋처럼 여성 가슴을 천으로 감싸 가슴이 크지 못하게 했다고 한다.

얼굴은 광대뼈가 발달된 편으로 얼굴이 큰 것이 한민족과 다른 점이다. 또한 우리가 친족 관계를 면밀하게 따져서 결혼하듯이, 카자흐 사람들의 친척 간의 관계가 일곱 번째 세대까지 지속된다는 점이다. 게다가 오랜 관습 중에 같은 핏줄의 남자와 여자 사이의 결혼은 금지되어 있어 한민족의 관습과 유사하다.

한편, 고려인들이 '한가비'라고 부르는 60번째 생일로서 환갑잔치는 노·장년의 손님을 고려하여 민속 음식을 맛있게 장만하는 것이 아주 중요했다. 하지만 지금은 잔치의 문화 행사가 어떠하였는지, 저명인사 중 누가 와서 축하해 주었는지, 유명 연예인 중 누가 초대되었는지 등이 더 중시된다. 환갑잔치의 꽃은 축하의 의례가 다른 민족과 다르다는 데에 있다. 큰절이 그것이다. 절

한민족 축제

은 보통 한 번 하는데, 양친이 함께 환갑을 기념하는 경우에는 부모 모두에게 한 번씩 절을 한다.

모든 민족의 정신문화에서 장례와 제사에 관한 의례 및 풍습이 가장 보수적이라고 한다. 고려인들은 얼마 전까지만 해도 유구한 장례와 제사의식을 잘 보존하였다. 그러나 도시화된 생활양식, 소련 시절의 일반화된 습관, 한국 기독교 선교사들, 기타 여러 다양한 요소의 영향으로 새로운 장례 의례가 도입되었다. 관례상 관을 내갈 때, 특히 도로까지 손으로 운구할 때나 묘지에서 관악 오케스트라를 연주한다.

이처럼 고려인들은 그들 스스로 민족 정체성을 제고하는 데 많은 관심을 기울이고 있다. 사실 고려인들의 민족 정체성이 변화되고 약화될 수밖에 없는 역사적 환경임에도 불구하고, 이런 현실을 깨닫고 있는 고려인들은 민족 정체성을 유지하기 위해 민족문화 전통을 지켜가야 한다는 것을 강하게 인식하고 있다. 그 구체적인 민족적 요소로서 언어, 풍습, 전통문화, 역사, 동족혼, 전통적인 가정행사 등의 준수에 열의를 보인다. 그래서 이들은 한국어와 민족교육의 습득을 희망하고 있다.

한편 고려인들은 그들 나름대로 민족 정체성을 유지하기 위해 노력해 온 부분도 있다. 친족 중심의 소공동체가 생활의 여러 현장에서 강하게 기능해 오고 있다. 민족 미디어도 고려인의 결속력을 다져가는 역할을 하고 있다. 연중행사로는 민속 절기인 설날, 한식, 추석, 단오에 널리 쉬고, 한국의 국경일인 3·1 독립기념일과 8·15 광복절이 추가된다. 한편 중장년 세대에게 3월 8일 국제 여성의 날, 5월 9일 대독일 승전 기념일은 여전히 큰 의미를 가진다.

고려인이 사용하는 언어

얼굴 : 나치

눈 : 누까리, 누니

가슴 : 가스미

이마 : 이매

허벅지 : 신다리

위 : 똥지비

류 쩨르나 : 사료용 풀

연치 : 나이, 연세

음석 : 음식

성님 : 형님

뇌 : 대고리

혀 : 세때

대머리 : 번드리매

등 : 등때기

심장 : 심재

루크 : 양파

마오제 : 러시아

시락장무리 : 시래기국

자석 : 자식

궁기 : 구멍

일 없다 : 괜찮다	제비 : 자기 스스로
거방 : 전부, 거방 다 : 거의 다	서방가다 : 결혼하다
값이 눅다 : 값이 싸다	궁리 : 생각
과주리 : 과자	마사지다 : 고장나다, 부서지다
세께 : 거울	베고자 : 찐빵
베드로 : 양동이	날래 : 어서, 날래 죽어야지
농꽈 써라 : 나누어 써라	시애끼 – 도련님 : 남편의 동생
아슴 차이요 : 감사해요	아슴 차이스꼬마 : 아주 감사합니다

숫자 중 200 이상에서는 2를 양으로 200 양 배기, 200원 양 백원, 1200 천 양 배기.

3. 고려인 단체와 민족문화기관

━━━

카자흐스탄 고려인은 구소련에서 유일하게 고려극장, 한글신문인 레닌기치(현 고려일보)를 운영하는 등 중앙아시아 내 고려인 사회를 주도하였다. 즉 신문, 한국어 라디오 방송 및 TV 등 문화·예술·언론 활동을 통해 CIS 지역 내 우리 민족문화의 유지보존에 중심적인 역할을 담당하였다.

고려인협회
카자흐스탄에 거주하는 고려인들을 대표하는 단체로서 정·관계, 재계, 학계 고려인들을 총망라하고 고려인 권익보호 등 제반 활동에 중심적 역할을 수행

고려민족문화중앙
1989년 창설된 알마티시를 중심으로 한 고려인들의 모임

산하에 알마티 고려민족문화중앙 청년회를 두고 있으며, 매년 음력설맞이 행사, 8.15 광복절 기념행사를 주관

고려일보

CIS 내 한인신문으로는 가장 오랜 지령을 가진 매체

1923년 1월 연해주에서 '선봉' 제호로 창간되어 1938년 5월호 '레닌기치'로 개칭되었다가, 1999년 1월 현재의 '고려일보'로 제호를 바꿈

모든 민족문화기관 폐쇄로 고려극장과 함께 유일하게 살아남은 모국어 민족문화기관으로서 재소고려인에게 막중한 영향을 미침

어려움 속에서도 우리글과 우리 문화를 보존하였고 모국어 작가들이 작품을 발표할 수 있는 유일한 지면을 제공

고려극장

연해주에 설립되었던 한인극장의 전통을 이어받은 CIS 지역 동포사회 내 대표적인 국립예술극장

알마티에 전용극장을 확보하고 우리말 연극, 극장 산하 가무단의 다양한 전통춤 등을 공연하며 민족문화의 전통을 이어가고 있음

고려말 라디오 방송 및 우리민족 TV

국영 카자흐스탄 TV·라디오 방송국 산하에 설립된 후 고려인협회 및 우리민족 TV 등과 함께 고려인회관 내 독자적 라디오 스튜디오 설립

자체제작 프로그램과 KBS로부터 한국소식 등 프로그램을 지원받아 방송

제5절_ 고려인 디아스포라의 시대변화에 따른 적응과제

오늘날까지 고려인들은 자신들의 부인과 같은 존재인 조국 러시아 및 카자흐스탄과 어머니와 같은 모국 한국 사이에서 정체성의 혼돈을 느끼는 가운데 재외동포 중 가장 어려운 상황에 놓여있다.

중앙아시아 고려인들은 강제이주 87주년이 되어 가지만 각국 중앙정부와 지방정부는 대체로 이들에게 무관심하였다. 실질적인 재정지원을 할 수 있는 상황이 된 한국 정부조차 그들의 정치, 경제적 안정과 정착에 별다른 노력을 보이지 않았다. 기실은 고려인 디아스포라를 통해 한민족이 어떤가에 대해 국외에서 검증되었는데도 말이다.

1990년 초 공산주의 사회가 개방되기 전까지 이들은 '잊혀진 동포'로 남아 있어야 했다. "자기 민족도 포용하지 못하는 국가에는 미래가 없다."라고 역설하는 민족주의적인 시각과 비록 우리 정부의 지원 정책이 충분하지는 않았지만, "그들 스스로 자립할 수 있도록 다양한 지원책을 제시해야 한다."라는 실질적인 관점이 대립했다.

한국 정부의 재외동포에 관한 정책을 살펴보면 1990년대에 들어와서야 점차 적극적이고 포용적인 정책들로 방향이 전환되었다. 즉 김영삼 정부는 1993년 '신 교포 정책'을 발표하고, 재외동포가 거주국에서 성공적으로 적응할 수 있도록 지원하였다. 1997년 10월에는 선거공약이었던 교민청 신설이 정부 여러 부처의 반대에 부딪히자 차선으로 재외동포재단을 설립하여 재외동포 관련 사업이 비로소 시작되었고, 2023년에야 드디어 재외동포청이 신설되었다. 유대인은 사이버 공간에서도 자신들의 장점인 종교적 기반을 바탕으로 세계 각지에 만들어진 유대인 웹사이트를 통해 친목, 교육, 비즈니스, 모국 및 자국의 정치참여, 본국 여행, 언어 습득에 자유롭게 활용하고 있다. 그러나 고려인들은 타민족에 비하면 민족 정체성이 많이 뒤떨어져 있다.

CIS 지역에 거주하는 대부분의 고려인 3~4세대들은 모국어를 거의 구사하지 못하며, 현지화가 급속도로 진행되고 있다. 그러므로 더 늦기 전에 고려인 동포들을 한민족 네트워크에 흡수할 수 있는 탄탄한 온-오프 공간을 구축하는 것이 가장 시급한 과제이다. 그리하여 남북한 7,500만의 10%에 해당하는 750만 해외동포가 한민족의 글로벌 자산이 되기 위해서는 글로벌 코리안 커뮤니티 네트워크를 결성하는 일이 출발점이 될 것이다. 즉 분야별 네트워크만이 아닌 고려인을 포함, 한인 해외동포를 총체적으로 결집하는 글로벌 한민족 네트워크 플랫폼을 구축할 때 우리와 경쟁 관계인 독일, 프랑스, 일본이 가지고 있지 않은 전략적 자산이 확보되는 것이다.

1992년 한국과 수교 이래 양 지역과의 교역 및 협력은 실크로드 교역 이후 제2의 전성기를 맞이하고 있다. 물론 한·카 관계는 경제적으로 상호 보완적이어서 약간의 부침은 있었으나 꾸준히 발전되어 왔다. 이 배경에는 고려인의 촉매제 역할이 컸으며 이로 인해 양국 관계 전망은 더욱 밝다.

전 주한카자흐스탄 바키세프 대사가 한·카 관계를 천생연분 같다고 표현할 정도로 양국은 기질적으로도 잘 맞는다. 특히 방바닥에서 생활하는 한국인의 좌식 문화, 노인을 존경하고 시부모와 장인, 장모에게 공손하게 행동하는 생활 풍습 등은 카자흐인들과 놀랄 만큼 똑같다. 여기에 양국관계에 다리 역할을 하는 고려인들이 카자흐에 대해 늘 보은 의식을 가지는 만큼, 한국도 선의를 바탕으로 카자흐스탄 국가발전에 도덕적 책임감을 의식하며 동참해야 할 때라고 본다.

2012년 11월 우즈베키스탄 타슈켄트에서 있었던 고려인 강제이주 75주년 기념 국제학술대회에서 김 게르만과 한 발레리 교수는 '중앙아시아 한인 디아스포라의 당면 과제와 전망'이라는 발표문을 통해 중앙아시아 한인들의 민족 부흥문제에 대해 한국 학계나 정부기관, 혹은 사회단체의 이해가 정확하게 이뤄지지 않고 있음을 지적했다. 이들은 "고려사람들은 한국 및 러시아, 중앙아시아, 유럽 문화를 종합적으로 흡수해 자신들만의 문화적 배경을 형성했다."라고 밝히면서, 그들은 "거의 동화에 가까운 타문화에 대한 적응이라는 일련의 과정들을 집약적이고 역동적으로 수행"해 왔음을 설명했다.

오늘날 민족국가의 교육을 받지 못한 중앙아시아 한인들이 직면한 문제는 민족의 부흥뿐만 아니라 다민족 사회에서의 생존으로 압축된다. 김 게르만 교수는 고려인들이 현지 주민들과 큰 충돌 없이 현지화에 성공할 수 있었던 것은 중앙아시아가 지역 특성상 개인 소유에 대한 개념이나 소수민족에 대한 차별 심리가 존재하지 않았기 때문에 이민족의 정착에 공격적이지 않았다고 평가하였다.

중앙아시아 고려인 디아스포라에 대한 새로운 인식으로 외국의 연구자들과 정치가들은 강제이주로 인해 한인들이 구소련의 변방에서 중심부에 근접한 곳으로 이동하여 초기부터 소련의 산업, 문화 및 정치 생활에 완벽하게 통합될 기회를 얻었다고 지적한다. 그로 인해 경제적, 문화적 성공과 출세 및 자

아실현을 이룰 수 있는 기회를 확보했다는 새로운 해석이다.

이러한 주장을 뒷받침하기 위해 연구자들은 중국의 한인 디아스포라와의 비교를 시도했다. 중국의 한인 디아스포라의 경우 소비에트 거주 한인에 비해 수적으로 월등히 많았음에도 불구하고 사회적으로 큰 성공을 거두지 못했다. 중국의 중앙에서 멀리 떨어진 변방에 위치했다는 사실이 그들의 사회 여러 분야에서의 발전을 제한했을 수 있다. 반면 소비에트 한인들은 상기한 이유로 민족적인 잠재력과 재능, 근면함, 실용주의 등을 십분 발휘해 구소련에서 높은 평가를 받았다는 것이다.

카자흐스탄의 경우 주별로 고려인협회가 있지만, 협회에 관심을 가진 고려인은 각 주에서 100~200명 정도에 불과하다. 비록 전체적인 고려인 네트워크는 아직 완전하지 않지만, 전통적인 결혼식, 환갑 등 중심으로 한 친척 네트워크가 끈끈하게 이어지고 있다. 이와 함께 사회적 계층별 네트워크(연구자, 의사, 시장상인 등)의 모임 활성화, 조직 간 네트워크(여성협회, 노인회, 과학기술협회 등)의 상호 협력, 이외에도 국제조직 간 네트워크(한상 네트워크, 한인협회 교류, 재외동포청)와의 제휴 모색 등 다양한 활동을 활발하게 전개해 나가고 있다.

마지막 당면 과제로서 해결해야 할 문제점을 지적해 본다. 구소련 시절부터 고려인은 교육, 과학 등 전문 영역에 다수 진출해 활동해 왔다. 그러나 독립 이후 그들은 상당수가 경제적인 문제와 승진 등에 있어 차별을 받는 등 여러 가지 이유로 전직을 하고 있는 실정이다. 물론 적극적으로 시장경제체제에 적용하는 수단으로 자영업 중심으로 바뀐 것으로 본다. 하지만 이러한 경향은 고려인 사회에 커다란 손실이 아닐 수 없다.

한국전통문화축제

    이러한 경향은 젊은 세대에게도 영향을 미치면서 그들의 교육 수준도 예전에 비해 크게 저하되고 있는 형편이다. 특히 2012년 모든 공문서를 카자흐어로 작성하도록 한 조치의 영향은 크다. 하지만 각종 전문용어가 모두 러시아어로 되어있기 때문에 러시아어를 사용하지 않기가 매우 힘든 상황이다. 따라서 이들은 전문직 고수의 전통은 살려 가면서 한글과 유사한 카자흐어도 관심을 가져야 하는 등 자신들의 사회·경제적 상황 안에서 자구책을 찾아야 하는 어려운 상황에 놓여있다.

    특히 차세대 고려인 동포 지원사업이 절실하다. 이들은 원활한 외국어 구사 능력으로 카자흐스탄과의 소통이 쉬울 뿐 아니라 다양한 전문직종으로의 진출도 가능한 유망 자산이다.

고려인 지원과 관련하여 가장 먼저 실시해야 할 것은 교육·문화 차원의 지원, 국내 기업과 연계된 직업 재교육, 취업 지원 등이다. 만약 카자흐스탄의 양호한 경제 상황으로 말미암아 고려인 관련 사업들이 한국 정부의 지원 여부와 상관없이 독자적으로 진행된다면 우리의 영향력은 줄어들 가능성이 있기에 한국 정부의 신중하고 체계적인 대책이 요구된다. 특별히 노약자, 장애인 등 취약계층은 동포사회에서 가장 아픈 부분이므로 이 소외동포 지원 강화도 강조하고 싶다. 이러한 노력은 선진국의 의무이며, 모국과의 연대를 크게 체감할 수 있는 부분으로서 더 효과적이기 때문이다.

최근 시진핑의 일대일로 정책 등 중국의 서진 정책에 카자흐스탄 정부도 이 사실을 우려하고 있어 중국을 견제하는 차원에서 한국 정부의 적절한 대응은 손쉽게 카자흐스탄 측 정부의 마음을 돌릴 수 있다고 본다. 따라서 가능한 한 이른 시일 안에 양국이 협력하여 고려인을 활용하는 합작 시범 사업 및 연계 지원 프로그램을 개발한다면, 카자흐스탄 정부도 고려인의 향후 기여도를 생각하여 적극적으로 참여할 것이다.

그러나 현재 이 지역의 많은 어려운 여건에도 불구하고 우리가 미래를 대비한 전략적인 청사진을 갖지 못한다면 잃었던 북방을 찾을 기회를 놓칠 수도 있으므로 철저히 준비해야 한다. 이 지역은 문화적 지원이 절실히 요구되는 지역이며 여러 요소를 고려할 때 그것을 받을만한 자격이 충분하기 때문이다.

1) 코헨은 인도인 노동자 디아스포라, 식민지를 가진 영국 등 황제 디아스포라, 중국 등 무역상 디아스포라, 유대인 피해자 디아스포라로 분류하였다.

2) 고송무(1990). 『쏘련의 한인들: 고려사람』. 이론과 실천, pp.28-29.

3) 이윤기(2001). 「동북아 한민족을 찾아서」. ≪영남일보≫ 2001.5.17., p.13; 고송무(1990), 위의 책 pp.28-29.

4) ≪월간 Chief Executive≫. 2010년 2월호.

5) 여기서 언급한 클로버라는 식물은 흔히 우리가 알고 있는 토끼풀과는 조금 다른 키가 성인의 허리 정도까지 자라는 식물로서 중앙아시아에서 겨울에 동물의 사료로 사용하기 위해 농사보조용으로 짓는 식물이다.

참고문헌

제3장 검은황금의 땅, 카스피해 개발

С.П.Петров, 「Проблемы Каспия в современном мире」, Вестник РУДН сер. Международные отношения 1(2), (2002), с.59-71.
Э.Г.Вартаньян, 「Проблема раздела Каспия:Путь поиска коспромисса(конец XX-начало XXI в.)」, Вестник БГУ, (2022), с.33-48.
Правовой статус Каспийского моря (www.gov.kz) 검색일: 2023년 10월 23일.
《Конституция Каспия》: как разделили Каспийское море | Евразия эксперт (eurasia.expert) 검색일: 2023년 10월 23일.

제4장 제3절 바이코누르 관련

И.А. Баскакова Байконур, 「Проблемы и перспективы российско-казахстанского сотрудничества в космической сфере」, Вестник РГГУ Исторические науки и археология, (2014), с.214-226.
Р.Е. Сагидиков, Международное значение сотрудничества России и Казахстана по использованию космодрома "Байконур", Вестник РУДН сер. Международные отношения, (2016), с.323-333.

제6장 경제문화의 수도, 중앙아시아의 허브 알마티

Город Алматы (welcome.kz) 검색일: 2023년 8월 5일.
http://www.putevody.ru/prjevalskiy.php 검색일: 2023년 10월 29일.